KB048300

착! 붙는 新 HSK 단어장

5급

착!붙는
新HSK 단어장 5급

초판발행	2018년 11월 1일
1판 2쇄	2019년 2월 1일
저자	서정진, 이승우
책임 편집	하다능, 최미진, 가석빈, 高霞, 박소영
펴낸이	엄태상
디자인	진지화
조판	신미옥
콘텐츠 제작	김선웅, 최재웅
마케팅	이승욱, 오원택, 전한나, 왕성석
온라인 마케팅	김마선, 김제이, 유근혜
경영기획	마정인, 조성근, 박현숙, 김예원, 전태준, 오희연
물류	유종선, 정종진, 고영두, 최진희, 윤덕현
펴낸곳	시사중국어사(시사북스)
주소	서울시 종로구 자하문로 300 시사빌딩
주문 및 교재 문의	1588-1582
팩스	(02)3671-0500
홈페이지	http://www.sisabooks.com
이메일	book_chinese@sisadream.com
등록일자	1988년 2월 13일
등록번호	제1 - 657호

ISBN 979-11-5720-120-4 (14720)
979-11-5720-118-1 (set)

* 이 책의 내용을 사전 허가 없이 전재하거나 복제할 경우 법적인 제재를 받게 됨을 알려 드립니다.
* 잘못된 책은 구입하신 서점에서 교환해 드립니다.
* 정가는 표지에 표시되어 있습니다.

머리말

"HSK 시험을 준비하려는 데, 문제만 열심히 풀면 될까요?"
"단어를 외워야 하는데 너무 안 외워져요."

新HSK 5급 시험을 준비하려면 문제를 많이 풀어서 문제 유형에 익숙해지는 것도 중요하지만, 무엇보다도 HSK 시험을 주관하는 중국 한반에서 공식 지정한 필수 어휘를 외우는 것이 기본입니다. 하지만 무턱대고 1번 단어부터 알파벳 순으로 외운다면 잘 외워지지도 않고, 지루해서 쉽게 포기하게 될 뿐만 아니라 어렵게 외우고 나서도 금방 잊어버리곤 합니다.

이 책은 5급 1,300개 단어만을 따로 뽑아서 각각 단어의 의미에 따라 주제별, 기능별 단어로 다시 분류했습니다. 주제별 단어는 개인생활, 일상생활, 사회생활, 시간과 장소, 자연, 감정과 태도, 성질과 상태, 행위, 동작, 기타 단어까지 총 9가지 챕터로 나누고, 기능별 단어는 품사별로 대사, 수사, 양사, 개사, 조사, 부사, 접속사, 조동사까지 총 8가지 챕터로 나누어 정리하여 연관된 단어들을 함께 학습할 수 있도록 구성했습니다.

각 단어마다 발음, 품사, 뜻, 유의어, 반의어, 예문을 제시하여 사전 없이도 HSK 필수 단어를 학습할 수 있도록 했습니다. 그리고 뜻이 여러 개 있는 단어의 경우에는 의미 별로 각각 예문을 제시하여 차이점을 명확하게 알 수 있도록 했고, 어법상 중요한 단어나 사용할 때 주의해야 하는 점은 TIP으로 정리해서 꼼꼼하게 학습하도록 구성했습니다.

여기에 수록된 1,300개의 단어는 HSK 시험뿐만 아니라 회화나 작문 등 중국어 학습에 꼭 필요한 기본 단어이기도 합니다. 따라서 이 단어들을 습득하게 되면 일상 회화 및 비즈니스 회화 등을 익히는 데도 많은 도움이 될 수 있고, 중국어 실력을 튼튼히 하는 밑거름이 될 것입니다.

끝으로 이 책이 나올 수 있도록 도움을 주신 故엄호열 회장님과 시사중국어사 대표님 및 직원분들, 주위에서 격려해주신 많은 분들께 감사드리며, 이 책이 여러분의 중국어 학습에 조금이나마 도움이 될 수 있기를 바랍니다.

서정진, 이승우

차례

Chapter 8 행위와 동작

Chapter 9 기타

기능별 어휘

Chapter 1 수사와 양사

Chapter 2 대사

Chapter 3 개사

Chapter 4 조사

Chapter 5 부사

Chapter 6 접속사

이 책의 구성

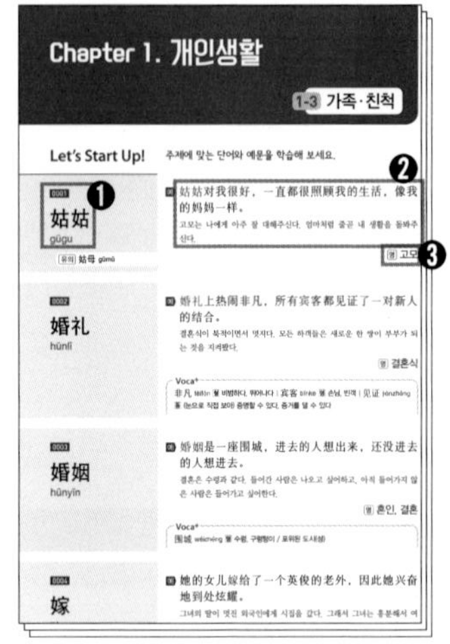
Chapter 1. 개인생활

1-3 가족·친척

Let's Start Up! 주제에 맞는 단어와 예문을 학습해 보세요.

0001 姑姑 gūgu

姑姑对我很好，一直都很照顾我的生活，像我的妈妈一样。

0002 婚礼 hūnlǐ

婚礼上热闹非凡，所有宾客都见证了一对新人的结合。

0003 婚姻 hūnyīn

婚姻是一座围城，进去的人想出来，还没进去的人想进去。

0004 嫁

她的女儿嫁给了一个英俊的老外，因此她兴奋地到处炫耀。

Let's start up!

新HSK 시험에 출제 빈도가 높은 단어를 엄선한 예문을 통해 학습해 보세요! 학습에 도움이 되는 3단계 학습법으로 단어를 보고 먼저 예문 속 쓰임을 통해 단어의 뜻을 자연스럽게 유추해 보세요!

Chapter 1. 개인생활

1-2 신체·건강

Let's Start Up! 주제에 맞는 단어와 예문을 학습해 보세요.

背① bēi

他的背上负着沉甸甸的货物。

背② bèi

老师要求我们背诵这篇课文。

背③ bèi

这个地方很适合居住，背对着山面向大海，真漂亮。

Voca+

예문 속에 등장하는 단어를 모아 실었습니다.

TIP

한층 더 깊이 있는 설명을 통해 이해를 도와줍니다. 또한, 다양한 상황에 활용하기에도 좋습니다!

VOCA Review 문제를 풀며 학습 내용을 복습해 보세요~ Chapter 1. 개인생활 1

1. 알맞은 단어를 고르세요.

보기 A. 精神 B. 传染 C. 个性 D. 精力 E. 年纪 F. 家乡

① 고향 ② 개성

③ 힘, 에너지 ④ 감염하다, 전염하다

⑤ 정신, 기력 ⑥ 나이

2. 중국어의 뜻과 병음을 서로 연결하세요.

① 가슴, 흉부 • • 背 • • xiōng

② 어깨 • • 骨头 • • bózi

③ 등 • • 肩膀 • • bèi

④ 뼈 • • 脖子 • • gǔtou

⑤ 목 • • 胸 • • jiānbǎng

3. 밑줄 친 부분에 적합한 단어를 쓰세요.

보기 A. 个人 B. 呼吸 C. 命运 D. 运气 E. 恢复 F. 打喷嚏

① 目前，很多大学生都以为学历能改变自己的 ______。

② ______ 问题是需要自己解决的。

③ 他 ______ 是因为他感冒了，应该吃药。

④ 我又丢了钱包，______ 真不好！

Voca Review

학습한 단어를 복습해볼 수 있도록 간단한 문제를 구성했습니다. 꼼꼼하게 풀어보면 실력 체크에 큰 도움이 됩니다.

일러두기

- 품사

품사	설명
명사	[명] 이름 · 개념 등을 가리킨다.
대명사	[대] 인칭 · 지시 · 의문 대명사 등을 가리킨다.
동사	[동] 동작 · 상태를 설명한다.
형용사	[형] 성질 · 모습 · 상태를 설명한다.
조동사	[조동] 동사 앞에서 의미를 더해준다.
부사	[부] 동사와 형용사 앞에서 정도 · 시간 · 상태 등을 나타낸다.
접속사	[접] 단어 · 구 · 절을 연결한다.
개사 (전치사)	[개] 명사와 대명사 앞에 쓰여 시간 · 장소 · 대상 등을 나타낸다.
조사	[조] 시제 · 상태 · 어감을 표현한다.
감탄사	[감] 감정을 나타내는 말을 가리킨다.
수사	[수] 숫자 표현을 가리킨다.
양사	[양] 사람이나 사물 등의 수를 세는 단위를 가리킨다.
성어	[성] 사자성어 · 고사성어를 가리킨다.

- 관계

• 반의어▸ [반의]　　• 유의어▸ [유의]　　• 동의어▸ [동의]

- 표기

• 중국 인명과 지명 및 기타 고유명사는 중국어 발음으로 표기했습니다.
• 이합동사는 띄어쓰기로 구분했습니다.
• 모든 품사 등의 표기법은 사전에 의거하여 표기했습니다.

新HSK 5급
주제별 어휘

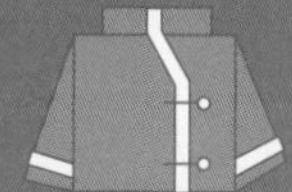

Chapter 1. 개인생활

A1-1 **1-1 개인 신상**

Let's Start Up!

주제에 맞는 단어와 예문을 학습해 보세요.

0001

成人①
chéngrén

예 儿童和成人在思维方式上有一定的差异。
어린이와 어른들은 사고방식에 상당한 차이가 있다.

명 성인

Voca+
思维方式 sīwéi fāngshì 명 사고방식

成人②
chéngrén

예 他儿子这么快长大成人了。
그의 아들이 이렇게나 빨리 어른이 되었다.

동 어른이 되다

0002

个人①
gèrén

반의 集体 jítǐ, 团体 tuántǐ
大家 dàjiā

예 个人问题是需要自己解决的。
개인 문제는 스스로 해결해야 할 필요가 있다.

명 개인 [단체와 구별됨]

个人②
gèrén

예 这仅仅是我个人的意见，不能代表公司。
이것은 단지 나의 개인적인 의견으로 회사를 대표할 수 없다.

대 나, 자신, 개인

Voca+
仅仅 jǐnjǐn 부 단지, 다만, 겨우, 간신히

0003

个性

gèxìng

유의 特性 tèxìng

반의 共性 gòngxìng

예 个性的形成与家庭教育有关。

개성이 만들어지는 것은 가정교육과 관련이 있다.

명 개성

0004

家乡

jiāxiāng

반의 他乡 tāxiāng

예 他离开家乡搬到北京已经三十年了。

그가 고향을 떠나 베이징으로 이사 간 지 이미 30년이 되었다.

명 고향

0005

命运①

mìngyùn

예 目前，很多大学生都以为学历能改变自己的命运。

오늘날, 많은 대학생들은 학력이 자신의 운명을 바꿀 수 있다고 여긴다.

명 운명

命运②

mìngyùn

예 我们都十分关心国家的前途和命运。

우리는 모두 국가의 비전와 장래에 대해 매우 관심이 있다.

명 장래, 전도

Voca+

前途 qiántú 명 앞길, 전망

0006

年纪

niánjì

유의 年龄 niánlíng
年岁 niánsuì

예 我没有问过他的年纪。

나는 그의 나이를 물어본 적이 없다.

명 나이

0007
女士
nǚshì

예 女士们，先生们！我来介绍一下来自韩国的大牌明星。

신사숙녀 여러분! 제가 한국에서 온 슈퍼스타를 소개하겠습니다.

명 여사 [존칭], 부인

Voca+
大牌明星 dàpái míngxīng 명 인기 있는 유명한 배우나 운동선수

0008
青少年
qīngshàonián

예 青少年的家庭教育极为重要。

청소년의 가정교육은 매우 중요하다.

명 청소년

Voca+
极为 jíwéi 부 아주, (지)극히, 몹시

0009
人生
rénshēng

예 人生并非游戏，因此我们并没有权利只凭自己的意愿放弃它。

인생은 결코 게임이 아니다. 따라서 우리는 자기 마음대로 그것을 포기할 권리가 없다.

명 인생

Voca+
凭 píng 개 ~에 의해, ~에 따라 | 意愿 yìyuàn 명 소원, 염원 | 放弃 fàngqì 동 (원래의 권리·주장·견 등을) 버리다, 포기하다

0010
身份①
shēnfèn

예 我出去玩儿了一圈儿，才发现我的身份证丢了。

나는 나가서 한바탕 놀고 나서야 신분증을 잃어버렸음을 알았다.

명 신분, 지위

身份②
shēnfèn

예 你这样做，有失身份。

당신이 이렇게 하면 품위를 잃게 된다.

명 품위, 체면

0011
运气
yùnqi

예 我又丢了钱包，运气真不好！

나 지갑을 또 잃어버렸어. 정말이지 운이 없다!

명 운수, 운

Chapter 1. 개인생활

A 1-2

1-2 신체·건강

Let's Start Up!

주제에 맞는 단어와 예문을 학습해 보세요.

0001

背①
bèi

예 他的背上负着沉甸甸的货物。
그는 등에 무거운 물건을 짊어지고 있다.

명 등

Voca+
沉甸甸 chéndiàndiàn 형 (무게가) 무거운 모양

背②
bèi

예 老师要求我们背诵这篇课文。
선생님께서 우리에게 본문을 외우라고 하셨다.

동 외우다

Voca+
课文 kèwén 명 (교과서 중의) 본문

背③
bèi

반의 向 xiàng

예 这个地方很适合居住，背对着山面向大海，真漂亮。
이곳은 살기에 매우 적합하다. 산을 등지고 바다를 향한 것이 너무나 아름답다.

동 등지다

Voca+
居住 jūzhù 동 거주하다 | 面向 miànxiàng 동 ~에 직면하다, ~로 향하다

Tip 다음자 '背'

'背'가 'bēi'로 읽힐 때는 동사로, 다음의 뜻을 갖습니다.

1. (등에) 짊어지다, 업다

예 太沉了，我替你背一会儿吧。
너무 무겁네요. 제가 당신 대신에 잠시 메고 있겠습니다.

2. (책임·부담 등을) 지다

예 他从来没背过这么重的思想包袱。
그는 여때껏 이렇게 무거운 정신적인 부담을 짊어진 적이 없다.

0002
脖子
bózi

예 她的脖子又细又长，非常漂亮。
그녀의 목은 가늘고 길어서 매우 예쁘다.

명 목

Voca+
细 xì 형 가늘다

0003
传染①
chuánrǎn

예 他有传染病，这让大家都排斥他，他感到很孤独。
그에게 전염병이 있어서 모두들 그를 따돌리기 때문에 그는 외로움을 느낀다.

명 전염, 감염

Voca+
排斥 páichì 동 (다른 사람의 사상이나 의견 등을) 배척하다, 따돌리다

传染②
chuánrǎn

예 他的笑声传染了我们。
그의 웃음소리가 우리를 전염시켰다.

동 (감정 · 정서 등을 다른 사람에게) 전염시키다

0004
打喷嚏
dǎ pēntì

예 他打喷嚏是因为他感冒了，应该吃药。
그가 재채기를 하는 것은 그가 감기에 걸렸기 때문이므로 약을 먹어야 한다.

동 재채기를 하다

0005
骨头
gǔtou

예 这只狗把骨头从我手中叼走了。
이 개가 뼈다귀를 내 손에서 물고 가버렸다.

명 뼈

Voca+
叼 diāo 동 (물체의 일부분을 입에) 물다

0006
后背
hòubèi

예 太阳出来了，把他后背晒得暖洋洋的。
해가 나서 그의 등을 따뜻하게 비추었다.

명 등

Voca+
暖洋洋 nuǎnyángyáng 형 따사롭다, 훈훈하다, 포근하다

0007
呼吸
hūxī

예 开始学游泳时，你必须先学会如何正确地呼吸。
수영을 배우기 시작할 때, 너는 반드시 어떻게 정확하게 호흡하는지를 먼저 배워야 한다.

동 호흡하다 명 호흡

0008
怀孕
huáiyùn

유의 怀胎 huáitāi

예 大夫说女性在计划怀孕之前应该戒酒。
여성은 임신을 계획하기 전에 반드시 술을 끊어야 한다고 의사가 말했다.

동 임신하다

0009
恢复
huīfù

유의 光复 guāngfù

예 经过这一段时间的训练，他的体力明显恢复了好多。
어느 정도의 훈련을 통해 그의 체력이 확실히 많이 회복되었다.

동 회복하다

0010
肌肉
jīròu

동의 筋肉 jīnròu

예 运动员们正在锻炼，以便加强腿部肌肉的力量。
운동선수들이 다리 근육의 힘을 기르기 위해 훈련을 하고 있다.

명 근육

Voca+
以便 yǐbiàn 접 ~(하기에 편리)하도록, ~하기 위하여

0011
急诊
jízhěn

예 在急诊病房里，我看见一个病人在打点滴。
나는 응급실에서 한 환자가 수액을 맞고 있는 것을 보았다.

명 응급진료

Voca+
打点滴 dǎ diǎndī 동 수액하다, 링거액을 놓다(맞다)

0012
肩膀
jiānbǎng

예 她稚嫩的肩膀，挑起家庭的重担，真是了不起。
그녀의 가녀린 어깨에 가정의 무거운 짐을 짊어지다니 정말 대단하다.

명 어깨

Voca+
稚嫩 zhìnèn 형 여리다, 부드럽다, 연약하다 | 重担 zhòngdàn 명 무거운 짐

0013

健身

jiànshēn

예 饭店的便利设施包括健身俱乐部，会议设施和宴会厅。

호텔의 부대시설에는 헬스클럽, 회의시설과 연회장이 있다.

동 몸을 건강하게 하다, 튼튼하게 하다

Voca+

便利设施 biànlì shèshī 부대시설, 편의시설

0014

救护车

jiùhùchē

동의 急救车 jíjiùchē

예 救护车司机是紧急医疗救护的辅助人员。

구급차 기사는 긴급의료구조의 보조인이다.

명 구급차, 앰뷸런스

Voca+

医疗 yīliáo 명 의료 | 救护 jiùhù 동 구조하다, 구급 치료하다 | 辅助 fǔzhù 형 보조적인, 부차적인

0015

精力

jīnglì

예 居里夫人用尽一生的精力来研究镭。

퀴리부인은 한평생 힘을 다해 라듐을 연구했다.

명 힘, 에너지

Voca+

居里夫人 Jūlǐ fūrén 명 마리 퀴리, 퀴리 부인 [프랑스 화학자] | 用尽 yòngjìn 동 소진하다 | 镭 léi 명 라듐

0016

精神①

jīngshen

반의 肉体 ròutǐ

예 老年人穿红色的衣服，看起来很精神。

노인들은 붉은 색 옷을 입으면 활기차 보인다.

형 활기차다

精神②

jīngshén

유의 意思 yìsi

예 爷爷虽然年老体衰，但精神还挺好。

할아버지께서는 연로하셔서 기력이 쇠하셨지만 정신은 매우 좋으시다.

명 정신, 기력

Voca+

年老体衰 niánlǎotǐshuāi 성 연로하여 기력이 쇠하다

0017

眉毛
méimao

예 他生气的时候，眉毛是挑起来的。

그는 화낼 때 눈썹이 올라간다.

명 눈썹

Voca+

挑 tiǎo 동 치켜세우다, 쳐들다

0018

脑袋
nǎodai

예 热闹的马路不长草，聪明的脑袋不长毛。

붐비는 길에는 풀이 자라지 않고, 총명한 머리에는 털이 자라지 않는다.

명 두뇌, 지능, 머리

0019

内科
nèikē

반의 外科 wàikē

예 我的哥哥是内科最年轻有为的医生。

우리 형은 내과에서 가장 젊고 전도 유망한 의사이다.

명 내과

Voca+

有为 yǒuwéi 형 장래성이 있다, (전도) 유망하다

0020

嗓子
sǎngzi

유의 嗓门儿 sǎngménr
喉咙 hóulóng

예 为国家足球队喊加油嗓子都喊哑了。

국가대표 축구팀을 위해 응원을 하느라 너무 소리를 질렀더니 목이 다 쉬었다.

명 목, 목소리

Voca+

加油 jiā yóu 동 힘을 내다, 파이팅! | 喊哑 hǎnyǎ 동 소리를 질러서 목이 쉬다

0021

伤害①
shānghài

반의 保护 bǎohù

예 饮酒过多会伤害身体。

과도한 음주는 건강을 상하게 한다.

동 (몸을) 상하게 하다, 다치게 하다

Voca+

饮酒 yǐnjiǔ 동 술을 마시다, 음주하다 | 过多 guòduō 형 과다하다, 지나치게 많다

伤害②
shānghài

예 这事深深地伤害了我。

이 일은 나의 마음을 깊이 다치게 했다.

동 (정신 · 감정 등을) 상하게 하다, 다치게 하다

Voca+

深深 shēnshēn 형 (정도가) 깊다

0022

身材

shēncái

유의 身体 shēntǐ

예 为了保持苗条的身材，她几乎什么也不吃。

그녀는 날씬한 몸매를 유지하기 위해서 거의 아무것도 먹지 않는다.

명 체격, 몸매, 몸

0023

失眠

shīmián

예 失眠、恐惧、抑郁、健忘的人要多吃硬坚果。

불면증, 공포감, 우울증, 건망증이 있는 사람은 딱딱한 견과류를 많이 먹어야 한다.

명 불면증 동 잠을 못 이루다

Voca+

恐惧 kǒngjù 동 겁먹다, 두려워하다, 공포감을 느끼다 | 抑郁 yìyù 형 (불만을 호소할 수 없어) 우울하다, 울적하다 | 健忘 jiànwàng 형 잘(쉽게) 잊어버리다 | 坚果 jiānguǒ 명 견과

0024

寿命

shòumìng

예 每个人生命的能量是有限的，而耗费这些能量的速度决定着人寿命的长短。

모든 사람의 생명에너지는 유한해서 이 에너지를 소모하는 속도가 사람의 수명 길이를 결정한다.

명 수명

Voca+

耗费 hàofèi 동 낭비하다, 소비하다

0025

受伤

shòu shāng

유의 负伤 fùshāng

예 他的胳膊受伤了，衣服穿不进去。

그는 팔을 다쳐서 옷을 입을 수가 없다.

동 부상당하다, 다치다

0026

手术

shǒushù

예 你的病不要紧，做了手术就可以治好。

당신의 병은 심각하지 않으니 수술만 하면 나을 수 있어요.

명 수술

Voca+

治 zhì 동 치료하다

0027

手指
shǒuzhǐ

예 他在一次事故中，失去了两个手指。
그는 첫 번째 사고에서 손가락 두 개를 잃었다.

명 손가락

0028

吐
tù

반의 吞 tūn, 咽 yàn, 纳 nà

예 由于晕车，把早上吃的全都吐出来了。
차멀미를 해서 아침에 먹은 것을 모두 게워냈다.

동 구토하다, 게워내다

Voca+
晕车 yùn chē 동 차멀미하다

0029

消化
xiāohuà

예 每天饭后都要外出走走，既健身又助消化。
매일 식후에 외출해서 산책을 하면, 건강해질 뿐만 아니라 소화에도 도움이 된다.

동 소화되다 명 소화

Voca+
既…又… jì…yòu… ~하고 (또) ~하다

0030

胃
wèi

예 肠胃不舒服的时候喝点粥有助于消化。
장과 위가 불편할 때는 죽을 좀 먹으면 소화에 도움이 된다.

명 위

Voca+
肠 cháng 명 장, 창자 | 粥 zhōu 명 죽

0031

心脏①
xīnzàng

예 他的心脏突然停止了跳动。
그의 심장이 갑자기 박동을 멈추었다.

명 심장

Voca+
跳动 tiàodòng 동 (맥·가슴 등이) 뛰다, 두근거리다

心脏②
xīnzàng

예 北京是中国的心脏，它是很多人向往的地方。
베이징은 중국의 중심부로 많은 사람들이 동경하는 곳이다.

명 심장부, 중심부

Voca+
向往 xiàngwǎng 동 동경하다, 열망하다, 갈망하다

0032

胸①

xiōng

예 他的胸前别着一枚金色的奖章。

그의 가슴에 금색 휘장이 달려있다.

명 가슴, 흉부

Voca+
别 bié 동 (핀 따위로) 부착하다, 고정하다, 달다 | 枚 méi 양 매, 장 [주로 비교적 작은 조각으로 된 사물을 세는 단위] | 奖章 jiǎngzhāng 명 (장려나 표창하기 위한) 휘장, 메달

胸②

xiōng

예 他们对此类问题已胸有成竹。

그들은 이런 종류의 문제에 대해 이미 마음 속에 전반적인 계획이 세워져 있다.

명 마음(속), 내심, 뜻

Voca+
胸有成竹 xiōngyǒu chéngzhú 성 일을 하기 전에 이미 모든 준비가 되어 있다

0033

血

xuè

예 做手术的时候他流了大量的血。

수술할 때 그는 많은 피를 흘렸다.

명 피

0034

牙齿

yáchǐ

예 糖可以危害健全的牙齿。

설탕은 건강한 치아를 손상시킬 수 있다.

명 이, 치아

Voca+
健全 jiànquán 형 (병이나 탈이 없이) 건강하고 온전하다

0035

痒①

yǎng

예 蚊子咬得腿上直痒痒。

모기에 물려 다리가 계속 가렵다.

형 가렵다, 간지럽다

Voca+
蚊子 wénzi 명 모기 | 咬 yǎo 동 물다, 깨물다

痒②

yǎng

예 看别人会滑冰，我心里很痒。

남이 스케이트 타는 것을 보니, 나는 하고 싶어 못 견디겠다.

형 ~하고 싶어 못 견디다, 좀이 쑤시다

0036
腰
yāo

예 他在这次工作中扭伤了腰。
그는 이번 일을 하던 중에 허리를 삐었다.

명 허리

Voca+
扭伤 niǔshāng 동 삐다, 접질리다

0037
晕①
yūn

예 昨天还头晕得厉害，今天已经好多了。
어제는 머리가 너무 어지러웠는데 오늘은 많이 나아졌다.

형 (머리가) 어지럽다, 어질어질하다

晕②
yūn

예 女儿因为贫血总是晕倒。
딸은 빈혈 때문에 줄곧 의식을 잃는다.

동 의식을 잃다, 혼미하다

Voca+
贫血 pínxuè 명 빈혈

Tip '晕'이 4성 'yùn'으로 발음될 때는 동사로 '현기증이 나다, 멀미하다'의 뜻으로 쓰입니다.

예 因为浪太大，我们都摇晕了。
파도가 매우 심해서 우리는 모두 멀미를 했다.

0038
着凉
zháo liáng

예 游泳以后一定要把身子擦干，否则可能会着凉。
수영한 이후에는 반드시 몸을 잘 닦아야 한다. 그렇지 않으면 감기에 걸릴 수 있다.

동 감기에 걸리다, 바람을 맞다

Voca+
否则 fǒuzé 그렇지 않으면

0039
诊断
zhěnduàn

예 医生诊断他得了胃癌。
의사는 그가 위암에 걸렸다고 진단했다.

동 진단하다

0040
治疗
zhìliáo

예 她患了病，得不到治疗，因为这里既贫穷又没有技术。
그녀는 병에 걸렸는데 이곳은 가난하고 기술도 없어서 치료받을 수가 없다.

동 치료하다 명 치료

Chapter 1. 개인생활

A1-3 **1-3 가족·친척**

Let's Start Up!

주제에 맞는 단어와 예문을 학습해 보세요.

0001

姑姑
gūgu

유의 姑母 gūmǔ

예 姑姑对我很好，一直都很照顾我的生活，像我的妈妈一样。

고모는 나에게 아주 잘 대해주신다. 엄마처럼 줄곧 내 생활을 돌봐주신다.

명 고모

0002

婚礼
hūnlǐ

예 婚礼上热闹非凡，所有宾客都见证了一对新人的结合。

결혼식이 북적이면서 멋지다. 모든 하객들은 새로운 한 쌍이 부부가 되는 것을 지켜봤다.

명 결혼식

Voca+
非凡 fēifán 형 비범하다, 뛰어나다 | 宾客 bīnkè 명 손님, 빈객 | 见证 jiànzhèng 동 (눈으로 직접 보아) 증명할 수 있다, 증거를 댈 수 있다

0003

婚姻
hūnyīn

예 婚姻是一座围城，进去的人想出来，还没进去的人想进去。

결혼은 수렁과 같다. 들어간 사람은 나오고 싶어하고, 아직 들어가지 않은 사람은 들어가고 싶어한다.

명 혼인, 결혼

Voca+
围城 wéichéng 명 수렁, 구렁텅이 / 포위된 도시(성)

0004

嫁
jià

반의 娶 qǔ

예 她的女儿嫁给了一个英俊的老外，因此她兴奋地到处炫耀。

그녀의 딸이 멋진 외국인에게 시집을 갔다. 그래서 그녀는 흥분해서 여기저기 자랑했다.

동 시집가다

Voca+
老外 lǎowài 명 외국인 | 炫耀 xuànyào 동 (능력·지위 등을) 뽐내다, 자랑하다

0005

家庭
jiātíng

예 家庭就像一座灯塔，为迷失航线的归人找到回家的方向。

가정은 등대와 같아서 길을 잃은 사람들에게 집으로 돌아가는 방향을 찾아준다.

명 가정

Voca+
灯塔 dēngtǎ 명 등대 | 迷失 míshī 동 (방향·길 등을) 잃다, 잃어버리다 | 航线 hángxiàn 명 배의 항로 | 归 guī 동 돌아가다, 돌아오다

0006

舅舅
jiùjiu

예 舅舅家在北京，我还没见过他呢。

외삼촌 댁은 베이징이어서 나는 아직 외삼촌을 뵌 적이 없다.

명 외삼촌

0007

姥姥
lǎolao

예 从小姥姥就把我照顾得无微不至，生怕我受了委屈。

어릴 때부터 외할머니는 혹시라도 내가 섭섭할까 봐 나를 세심하게 돌봐주셨다.

명 외조모, 외할머니

Voca+
无微不至 wúwēibúzhì 성 아무리 미세한 것이라도 미치지 않은 것이 없다 | 生怕 shēngpà 동 (~할까 봐) 몹시 두려워하다, 매우 걱정하다

0008

老婆
lǎopo

예 这小伙子连女朋友都没有，更不用提老婆了。

이 청년은 여자친구도 없는데 아내는 말해 무엇하겠어요.

명 아내, 처, 집사람

Voca+
不用 búyòng 부 ~할 필요가 없다 | 提 tí 동 제시하다, 제기하다

0009

离婚
lí hūn

반의 结婚 jié hūn

예 他昨天和他老婆离婚了。

그는 어제 그의 아내와 이혼했다.

동 이혼하다

0010

娶

qǔ

반의 嫁 jià

예 男人终归要娶，女人终归要嫁。

남자는 결국 장가를 가야 하고, 여자는 결국 시집을 가야 한다.

동 신부를 맞이하다, 장가가다

Voca+

终归 zhōngguī 부 결국에는, 마침내, 어쨌든

0011

太太①

tàitai

예 老太太腿脚不好，手里还拄着一根拐杖。

노부인께서 걷는 힘이 좋지 않으셔서 손에 지팡이를 하나 짚고 계신다.

명 부인 [이미 혼인을 한 부녀자에 대한 존칭]

Voca+

拐杖 guǎizhàng 명 지팡이

太太②

tàitai

예 他太太既漂亮又能干。

그의 아내는 예쁘면서도 능력이 있다.

명 아내 [남의 처나 자신의 아내를 부르는 말]

0012

外公

wàigōng

예 外公是指母亲的父亲。

외할아버지는 어머니의 아버지를 뜻한다.

명 외조부, 외할아버지

0013

兄弟

xiōngdì

예 他们俩就好像是一对亲兄弟。

그들 두 사람은 마치 친형제 같다.

명 형제

Chapter 1. 개인생활

A1-4

1-4 직업

Let's Start Up! 주제에 맞는 단어와 예문을 학습해 보세요.

0001

编辑①
biānjí

예 我的梦想就是在出版社当一个著名的编辑。
내 꿈은 출판사에서 유명한 편집자가 되는 것이다.

명 편집자, 편집

编辑②
biānjí

예 请把我刚才发给您的文件编辑一下。
내가 방금 당신에게 보낸 문서를 좀 편집해 주세요.

동 편집하다

0002

打工
dǎ gōng

예 今年夏天我想去外地打工，这样我就可以买自己想要的东西了。
올해 여름에 나는 타지에 가서 아르바이트를 할 계획이다. 이렇게 하면 내가 사고 싶은 물건을 살 수 있다.

동 아르바이트하다

0003

导演①
dǎoyǎn

예 这部片子的导演是非常有名的导演。
이 영화의 감독은 매우 유명한 감독이다.

명 감독

Voca+
片子 piānzi 명 영화

导演②
dǎoyǎn

예 导演的事看起来容易，做起来难。
감독하는 일은 쉬워 보이지만 해보면 어렵다.

동 (영화나 연극을 찍을 때) 감독하다, 감독을 맡다

0004

工程师

gōngchéngshī

예 设计这个房子的工程师具有超前的设计理念。

이 집을 설계한 엔지니어는 앞서가는 디자인 이념을 가진 사람이다.

명 기술자, 엔지니어

Voca+
具有 jùyǒu 동 있다, 가지다 | 超前 chāoqián 형 현재의 수준을 넘다, 현재 수준 이상의

0005

工人

gōngrén

예 建筑工人冒着酷热在工地上干活，看的我很难过。

건축노동자들은 무더운 날씨를 무릅쓰고 현장에서 일한다. 보는 내가 안쓰럽다.

명 노동자, 근로자 [주로 육체 노동자를 말함]

Voca+
冒 mào 동 (위험하거나 열악한 환경 등을) 고려하지 않다, 개의치 않다, 무릅쓰다 | 酷热 kùrè 형 (날씨가) 매우 덥다

0006

模特

mótè

예 年轻的女孩喜欢时尚杂志上的模特们。

젊은 여자아이들은 유행에 관한 잡지의 모델들을 좋아한다.

명 모델

Voca+
时尚 shíshàng 명 유행, 시류

0007

秘书

mìshū

예 我们公司正在招聘秘书。

우리 회사는 비서를 모집하고 있다.

명 비서

Voca+
招聘 zhāopìn 동 모집하다, 채용하다

0008

明星

míngxīng

예 他不仅是个明星，还是个慈善家呢。

그는 유명스타일 뿐 아니라 자선가이다.

명 스타 [유명한 연예인 · 운동 선수 · 기업인 등]

Voca+
慈善家 císhànjiā 명 자선가

0009

农民
nóngmín

예 农民在收获的季节里十分忙碌。

농부들은 수확의 계절에는 매우 바쁘다.

명 농민, 농부

Voca+
忙碌 mánglù 형 바쁘다

0010

员工
yuángōng

예 公司聘用的男员工与女员工人数大致相等。

회사에서 채용한 남직원과 여직원의 숫자가 대체로 비슷하다.

명 직원, (회사의) 종업원

Voca+
聘用 pìnyòng 동 초빙하여 임용하다, 채용하다 | 大致 dàzhì 부 대체로, 대강 | 相等 xiāngděng 동 (수량·분량·정도 등이) 같다, 대등하다

0011

志愿者
zhìyuànzhě

예 我想要申请当世博会的志愿者。

나는 세계박람회의 자원봉사자가 되는 것을 신청할 것이다.

명 자원봉사자

1. 알맞은 단어를 고르세요.

보기 A. 精神 B. 传染 C. 个性 D. 精力 E. 年纪 F. 家乡

① 고향 ________ ② 개성 ________

③ 힘, 에너지 ________ ④ 감염하다, 전염하다 ________

⑤ 정신, 기력 ________ ⑥ 나이 ________

2. 중국어의 뜻과 병음을 서로 연결하세요.

① 가슴, 흉부 •	• 背 •	• xiōng
② 어깨 •	• 骨头 •	• bózi
③ 등 •	• 肩膀 •	• bèi
④ 뼈 •	• 脖子 •	• gǔtou
⑤ 목 •	• 胸 •	• jiānbǎng

3. 밑줄 친 부분에 적합한 단어를 쓰세요.

보기 A. 个人 B. 呼吸 C. 命运 D. 运气 E. 恢复 F. 打喷嚏

① 目前，很多大学生都以为学历能改变自己的________。

② ________问题是需要自己解决的。

③ 他________是因为他感冒了，应该吃药。

④ 我又丢了钱包，________真不好！

⑤ 经过这一段时间的训练，他的体力明显________了好多。

⑥ 开始学游泳时，你必须先学会如何正确地________。

1. 알맞은 단어를 고르세요.

보기 A. 脑袋 B. 手术 C. 痒 D. 失眠 E. 受伤 F. 吐

① 두뇌, 지능, 머리 ________ ② 구토하다 ________

③ 가렵다, 간지럽다 ________ ④ 잠을 못 이루다 ________

⑤ 수술 ________ ⑥ 부상당하다 ________

2. 중국어의 뜻과 병음을 서로 연결하세요.

① 눈썹 •	• 眉毛 •	• shǒuzhǐ
② 위 •	• 胃 •	• hòubèi
③ 허리 •	• 手指 •	• méimáo
④ 등 •	• 腰 •	• wèi
⑤ 손가락 •	• 后背 •	• yāo

3. 밑줄 친 부분에 적합한 단어를 쓰세요.

보기 A. 受伤 B. 着凉 C. 晕 D. 治疗 E. 消化 F. 诊断

① 昨天还头________得厉害，今天已经好些了。

② 医生的________表明他得胃癌了。

③ 他的胳膊________了，衣服穿不进去。

④ 她患了病，得不到________，因为这里既贫穷又没有技术。

⑤ 每天饭后都要外出走走，既健身又助________。

⑥ 游泳以后一定要把身子擦干，否则可能会________。

1. 알맞은 단어를 고르세요.

보기 A. 员工 B. 舅舅 C. 姥姥 D. 太太 E. 志愿者 F. 外公

① 부인, 아내 ______ ② 자원봉사자 ______

③ 외조모 ______ ④ 외할아버지 ______

⑤ 직원, 종업원 ______ ⑥ 외삼촌 ______

2. 중국어의 뜻과 병음을 서로 연결하세요.

① 편집자 •	• 工程师 •	• mótè
② 엔지니어 •	• 模特 •	• biānjí
③ 스타 •	• 秘书 •	• gōngchéngshī
④ 비서 •	• 明星 •	• mìshū
⑤ 모델 •	• 编辑 •	• míngxīng

3. 밑줄 친 부분에 적합한 단어를 쓰세요.

보기 A. 娶 B. 婚礼 C. 嫁 D. 打工 E. 离婚 F. 婚姻

① 他昨天和他老婆______了。

② ______上热闹非凡，所有宾客都见证了一对新人的结合。

③ 男人终归要______，女人终归要嫁。

④ ______是一座围城, 进去的人想出来, 还没进去的人想进去。

⑤ 她的女儿______给了一个英俊的老外，因此她兴奋地到处炫耀。

⑥ 今年夏天我想去外地______, 这样我就可以有钱买自己想要的东西。

Chapter 2. 일상생활

A2-1 **2-1 음식**

Let's Start Up! 주제에 맞는 단어와 예문을 학습해 보세요.

0001

冰激凌
bīngjīlíng

예 你喜欢的冰激凌是什么口味的?
네가 좋아하는 아이스크림은 어떤 맛이니?

명 아이스크림

0002

叉子
chāzi

예 中国人不习惯用叉子吃饭，西方人喜欢用叉子。
중국인은 포크로 음식을 먹는 것이 익숙하지 않으나 서양인은 포크를 즐겨 사용한다.

명 포크

0003

炒
chǎo

예 请把面包烤一下并炒些鸡蛋。
빵을 좀 굽고 또 계란을 볶아주세요.

동 (기름으로) 볶다

0004

醋①
cù

예 喝醋有软化血管的作用。
식초를 마시는 것은 혈관이 부드러워지게 하는 작용을 한다.

명 식초

Voca+
软化 ruǎnhuà 동 연하게 하다, 부드럽게 하다 | 血管 xuèguǎn 명 혈관

醋②
cù

예 姐姐和一个男生一起照相，被男朋友看到了，她男朋友就吃醋了，很生气。
언니가 어떤 남학생이랑 같이 사진을 찍었는데 남자친구가 보고는 질투가 나서 화를 냈다.

명 (주로 남녀 관계에서) 질투, 샘

Tip '醋'는 동사 '吃'과 같이 '吃醋'로 쓰여 '질투하다'라는 뜻을 나타냅니다.

0005

点心
diǎnxin

예 他想给爷爷奶奶买一些应节的点心去，让他们喜欢。

그는 할아버지, 할머니가 좋아하시도록 그분들께 드릴 계절에 맞는 간식을 사러 가려고 한다.

명 (과자류의) 간식

Voca+
应节 yìngjié 동 계절에 맞다, 제철에 맞다

0006

豆腐
dòufu

예 豆腐的营养价值高，而且吃了不容易发胖。

두부는 영양가가 높고, 먹어도 쉽게 살이 찌지 않는다.

명 두부

Voca+
营养价值 yíngyǎng jiàzhí 명 영양가 | 发胖 fāpàng 동 살찌다, 뚱뚱해지다

0007

海鲜
hǎixiān

예 姐姐吃完海鲜以后，全身痒起来了，经过医生诊断原来是海鲜过敏。

언니는 해산물을 먹은 후에 온몸이 가렵기 시작했다. 진찰을 받아보니 해산물 알레르기였다.

명 해산물, 해물

Voca+
诊断 zhěnduàn 동 진단하다 | 过敏 guòmǐn 형 과민하다 동 알레르기 반응을 보이다

0008

花生
huāshēng

예 坐飞机的时候，空中小姐给每个乘客一袋花生。

비행기를 탈 때, 스튜어디스가 승객들에게 땅콩을 한 봉지씩 준다.

명 땅콩

Voca+
空中小姐 kōngzhōng xiǎojiě 명 스튜어디스, 여승무원 | 袋 dài 양 봉지, 부대, 자루

0009

酱油
jiàngyóu

예 最好把肉用酱油腌一下再吃。

가장 좋기로는 고기를 간장에 한번 절여서 먹는 것이다.

명 간장

Voca+
腌 yān 동 (소금·간장 등에) 절이다

0010
橘子
júzi

예 妹妹十分喜欢橘子，她每次看到水果摊儿，都会要求妈妈给她买些橘子。

여동생은 귤을 너무 좋아해서 매번 과일 노점을 볼 때마다 엄마에게 귤을 사달라고 한다.

명 귤

Voca+
水果摊儿 shuǐguǒ tānr 명 과일 노점

0011
开水
kāishuǐ

예 这里有开水，渴了请随便喝。

여기 끓인 물이 있으니 목이 마르면 마음대로 드세요.

명 끓인 물

Voca+
随便 suíbiàn 부 마음대로, 제멋대로

0012
口味
kǒuwèi

예 每个人的口味都不一样，所以喜欢的食物不同。

모든 사람의 입맛은 다 달라서 좋아하는 음식도 다르다.

명 입맛

0013
辣椒
làjiāo

예 妈妈做菜的时候，经常放红辣椒增加菜色，让我们看着就更有食欲了。

엄마는 음식을 할 때, 우리가 볼 때 더 맛있어 보이게 하기 위해 항상 붉은 고추를 넣어서 색감을 좋게 하신다.

명 고추

Voca+
食欲 shíyù 명 식욕, 밥맛

0014
梨
lí

예 这种梨的个儿不大，可是特别甜。

이 종류의 배는 크기는 작지만 매우 달다.

명 (과일) 배

Voca+
个儿 gèr 명 (물체의) 크기, 부피

0015

粮食

liángshi

유의 食粮 shíliáng

예 古代将军带兵打仗的时候，最怕的就是被敌方断了粮食供给。

고대에 장군이 병사들을 데리고 전쟁을 할 때, 가장 두려워했던 것은 바로 적군에 의해 식량 공급이 끊기는 것이었다.

명 양식, 식량

Voca+

带兵打仗 dàibīng dǎzhàng 군대를 인솔하여 싸우다 | 敌方 dífāng 명 적측, 적편 | 供给 gōngjǐ 동 공급하다, 대다

0016

零食

língshí

유의 零嘴 língzuǐ

예 在白天的时候，这里常常有些卖零食的小摊儿。

낮에 여기에는 항상 군것질거리를 파는 노점상들이 있다.

명 간식, 군것질거리

Voca+

小摊儿 xiǎotānr 명 작은 노점

0017

馒头

mántou

예 爸爸说他最爱奶奶做的馒头，又大又有味道，吃了还想吃。

아빠는 할머니가 만들어 주신 만두를 가장 좋아하는데, 크고 맛있어서 먹어도 먹어도 또 먹고 싶다고 하셨다.

명 (안에 소가 없는) 찐빵, 만두

0018

清淡

qīngdàn

반의 浓重 nóngzhòng
油腻 yóunì

예 姐姐的胃不好，不能吃太油腻的东西，饮食只能以清淡的为主。

언니는 위가 좋지 않아서 너무 기름진 음식은 먹지 못하고 담백한 것 위주로만 먹어야 한다.

형 (음식이) 담백하다

Voca+

油腻 yóunì 형 기름지다, 기름기가 많다, 느끼하다

0019

食物

shíwù

예 要少吃油多的食物，要多吃蔬菜。

기름기가 많은 음식은 적게 먹고 야채를 많이 먹어야 한다.

명 음식물

0020

蔬菜

shūcài

예 她们还要到菜园里去采些要吃的蔬菜下来。

그녀들은 또 채소 밭에 가서 먹을 채소들을 따야 한다.

명 채소, 야채

0021

桃

táo

예 每当桃花盛开时，这里就成了花海。

매번 복숭아꽃이 필 때, 여기는 꽃의 바다를 이룬다.

명 복숭아

Voca+

盛开 shèngkāi 동 (꽃이) 활짝 피다, 만발하다

0022

土豆

tǔdòu

예 发现土豆发了芽，表皮变绿时，千万不要食用。

감자에 싹이 나고 겉이 초록색으로 변하는 것을 발견하면, 절대 먹으면 안 된다.

명 감자

Voca+

发芽 fā yá 동 발아하다, 싹이 트다

0023

胃口①

wèikǒu

예 这些菜太清淡了，不合我的胃口。

이 음식들은 너무 담백해서 내 입맛에 맞지 않는다.

명 식욕, 입맛

胃口②

wèikǒu

예 我觉得古典音乐比摇滚音乐会更合我胃口。

나는 클래식 음악이 록 음악보다 내 취향에 맞는다고 생각한다.

명 흥미, 구미, 취향

Voca+

古典音乐 gǔdiǎn yīnyuè 고전 음악, 클래식 음악 | 摇滚音乐 yáogǔn yīnyuè 록 음악

0024

香肠

xiāngcháng

예 一片培根所含的卡路里比香肠少。

베이컨 한 장에 함유된 칼로리는 소시지보다 적다.

명 소시지

Voca+

培根 péigēn 명 베이컨 | 卡路里 kǎlùlǐ 명 칼로리

0025

小麦
xiǎomài

예 小麦的加工水平影响面粉的质量。

밀의 가공 수준이 밀가루의 품질에 영향을 준다.

명 소맥, 밀

Voca+
面粉 miànfěn 명 밀가루

0026

油炸
yóuzhá

예 营养学家说长期吃油炸食品，会得癌症。

영양학자들은 기름에 튀긴 음식을 오래 먹으면 암에 걸릴 수 있다고 말한다.

동 기름에 튀기다

Voca+
癌症 áizhèng 명 암

0027

营养
yíngyǎng

예 油炸食物不仅没有任何的营养价值，吃了以后对身体也不怎么好。

튀김 음식은 어떠한 영양가도 전혀 없고, 먹어도 건강에 그다지 좋지 않다.

명 영양, 양분

0028

玉米
yùmǐ

예 玉米已成为受人们欢迎的杂粮。

옥수수는 이미 사람들의 환영을 받는 잡곡이 되었다.

명 옥수수

Voca+
杂粮 záliáng 명 (쌀·밀 이외의) 잡곡

0029

煮
zhǔ

예 在中国，男人带孩子、煮饭烧菜做家务等很普遍。

중국에서는 남자가 아이를 돌보고 밥을 짓고 요리를 하는 등의 집안일을 하는 것은 매우 보편적이다.

동 삶다, 익히다

Voca+
烧菜 shāocài 동 요리를 하다, 음식을 만들다

Chapter 2. 일상생활

A2-2 **2-2 의복**

Let's Start Up!

주제에 맞는 단어와 예문을 학습해 보세요.

0001

布

bù

예 今天我过生日，妈妈用彩色的布给我缝制了一个娃娃。

오늘은 내 생일이어서 엄마가 색깔이 있는 천으로 인형을 만들어 주셨다.

명 천

Voca+

缝制 féngzhì 동 (옷·이불 등을) 짓다, 만들다

0002

耳环

ěrhuán

예 她带着耳环、项链和其他装饰品。

그녀는 귀고리, 목걸이와 기타 장신구를 하고 있다.

명 귀고리

Voca+

装饰品 zhuāngshìpǐn 명 장식품, 장식물

0003

服装

fúzhuāng

예 这里卖的服装又贵又不好看。

여기에서 파는 옷은 비싸고 예쁘지도 않다.

명 복장, 의류, 의상

0004

系领带

jì lǐngdài

예 爸爸一大把年纪了，还是不会系领带，每次都是妈妈帮他系领带。

아빠는 이 나이가 되어서도 넥타이를 매지 못해서 매번 엄마가 아빠를 도와 넥타이를 매주신다.

동 넥타이를 매다

Voca+

一大把年纪 yídàbǎ niánjì 명 노령, 많은 나이

0005

戒指
jièzhǐ

예 这枚戒指是刚上大学的时候妈妈买给我的。

이 반지는 막 대학에 입학했을 때 엄마가 나에게 사주신 것이다.

명 반지

0006

牛仔裤
niúzǎikù

예 我在今天的体育课上狠狠地摔了一跤，牛仔裤也破了洞。

나는 오늘 체육 시간에 호되게 넘어져서 청바지에 구멍이 났다.

명 청바지

Voca+
狠狠 hěnhěn 부 잔인하게, 호되게, 매섭게 | 破洞 pòdòng 구멍, 째진 틈

0007

披
pī

예 外边很冷，他披上了一件大衣。

바깥이 너무 추워서 그는 외투를 걸쳤다.

동 (옷 · 스카프 · 장식물 등을 어깨에) 걸치다, 감싸다

0008

时尚①
shíshàng

예 我们产品的主打目标是走在时代尖端的时尚女性。

우리 제품의 주요 타겟은 시대의 첨단을 걷고 있는 트렌디 걸이다.

명 시대적 유행, 시류

Voca+
主打 zhǔdǎ 형 주가 되는, 메인이 되는, 주도적인 역할을 하는 | 尖端 jiānduān 명 (어떤 물건의) 뾰족한 끝, 첨단, 정점

时尚②
shíshàng

예 我觉得他很土，一点也不时尚。

나는 그가 매우 촌스럽고, 조금도 세련되지 않다고 생각한다.

형 유행에 맞다

Voca+
土 tǔ 형 촌스럽다, 시류에 맞지 않다

0009

手套
shǒutào

예 冬天要来了，妈妈给我织了一双彩虹颜色的手套。

곧 겨울이다. 엄마가 나에게 무지개색 장갑을 짜 주셨다.

명 장갑

0010

丝绸

sīchóu

예 等我自己打工挣钱以后，我要给妈妈买一条丝绸制的裙子。

내가 아르바이트를 해서 스스로 돈을 벌게 되면 엄마에게 실크 치마를 사드릴 것이다.

명 비단, 견직물

0011

围巾

wéijīn

예 冬天时，大街上不论男生还是女生脖子上都有一条漂亮的围巾。

겨울에는 길거리에 남자아이든지 여자아이든지 간에 모두 목에 예쁜 목도리를 두르고 있다.

명 목도리, 스카프

0012

项链

xiàngliàn

예 今年爸爸妈妈的结婚纪念日，爸爸给妈妈买了一条项链。

올해 부모님 결혼기념일에 아빠가 엄마에게 목걸이를 선물하셨다.

명 목걸이

Chapter 2. 일상생활

A2-3 **2-3 집·가사**

Let's Start Up! 주제에 맞는 단어와 예문을 학습해 보세요.

0001

玻璃
bōli

예 哥哥不小心打碎了窗户上的玻璃。
형이 부주의해서 창문의 유리를 깼다.

명 유리

0002

车库
chēkù

예 那里写着"车库前面禁止停车"。
그곳에 '차고 앞 주차 금지'라고 쓰여있다.

명 차고

0003

抽屉
chōuti

예 我今天找不到我的钥匙了，后来发现它在我的抽屉里。
나는 오늘 열쇠를 못 찾았는데, 나중에 내 서랍 안에 있다는 것을 알았다.

명 서랍

0004

窗帘
chuānglián

예 早晨我拉开窗帘，一缕阳光照射在我的身上，非常惬意。
아침에 커튼을 젖혔을 때, 한 줄기 햇볕이 나에게 비치는 것이 매우 기분 좋다.

명 커튼

Voca+
照射 zhàoshè 동 비치다, 비추다, 쪼이다 | 惬意 qièyì 형 만족하다, 흡족하다, 편안하다

0005

单元①
dānyuán

예 我住在三号楼二单元。
나는 3동 2단지에 산다.

명 (아파트 · 빌딩 등의) 단지

单元②
dānyuán

예 这本书每个单元有五篇课文。

이 책은 매 단원마다 5편의 본문이 있다.

명 (교재 등의) 단원

0006

隔壁
gébì

예 隔壁人家的挂钟响了起来，清清楚楚地敲了七下。

옆집의 괘종시계가 울리기 시작했는데 정확히 일곱 번 울렸다.

명 이웃집, 옆집

Voca+
挂钟 guàzhōng 명 괘종시계, 벽시계

0007

公寓
gōngyù

예 我的公寓大约有100多平米，但是由于家具比较多，看上去比实际面积要小。

우리 아파트는 약 100평방미터인데, 가구가 많아서 실제 면적보다 작아 보인다.

명 아파트

Voca+
平米 píngmǐ 양 제곱미터, 평방미터 | 要 yào 조동 비교하는 문장에서 강조의 뜻을 나타냄

0008

家务
jiāwù

예 我妈妈总夸她能干，学习、家务、样样都无可挑剔。

우리 엄마는 항상 그녀가 능력있고, 공부든 집안일이든 모든 면에서 나무랄 데가 없다고 칭찬하신다.

명 가사, 집안일

Voca+
无可挑剔 wúkětiāoti 나무랄 데가 없다

0009

墙
qiáng

예 他在自己家的墙上挂了一面镜子。

그는 자기 집 벽에 거울을 걸었다.

명 벽

0010

书架
shūjià

예 书架上堆满了书。

책꽂이에 책이 가득 쌓여 있다.

명 책꽂이, 서가

Voca+
堆 duī 동 (사물이) 쌓여 있다, 쌓이다, 퇴적되다

0011

台阶
táijiē

예 高考只不过是成长过程中一个小小的台阶。

수능 시험은 단지 성장 과정 중의 아주 작은 단계일 뿐이다.

명 계단, 선반, 단계

0012

卧室
wòshì

동의 卧房 wòfáng

유의 寝室 qǐnshì

예 卧室的面积不太大，但十分舒适。

침실의 면적은 그렇게 넓지 않지만 아주 쾌적하다.

명 침실

0013

屋子
wūzi

예 北方冬天有暖气，屋子里不需要穿厚衣服。

북방지역은 겨울에 난방기구가 있어서 집안에서 두꺼운 옷을 입을 필요가 없다.

명 방

Voca+

暖气 nuǎnqì 명 라디에이터, 난방기구

0014

阳台
yángtái

예 我家新买的房子居然没有阳台，让人有点失望。

우리가 새로 산 집은 뜻밖에도 베란다가 없어서 조금 실망스럽다.

명 베란다, 발코니

Chapter 2. 일상생활

A2-4 **2-4 일상용품**

Let's Start Up!

주제에 맞는 단어와 예문을 학습해 보세요.

0001

被子
bèizi

예 她走进房间，看见她儿子搭了张被子坐在床上看电视。

그녀는 방에 들어갔을 때, 그녀의 아들이 이불을 덮고 침대에 앉아서 TV를 보는 것을 보았다.

명 이불

Voca+
搭 dā 동 걸치다, 덮다

0002

地毯
dìtǎn

예 楼下客厅里，墙壁上挂了几张西洋名画，地板上铺着上等地毯。

아래층 거실의 벽에 몇 장의 서양 명화가 걸려있고, 바닥에는 고급 양탄자가 깔려 있다.

명 양탄자, 카펫

Voca+
地板 dìbǎn 명 마루, 바닥 | 铺 pū 동 (물건을) 깔다, 펴다

0003

电池
diànchí

예 妈妈告诉我，用完的电池不可以随便丢弃，我们应当放在一起处理。

엄마가 내게 다 쓴 건전지를 아무렇게나 버려서는 안 되고, 우리는 반드시 한 군데에 모아서 처리해야 한다고 말씀하셨다.

명 건전지, 배터리

Voca+
丢弃 diūqì 동 버리다, 내버리다, 방치하다

0004

肥皂
féizào

예 我不喜欢用肥皂，爱用洗衣粉。

나는 빨랫비누 사용하는 것을 좋아하지 않고 가루비누를 즐겨 쓴다.

명 비누, 세탁비누

0005

工具

gōngjù

예 我屋子的灯泡闪了，我给正站在椅子上修灯的父亲递了工具。

내 방의 전등이 깜박거려서, 의자에 올라가서 등을 수리해 주시는 아빠에게 공구를 건네드렸다.

명 공구, 도구

Voca+

灯泡 dēngpào 명 전구 | 闪 shǎn 동 반짝이다, 번쩍이다 | 递 dì 동 넘겨주다, 전해주다, 건네다

0006

管子

guǎnzi

예 水从我浴室的管子里喷了出来，但我根本没办法去阻止。

물이 우리 집 욕실의 수도관에서 뿜어져 나왔는데, 나는 도무지 막을 방법이 없다.

명 관, 호스, 파이프

Voca+

喷 pēn 동 (액체·기체·분말 등이 압력을 받아) 분출하다, 뿜다, 내뿜다

0007

锅

guō

예 挑选使用高压锅时，一定要注意它的安全阀。

압력솥을 선택할 때는 반드시 압력솥의 안전개폐기에 주의해야 한다.

명 솥, 냄비

Voca+

高压锅 gāoyāguō 명 압력솥 | 安全阀 ānquánfá 명 안전개폐기, 안전기

0008

壶

hú

예 今天妈妈拿回来一个非常精致的玻璃壶，说是自己制作的。

오늘 엄마가 매우 정교한 유리 주전자를 가지고 돌아오셨는데, 엄마가 직접 만든 것이라고 하셨다.

명 주전자

Voca+

精致 jīngzhì 형 정밀하다, 정교하다, 세밀하다

0009

火柴

huǒchái

예 火柴和打火机应该被锁在安全的地方。

성냥과 라이터는 안전한 장소에 보관해야 한다.

명 성냥

Voca+

打火机 dǎhuǒjī 명 라이터

0010
夹子
jiāzi

예 他用夹子把那些纸夹在一起。

그는 클립으로 그 종이들을 함께 집었다.

명 집게, 클립

0011
剪刀
jiǎndāo

예 她坐在那里，正拿着一把剪刀，为坐在凳子上的小猫剪指甲。

그녀는 그곳에 앉아서 가위를 들고 의자에 앉아있는 고양이의 발톱을 잘라주고 있다.

명 가위

Voca+
凳子 dèngzi 명 의자, 걸상 [다리는 있지만 등받이는 없는 가구의 일종]

0012
胶水
jiāoshuǐ

예 文具店卖胶水、橡皮、铅笔等文具用品。

문구점에는 풀, 지우개, 연필 등의 문구용품을 판다.

명 풀

0013
铃
líng

예 那个在厨房门口摇着铃的人是我奶奶。

그 주방 입구에서 종을 흔드는 분은 나의 할머니이시다.

명 방울, 벨

0014
零件
língjiàn

예 这个工厂专门生产汽车零件。

이 공장은 자동차 부품을 전문적으로 생산한다.

명 부(속)품

0015
日用品
rìyòngpǐn

예 他们的日用品急缺，不知道是不是通货膨胀的缘故。

그들의 일용품이 급격히 부족해졌는데, 통화팽창 때문인지 아닌지 모르겠다.

명 일상용품 [‘日常生活用品(일상생활용품)’의 줄임말]

Voca+
急 jí 형 급하다, 빠르다, 세차다, 급격하다 | 缺 quē 동 결핍되다, 결여되다, 부족하다 | 通货膨胀 tōnghuò péngzhàng 명 통화팽창, 인플레이션

0016

扇子
shànzi

예 夏天的夜晚，奶奶总是坐在床边一边扇扇子，一边讲故事给我听。

여름날 밤에 할머니는 늘 침대 옆에서 부채를 부치시면서 나에게 이야기를 들려주신다.

명 부채

0017

绳子
shéngzi

예 绳子系得太紧，打不开了。

끈을 너무 꽉 묶어서 풀 수가 없다.

명 노끈, 새끼, 밧줄

0018

事物
shìwù

예 事物的变化不以人的意志为转移。

사물의 변화는 사람의 의지로 바뀌지 않는다.

명 사물

Voca+
转移 zhuǎnyí 동 바꾸다, 변경하다

0019

梳子
shūzi

예 我妹妹总是用手代替梳子整理头发。

내 여동생은 늘 빗 대신 손으로 머리를 정리한다.

명 빗

0020

锁①
suǒ

예 我不慎丢了家里的钥匙，想着还是换一把锁好了。

나는 덜렁거리다가 집 열쇠를 잃어버려서 아무래도 자물쇠를 바꾸는 것이 좋겠다고 생각 중이다.

명 자물쇠

Voca+
不慎 búshèn 형 부주의하다, 덜렁거리다, 신중하지 않다

锁②
suǒ

예 门没锁，请进来。

문이 안 잠겼으니 들어오세요.

동 잠그다

0021

玩具

wánjù

예 过圣诞节应该给孩子们买些什么玩具?

크리스마스에 아이들에게 어떤 장난감을 사줘야 할까요?

명 완구, 장난감

Voca+

圣诞节 Shèngdàn Jié 명 성탄절, 크리스마스

2 일상생활

Chapter 2. 일상생활

A2-5 **2-5** 취미·여가

Let's Start Up!

주제에 맞는 단어와 예문을 학습해 보세요.

0001

鞭炮
biānpào

예 过年的时候我最喜欢放鞭炮。

설을 쇨 때 나는 폭죽 터뜨리는 것을 가장 좋아한다.

명 폭죽

0002

博物馆
bówùguǎn

예 今天放学的时候老师给我们发了博物馆的免费券。

오늘 하교할 때 선생님께서 우리에게 박물관 무료입장권을 나누어 주셨다.

명 박물관

0003

电台
diàntái

예 我的理想是当一名电台的主持人。

나의 꿈은 라디오 방송국의 사회자가 되는 것이다.

명 라디오 방송국 ['广播电台'의 줄임말]

Voca+
主持人 zhǔchírén 명 사회자, 진행자, MC

0004

钓
diào

예 爸爸一直说带我去钓鱼，可是他从来都没有实现过这个诺言。

아빠는 줄곧 나를 데리고 낚시를 가겠다고 말씀하셨지만, 아빠는 지금껏 이 약속을 지키지 않으셨다.

동 낚시하다

Voca+
诺言 nuòyán 명 약속, 언약

0005

动画片
dònghuàpiàn

예 我还记得小时候每天放学拼命地跑回家就为了看一集动画片。

나는 어릴 때 만화영화를 보기 위해 매일 학교가 끝나면 기를 쓰고 뛰어서 집에 왔던 것을 여전히 기억한다.

명 만화영화, 애니메이션

Voca+
拼命 pīnmìng 동 기를 쓰다, 죽을 힘을 다하다, 필사적으로 하다

0006

冠军
guànjūn

예 作为今年的冠军，他在台上发表了演讲。

올해의 우승자로서 그는 단상에서 연설을 했다.

명 챔피언, 우승자, 1등

Voca+
演讲 yǎnjiǎng 명 강연, 연설, 웅변

Tip 2등(준우승)은 '亚军 yàjūn', 3등은 '季军 jìjūn'이라고 합니다.

0007

光盘
guāngpán

동 光碟 guāngdié

예 这个光盘是爸爸去外国旅行时带给我的礼物。

이 CD는 아버지께서 외국 여행에서 돌아오실 때 내게 선물로 사다준 것이다.

명 CD

0008

纪录
jìlù

예 他一直都保持自己不败的纪录。

그는 줄곧 자신의 깨지지 않는 기록을 가지고 있다.

명 기록

0009

酒吧
jiǔbā

예 我家门前的那条街有许多灯红酒绿的酒吧。

우리 집 앞 그 길가에는 많은 술집들이 즐비해 있다.

명 술집, 바

Voca+
灯红酒绿 dēnghóngjiǔlǜ 성 도시나 유흥가의 번화한 밤 풍경

0010

俱乐部
jùlèbù

예 在自行车俱乐部的这些日子，我交到了许多朋友。

자전거 동호회에 있는 요 며칠 동안 나는 많은 친구를 사귀었다.

명 동호회, 클럽

0011

决赛

juésài

예 在这次的春季运动会上，我进入了跑步项目的决赛。

이번 봄 운동회에서 나는 달리기 종목 결승에 진출했다.

명 결승

Voca+
项目 xiàngmù 명 종목, 항목

0012

角色

juésè

예 在这次年末的话剧表演中，我扮演的是白雪公主的角色。

이번 연말의 연극 공연에서 내가 맡은 것은 백설공주 역할이다.

명 배역

Voca+
扮演 bànyǎn 동 ~역을 맡아 하다, 출연하다

0013

开幕式

kāimùshì

예 2008年北京奥运会的开幕式让所有人惊叹它的盛大。

2008년 베이징 올림픽 개막식은 모든 사람들로 하여금 그 성대함에 놀라게 했다.

명 개막식

Voca+
惊叹 jīngtàn 동 몹시 놀라며 감탄하다, 경탄하다 | 盛大 shèngdà 형 성대하다

0014

名胜古迹

míngshènggǔjì

예 除了天坛公园以外，北京所有的名胜古迹我都参观过。

나는 톈탄공원 이외에도 베이징의 모든 명승고적을 가봤다.

명 명승고적

0015

拍①

pāi

예 这里禁止拍照，谢谢配合。

여기는 촬영 금지 지역이므로 협조 부탁드립니다.

동 사진 찍다

拍②

pāi

예 听到这个好消息，她高兴地拍起桌子来。

이 좋은 소식을 듣고 그녀는 기뻐서 책상을 쳤다.

동 (손바닥이나 납작한 것으로) 치다

0016

频道

píndào

예 对于刚学习汉语的我们来说，即使电视有再多频道也没用。

이제 막 중국어를 배운 우리에게 있어서는 설령 TV 채널이 더 많아도 아무 소용이 없다.

명 채널

0017

球迷

qiúmí

예 世界杯比赛吸引了数万球迷观阵。

월드컵 경기는 수만 명의 축구 팬들을 몰려들게 했다.

명 (야구 · 축구 등 구기 종목에 대한) 팬(fan), 애호가, 구기광

Voca+

观阵 guānzhèn 동 구경하다, 진형을 살피다

0018

射击

shèjī

예 这届奥运会的第一位冠军是射击运动员。

이번 올림픽에서 첫 번째 우승자는 사격 선수이다.

명 사격 동 사격하다

0019

摄影

shèyǐng

예 底片不论是黑白或彩色均是摄影最常用的胶片。

원판은 흑백 또는 컬러를 막론하고 모두 촬영에 가장 상용되는 필름이다.

동 (카메라로) 촬영하다

Voca+

底片 dǐpiàn 명 (사진을 찍지 않은) 필름, (사진의) 원판 | 胶片 jiāopiàn 명 필름(film)

0020

手工

shǒugōng

예 这种手提包完全是手工缝制出来的。

이 핸드백은 100% 수공으로 제작된 것이다.

명 수공, 핸드메이드

Voca+

手提包 shǒutíbāo 명 핸드백, 손가방 | 缝制 féngzhì 동 (옷·이불 등을) 짓다, 만들다

0021

诗

shī

예 这几首诗他都背出来了。

이 몇 편의 시를 그는 다 외웠다.

명 시

0022

太极拳
tàijíquán

예 清早的公园里，有很多老爷爷一起打太极拳。

이른 아침 공원에서 많은 할아버지들이 함께 태극권을 하신다.

명 태극권

0023

武术
wǔshù

예 武术在北京奥运会上已经成为特设项目。

무술은 베이징 올림픽에서 이미 특설 종목으로 채택되었다.

명 무술

0024

细节
xìjié

예 一个城市的形象，正是从一点一滴的细节上树立起来的。

한 도시의 이미지는 하나하나의 세부적인 것들에서 만들어지는 것이다.

명 세부 상황, 세부 줄거리

Voca+
一点一滴 yìdiǎn yìdī 성 약간, 조금 | 树立 shùlì 동 수립하다, 세우다

0025

戏剧
xìjù

예 戏剧演完，我记不清故事的情节，因为它的情节非常支离。

연극의 줄거리가 너무 산만해서 나는 연극을 보고 난 후 이야기의 줄거리가 잘 기억나지 않았다.

명 희극, 연극

Voca+
情节 qíngjié 명 플롯(plot), 줄거리 | 支离 zhīlí 형 (말이나 문장이) 장황하고 난잡하다, 조리가 없다

0026

象棋
xiàngqí

예 爷爷很喜欢在吹着小风的下午坐在公园下象棋。

할아버지는 바람이 살짝 부는 오후에 공원에서 장기 두는 것을 좋아하신다.

명 장기

0027

歇
xiē

유의 休 xiū

예 初到这个城市的时候，他在朋友家歇了一晚。

처음 이 도시에 왔을 때, 그는 친구 집에서 하룻밤 쉬었다.

동 휴식하다, 쉬다

0028

休闲
xiūxián

예 休闲时，大家都喜欢边看电视边吃零食。

모두들 휴식을 취할 때 TV를 보면서 군것질하는 것을 좋아한다.

동 한가롭게 보내다

Voca+
零食 língshí 명 간식, 군것질

0029

业余①
yèyú

예 这件事只能利用业余时间干。

이 일은 단지 여가 시간을 이용해서 해야만 한다.

형 여가의

业余②
yèyú

반의 职业 zhíyè
专业 zhuānyè

예 我的摄影最多只能算业余水平。

나의 사진 촬영은 겨우 아마추어 수준이라고 할 수 있다.

형 아마추어의

0030

游览
yóulǎn

유의 参观 cānguān
观赏 guānshǎng

예 他和我约好明天去游览这里的名山。

그는 나와 내일 이곳의 유명한 산에 유람하러 가자고 약속했다.

동 유람하다

0031

预订
yùdìng

예 上网把预订的房间取消了。

인터넷으로 예약한 방을 취소했다.

동 예약하다

0032

娱乐
yúlè

예 就拿电脑来说吧，我们的工作、学习和娱乐都离不开它。

컴퓨터를 예로 들어 말하자면, 우리의 일과 공부, 그리고 오락 모두 컴퓨터 없이는 불가능하다.

명 오락, 예능 동 오락하다

0033
乐器
yuèqì

예 小提琴拉得与其他乐器不谐调。

바이올린 연주가 다른 악기들과 잘 어울리지 않는다.

명 악기

Voca+
小提琴 xiǎotíqín 명 바이올린 | 谐调 xiétiáo 형 조화하다, 잘 어울리다

0034
字幕
zìmù

예 每次看欧美大片的时候，总是伴有中文字幕。

매번 구미의 블록버스터 영화를 볼 때, 늘 중국어 자막이 있다.

명 (텔레비전이나 영화의) 자막

Voca+
欧美 Ōuměi 명 구미, 유럽과 미국 | 大片 dàpiàn 명 대작(영화), 블록버스터 | 伴有 bànyǒu 동 부수적으로 발생하다(나타나다), 함께 나타나다

0035
作品
zuòpǐn

예 这个是他年轻时最得意的作品。

이것은 그의 젊은 시절에 가장 의미가 있는 작품이다.

명 작품

Voca+
得意 déyì 형 마음에 꼭 들다

Chapter 2. 일상생활

A2-6 **2-6 전자·컴퓨터**

Let's Start Up!

주제에 맞는 단어와 예문을 학습해 보세요.

0001

病毒①
bìngdú

예 新的木马病毒让我的机子无法运行。
새로운 트로이목마 바이러스 때문에 내 기계가 작동이 되지 않는다.

명 (컴퓨터) 바이러스

Voca+
木马 mùmǎ 명 목마 | 机子 jīzi 명 각종 기계 장치

病毒②
bìngdú

예 最近感冒病毒很流行。
최근에 감기 바이러스가 유행이다.

명 병원체, 병균

0002

充电器
chōngdiànqì

예 这个手机的充电器很特别，别的地方买不到。
이 휴대전화의 충전기는 독특해서 다른 곳에서는 살 수가 없다.

명 충전기

0003

机器
jīqì

예 工厂又新进了好几台机器，因为之前运作的机器多多少少都有些毛病。
전에 사용하던 기계들이 모두 크고 작은 고장이 있어서 공장에 새로운 기계들을 또 들여 왔다.

명 기계

Voca+
运作 yùnzuò 동 (기구·조직 등이) 활동하다, 운행하다

0004

键盘
jiànpán

예 这个键盘我用着十分舒服，但是它坏掉了我不得不换一个。
이 키보드는 내가 사용하기에 아주 편하지만 고장이 나서 어쩔 수 없이 바꿔야 한다.

명 (악기나 컴퓨터 · 타자기 등의) 건반, 키보드

0005

麦克风

màikèfēng

예 由于我唱歌的声音很小，所以必须用麦克风。

내 노래 부르는 소리가 너무 작아서 마이크를 사용해야만 한다.

명 마이크

0006

软件

ruǎnjiàn

반의 硬件 yìngjiàn

예 这几个部门共同开发了新的软件。

이 몇몇 부서가 새로운 소프트웨어를 공동 개발했다.

명 소프트웨어

0007

鼠标

shǔbiāo

예 我今天新买了一个小巧的鼠标。

나는 오늘 작고 깜직한 마우스를 한 개 새로 샀다.

명 마우스

Voca+

小巧 xiǎoqiǎo 형 작고 정교하다, 작고 깜찍하다

0008

数码

shùmǎ

예 随着数码技术的发展，全球影像市场发生了深刻的变化。

디지털 기술이 발전함에 따라 전 세계 영상 시장에 심각한 변화가 생겼다.

명 디지털

Voca+

深刻 shēnkè 형 깊다, 심각하다

0009

网络①

wǎngluò

예 她在自己的网络杂志中推荐了这家餐厅的好服务。

그녀는 자신의 웹 저널에 이 식당의 훌륭한 서비스를 추천했다.

명 네트워크, 웹, 사이버

网络②

wǎngluò

예 他建立了广泛的人际网络。

그는 폭넓은 인간관계를 만들었다.

명 조직, 계통, 망, 시스템

Voca+

广泛 guǎngfàn 형 광범위하다, 폭넓다 | 人际 rénjì 명 사람과 사람 사이

0010

系统①
xìtǒng

예 噪声对人的心血管系统也有很大危害。

소음은 사람의 심혈관 계통에도 많은 악영향을 끼친다.

명 계통, 시스템

Voca+
噪声 zàoshēng 명 소음, 잡음 | 心血管 xīnxuèguǎn 명 심혈관

系统②
xìtǒng

예 这篇报告写得不太系统。

이 보고서는 그다지 체계적으로 작성되지 않았다.

형 체계적이다, 조직적이다, 규칙적이다

0011

下载
xiàzài

반의 上载 shàngzài

예 妈妈让我帮她把想看的连续剧下载下来，一次看个够。

엄마는 내게 보고 싶은 드라마를 한번에 다 볼 수 있도록 다운로드해 달라고 하셨다.

동 (인터넷상에서 자료 등을) 다운로드하다

0012

硬件
yìngjiàn

반의 软件 ruǎnjiàn

예 如果硬件质量有问题，就会引起机器异常启动现象。

만약 하드웨어 품질에 문제가 있으면 기계가 오작동되는 현상을 일으킬 수 있다.

명 하드웨어

Voca+
启动 qǐdòng 동 (기계·계량기·전기 설비 등의) 작동을 시작하다, 시동을 걸다

1. 알맞은 단어를 고르세요.

보기 A. 醋 B. 豆腐 C. 土豆 D. 酱油 E. 蔬菜 F. 零食

① 식초 ________ ② 감자 ________

③ 채소, 야채 ________ ④ 두부 ________

⑤ 간식, 군것질거리 ________ ⑥ 간장 ________

2. 중국어의 뜻과 병음을 서로 연결하세요.

① 기름에 튀기다 •	• 炒 •	• chāzi
② 기름으로 볶다 •	• 煮 •	• yóuzhá
③ 포크 •	• 叉子 •	• júzi
④ 삶다, 익히다 •	• 油炸 •	• chǎo
⑤ 귤 •	• 桔子 •	• zhǔ

3. 밑줄 친 부분에 적합한 단어를 쓰세요.

보기 A. 口味 B. 食物 C. 辣椒 D. 小麦 E. 营养 F. 清淡

① ________的加工水平影响面粉的质量。

② 要少吃油多的________，要多吃蔬菜。

③ 每个人的________都不一样，所以喜欢的食物不同。

④ 姐姐的胃口不好，不能吃太油腻的东西，饮食只能以________为主。

⑤ 油炸食物不仅没有任何的________价值，吃了以后对身体也不怎么好。

⑥ 妈妈做饭的时候经常放红________，增加菜色，让我们看着就更有食欲了。

1. 알맞은 단어를 고르세요.

보기 A. 隔壁 B. 公寓 C. 家务 D. 台阶 E. 墙 F. 卧室

① 이웃집, 옆집 ________ ② 계단, 선반, 단계 ________

③ 벽 ________ ④ 가사, 집안일 ________

⑤ 아파트 ________ ⑥ 침실 ________

2. 중국어의 뜻과 병음을 서로 연결하세요.

① 청바지 •	• 牛仔裤 •	• wéijīn
② 귀고리 •	• 围巾 •	• jièzhǐ
③ 목걸이 •	• 耳环 •	• ěrhuán
④ 반지 •	• 戒指 •	• xiàngliàn
⑤ 목도리 •	• 项链 •	• niúzǎikù

3. 밑줄 친 부분에 적합한 단어를 쓰세요.

보기 A. 车库 B. 服装 C. 玻璃 D. 窗帘 E. 时尚 F. 抽屉

① 这里卖的________又贵又不好看。

② 我们产品的主打目标是走在时代尖端的________女性。

③ 哥哥不小心打碎了窗户上的________。

④ ________前面禁止停车。

⑤ 我今天找不到我的钥匙了，后来发现它在我的________里。

⑥ 早晨我拉开________，第一缕阳光照射在我的身上，非常惬意。

1. 알맞은 단어를 고르세요.

보기 A. 被子 B. 管子 C. 地毯 D. 锅 E. 电池 F. 壶

① 이불 ______ ② 양탄자, 카펫 ______

③ 건전지, 배터리 ______ ④ 관, 호스, 파이프 ______

⑤ 솥, 냄비 ______ ⑥ 주전자 ______

2. 중국어의 뜻과 병음을 서로 연결하세요.

① 노끈, 밧줄 •	• 绳子 •	• shànzi
② 방울, 벨 •	• 铃 •	• shéngzi
③ 부채 •	• 胶水 •	• rìyòngpǐn
④ 풀 •	• 日用品 •	• líng
⑤ 일상용품 •	• 扇子 •	• jiāoshuǐ

3. 밑줄 친 부분에 적합한 단어를 쓰세요.

보기 A. 火柴 B. 肥皂 C. 梳子 D. 锁 E. 工具 F. 玩具

① 孩子们过圣诞节要买些什么______?

② 我妹妹总是用手代替______整理头发。

③ ______和打火机要被锁在安全的地方。

④ 我不喜欢用______，爱用洗衣粉。

⑤ 我屋子的灯泡闪了，我给正站在椅子上修灯的父亲递了______。

⑥ 我不慎丢了家里的钥匙，想着还是换一把______好了。

1. 알맞은 단어를 고르세요.

보기 A. 摄影 B. 决赛 C. 冠军 D. 作品 E. 球迷 F. 射击

① (카메라로) 촬영하다 ______ ② (구기 종목의) 팬 ______
③ 결승 ______ ④ 챔피언, 우승자 ______
⑤ 사격하다 ______ ⑥ 작품 ______

2. 중국어의 뜻과 병음을 서로 연결하세요.

① 수공, 핸드메이드 •	• 电台 •	• diàntái
② CD •	• 光盘 •	• píndào
③ 채널 •	• 频道 •	• yuèqì
④ 라디오 방송국 •	• 乐器 •	• guāngpán
⑤ 악기 •	• 手工 •	• shǒugōng

3. 밑줄 친 부분에 적합한 단어를 쓰세요.

보기 A. 鞭炮 B. 纪录 C. 名胜古迹 D. 拍 E. 开幕式 F. 角色

① 过年的时候我最喜欢放______。
② 这里禁止______照，谢谢配合。
③ 他一直都保持自己不败的______。
④ 在这次年末的话剧表演中，我扮演的是白雪公主的______。
⑤ 除了天坛公园以外，我参观过北京所有的______。
⑥ 2008年北京奥运会的______让所有人惊叹它的盛大。

1. 알맞은 단어를 고르세요.

보기 A. 娱乐 B. 象棋 C. 歇 D. 俱乐部 E. 预订 F. 休闲

① 오락, 예능 ________ ② 예약하다 ________

③ 휴식하다, 쉬다 ________ ④ 동호회, 클럽 ________

⑤ 장기 ________ ⑥ 한가하게 지내다 ________

2. 중국어의 뜻과 병음을 서로 연결하세요.

① 바이러스 •	• 病毒 •	• jīqì
② 계통, 시스템 •	• 数码 •	• xìtǒng
③ 하드웨어 •	• 系统 •	• yìngjiàn
④ 기계 •	• 机器 •	• shùmǎ
⑤ 디지털 •	• 硬件 •	• bìngdú

3. 밑줄 친 부분에 적합한 단어를 쓰세요.

보기 A. 游览 B. 字幕 C. 软件 D. 下载 E. 业余 F. 麦克风

① 这几个部门共同开发了新的电脑________。

② 他和我约好明天去________这里的名山。

③ 我的摄影最多只能算________水平。

④ 每次看欧美大片的时候，总是伴有中文________。

⑤ 由于我唱歌的声音很小，所以必须用________。

⑥ 妈妈让我帮她把想看的连续剧________下来，一次看个够。

Chapter 3. 사회생활

A3-1 **3-1 학교·학업**

Let's Start Up!

주제에 맞는 단어와 예문을 학습해 보세요.

0001

把握①
bǎwò

유의 掌握 zhǎngwò

예 我们要把握每一个机会，因为机会是给有准备的人的。

우리는 매 기회를 잘 포착해야 한다. 기회는 준비된 사람에게 주어지기 때문이다.

통 (추상적인 것을) 붙잡다, 움켜잡다

把握②
bǎwò

예 大雨中，他盯着前方，牢牢地把握着方向盘。

폭우 중 그는 전방을 주시하고는 핸들을 꽉 잡고 있다.

통 (손으로 꽉 움켜) 잡다, 쥐다

Voca+
盯 dīng 통 주시하다 | 牢牢 láoláo 부 견고히, 확실히 | 方向盘 fāngxiàngpán 명 (자동차·선박 등의) 핸들

把握③
bǎwò

예 这场比赛，获胜的把握很大。

이번 시합에서 이길 가능성이 높다.

명 성공의 가능성, 확신

Voca+
获胜 huòshèng 통 승리하다, 이기다

0002

本科
běnkē

예 本科四年的学习完全满足不了我们对知识的需求。

대학교 4년의 공부는 지식에 대한 우리의 요구를 완전히 만족시켜주지 못한다.

명 본과, 대학 학부

0003
标点
biāodiǎn

예 中国文字标点符号位置不同，所表示的含义也不同。

중국 문자는 문장부호의 위치가 달라지면 나타내고자 하는 함의도 달라진다.

명 구두점

Voca+
符号 fúhào 명 기호, 표기 | 含义 hányì 명 (글자·단어·말 등의) 함의, 내포된 뜻, 담겨진 의미

0004
操场
cāochǎng

예 我希望每天早上可以在操场上锻炼身体。

나는 매일 아침 운동장에서 운동을 할 수 있기를 희망한다.

명 운동장

0005
测验
cèyàn

유의 检验 jiǎnyàn

예 这次测验我考得很差，下次一定会考好的。

나는 이번 시험은 너무 못 봤지만, 다음 번에는 반드시 잘 볼 것이다.

명 시험, 테스트 동 시험하다

0006
词汇
cíhuì

예 他说话很幼稚，使用的词汇有限。

그는 말하는 것이 유치하고, 사용하는 어휘도 한정적이다.

명 어휘

Voca+
幼稚 yòuzhì 형 유치하다, 미숙하다, 수준이 낮다 | 有限 yǒuxiàn 형 유한하다

0007
成语
chéngyǔ

예 我感觉这个人说话带着书生气，说话都是成语。

나는 이 사람이 말할 때 학자스럽다고 생각한다. 말하는 것이 전부 고사성어다.

명 성어

Voca+
书生气 shūshēngqì 명 학자풍, 학자 타입

0008
尺子
chǐzi

예 你用尺子量一下这块布的长短。

당신 자로 이 천의 길이를 한번 재 보세요.

명 자, 척도

0009

辅导
fǔdǎo

유의 扶助 fúzhù
辅助 fǔzhù

예 经过补课老师对我的辅导，我的学习有了很快地进步。

과외 선생님의 보충 수업을 통해 나의 공부(실력)가 매우 빠르게 향상되었다.

명 과외수업 동 개인 과외하다

0010

化学
huàxué

예 今天上化学课时由于我的迟到，遭到了老师的惩罚。

나는 오늘 화학 수업 시간에 지각해서 선생님께 벌을 받았다.

명 화학

Voca+
遭到 zāodào 동 (불행이나 불리한 일을) 당하다, 겪다, 만나다 | 惩罚 chéngfá 명 징벌

0011

讲座
jiǎngzuò

예 今天进行讲座的教授是非常有名的。

오늘 강의하신 교수님은 매우 유명한 분이다.

명 강좌

0012

教材
jiàocái

예 我们现在用的教材是很旧的教材，可能下学期会改为新的。

우리가 지금 쓰는 교재는 오래된 것이다. 아마 다음 학기에 새것으로 바뀔 것이다.

명 교재

0013

教练①
jiàoliàn

예 教练对我的要求很严格，以至于我看见他就想躲着他。

나에 대한 코치의 요구가 매우 엄해서 그를 보면 숨고 싶을 정도이다.

명 코치

Voca+
躲 duǒ 동 숨다

教练②
jiàoliàn

예 她有很多经验，教练得法。

그녀는 경험이 많아서 가르치는 방법이 매우 적절하다.

동 훈련하다, 가르치다

Voca+
得法 défǎ 형 (방법이) 적당하다, 알맞다, 적절하다

0014

教训

jiàoxùn

유의 教导 jiàodǎo
教育 jiàoyù

예 我儿子学习很差，得教训教训他了。

나의 아들은 성적이 너무 나빠서 그를 좀 타이르고 훈계해야 한다.

동 훈계하다, 가르치다

0015

及格

jígé

예 由于这次的英语听力不及格，老师下午留我背单词。

이번 영어 듣기 시험에 불합격해서, 선생님께서 오후에 나에게 남아서 단어를 외우게 하셨다.

동 합격하다

0016

课程

kèchéng

예 我这学期的课程排得非常紧，以至于我没有时间去玩。

나는 이번 학기에 수업이 너무 많아서 놀러 갈 시간도 없을 지경이다.

명 과정, 수업

0017

理论

lǐlùn

반의 实际 shíjì, 实践 shíjiàn

예 虽然理论上计算方法很简单，但实际操作起来是很复杂的。

비록 이론상으로는 계산법이 간단하지만 실제로 해보면 너무 복잡하다.

명 이론

0018

论文

lùnwén

예 我的毕业论文是关于环境保护的，是在教授的辅导下完成的。

나의 졸업 논문은 환경보호에 관한 것인데, 교수님의 지도 아래 완성되었다.

명 논문

0019

逻辑

luójí

예 思维逻辑能力比较差的人常常会说出不着边际的话。

논리적 사고능력이 비교적 떨어지는 사람은 늘 핵심에서 벗어나는 말을 한다.

명 논리

Voca+

边际 biānjì 명 범위, 핵심, 중심

0020
美术
měishù

예 美术课是我最喜欢上的课之一，它可以让我的思路变得开阔。
미술은 내가 가장 좋아하는 과목 중 하나로, 나의 사고를 폭넓게 해준다.

명 미술

Voca+
开阔 kāikuò 형 넓다, 탁 트이다

0021
拼音
pīnyīn

예 请用英语或者拼音填写表格。
영어 혹은 병음으로 표를 작성해 주세요.

명 한어병음

0022
声调
shēngdiào

예 学汉语学好声调是很重要的。
중국어를 배울 때 성조를 잘 학습하는 것이 중요하다.

명 성조

0023
试卷
shìjuàn

예 这几个学生的试卷答得极其出色。
이 몇몇 학생의 답안지는 답이 정말 훌륭하다.

명 시험 답안지

Voca+
极其 jíqí 부 아주, 몹시 | 出色 chūsè 형 훌륭하다

0024
提纲
tígāng

예 她这会儿坐在草地上，考虑着发言提纲。
그녀는 지금 잠시 풀밭에 앉아서, 발표 원고 개요를 생각하고 있다.

명 요강, 개요

Voca+
发言 fāyán 명 발언

0025
题目
tímù

유의 标题 biāotí

예 内容是主要的，题目还在其次。
내용이 중요하고, 제목은 부차적이다.

명 제목, 문제

3 사회생활

0026

提问
tíwèn

반의 回答 huídá

예 我的报告就讲到这里，下面开始提问。

제 보고는 여기까지입니다. 이제 질문을 받겠습니다.

동 질문하다, 문제를 제기하다

0027

文具
wénjù

예 新学期准备文具要花很多钱，例如铅笔、橡皮、本子等。

신학기에는 문구를 준비하는 데 많은 돈이 필요한데, 예를 들면, 연필, 지우개, 공책 등이다.

명 문구

0028

文学
wénxué

예 文学是现实生活的反映。

문학은 현실 생활의 반영이다.

명 문학

Voca+
反映 fǎnyìng 명 반영

0029

文字
wénzì

예 在文明的初期，人类是没有文字的。

문명 초기에 인류는 문자가 없었다.

명 문자, 글자

0030

物理
wùlǐ

예 小孩子发烧不要急着吃退烧药，可以先用一些物理方法进行降温。

아이가 열이 날 때는 해열제를 급히 먹이지 말아야 한다. 먼저 물리적인 방법을 써서 온도를 낮출 수 있다.

명 물리

Voca+
退烧药 tuìshāoyào 명 해열제 | 降温 jiàng wēn 동 온도를 내리다(낮추다)

0031

幼儿园
yòu'éryuán

예 妹妹上幼儿园时都4岁了，是该学点东西的年纪了。

여동생이 유치원에 들어갔을 때는 이미 4살로, 무언가를 배워야 하는 나이였다.

명 유치원

0032

系①

xì

예 我毕业于北京大学中文系。

나는 베이징대학교 중문과를 졸업했다.

명 과, 전공

系②

jì

예 这里没有一个不系领带的人。

여기에는 넥타이를 매지 않은 사람이 없다.

동 매다, 묶다

0033

夏令营

xiàlìngyíng

예 夏令营七月十六日开营，在七月二十七日结束。

여름 캠프는 7월 16일 시작해서 7월 27일 끝난다.

명 여름 학교, 하계 캠프

0034

写作

xiězuò

예 孩子们在学校学习阅读和写作。

아이들은 학교에서 독해와 글쓰기를 배운다.

명 글쓰기 동 글을 짓다, 저작하다

0035

学历

xuélì

예 录取条件：工科专业、大学学历、三年以上产品设计经验

채용 조건: 공학전공, 대학 학력, 3년 이상의 상품디자인 경험

명 학력

Voca+

录取 lùqǔ 동 채용하다 | 工科 gōngkě 명 공과

0036

学术

xuéshù

예 他写的那篇关于语法的学术论文已经发表了。

그가 쓴 그 어법에 대한 학술논문은 이미 발표되었다.

명 학술

0037

学问

xuéwen

예 您这么有学问，上知天文下知地理。

당신이 이렇게나 지식이 있다니, 정말 박학다식하네요.

명 학식, 지식, 학문

Voca+

上知天文下知地理 shàngzhītiānwén xiàzhīdìlǐ 성 위로는 천문을 알고, 아래로는 지리를 이해하다, 박학다식하다

3 사회생활

0038

询问

xúnwèn

반의 解答 jiědá

예 我向他询问了学习的方法。

나는 그에게 학습하는 방법을 물었다.

동 물어보다, 의견을 구하다

Tip '提问 tíwèn'과 '询问 xúnwèn'의 비교

'提问'은 일반적으로 선생님이 수업 시간에 학생의 이해 능력과 표현 능력을 검사하기 위해 문제를 제기하는 것을 가리킵니다. '询问'은 다른 사람에게 모르는 일을 물어보거나 어떤 의견에 대한 다른 사람의 견해와 시각을 얻는 것을 가리킵니다. 또한, '提问'은 목적어를 가질 수 없지만, '询问'은 목적어를 가질 수 있습니다.

0039

演讲

yǎnjiǎng

예 那个政治家的演讲感染了听众。

그 정치가의 강연은 청중을 감동시켰다.

명 강연

Voca+

感染 gǎnrǎn 동 (다른 사람의 사상이나 감정에) 영향을 끼치다, 감화시키다, 감동시키다 | 听众 tīngzhòng 명 청중

0040

用功①

yònggōng

예 他很用功，身边总是带着本书。

그는 매우 열심이다. 곁에 항상 책을 가지고 있다.

형 열심이다

用功②

yònggōng

예 他正在桌前用功。他要是不用功就永远毕不了业。

그는 책상 앞에서 열심히 공부하고 있다. 그가 만약 열심히 공부하지 않는다면 영원히 졸업하지 못할 것이다.

동 노력하다, 열심히 공부하다

0041

疑问

yíwèn

예 作为男人，毫无疑问，事业和能力才是你的终身伴侣。

남자로서 의심할 여지없이, 일과 능력은 평생의 반려자처럼 함께 한다.

명 의문, 의혹

Voca+

毫无 háowú 동 조금도(전혀) ~이 없다 | 终身伴侣 zhōngshēn bànlǚ 일생의 반려자

0042

哲学

zhéxué

예 他作为一个哲学家说出的话都很有道理可循。

그는 한 사람의 철학가로서 그가 하는 말은 모두 일리가 있고 따를 만하다.

명 철학

Voca+
循 xún 동 (규칙·순서·인습·관례 등을) 따르다, 좇다, 준수하다

0043

执照

zhízhào

예 经过三个月的学习，他终于拿上了驾驶执照。

3개월의 학습을 통해 그는 마침내 운전면허증을 땄다.

명 자격증

0044

主题

zhǔtí

예 这跟讨论的主题完全不相关。

이것은 토론의 주제와는 아무런 관계가 없다.

명 (문학 작품의) 주제, (문장 · 연설 등의) 주제

0045

字母

zìmǔ

예 请用大写字母填写表格。

알파벳 대문자로 양식을 작성해 주세요.

명 자모, 알파벳

0046

咨询

zīxún

예 不要盲目地投资，要向有关部门咨询。

맹목적으로 투자해서는 안 되고 관련 부서에 자문을 구해야 한다.

동 자문하다, 자문을 구하다

Voca+
盲目 mángmù 형 맹목적인 | 投资 tóuzī 동 투자하다

0047

作文

zuòwén

예 主题明确、结构合理、语言通顺的作文才能得高分。

주제가 명확하고 구조가 합리적이며 언어가 매끄러운 작문이어야만 높은 점수를 받을 수 있다.

명 작문

Voca+
通顺 tōngshùn 형 (문장이) 매끄럽다

1. 알맞은 단어를 고르세요.

보기 A. 词汇 B. 标点 C. 美术 D. 教材 E. 理论 F. 试卷

① 이론 ______ ② 시험 답안지 ______

③ 미술 ______ ④ 교재 ______

⑤ 어휘 ______ ⑥ 구두점 ______

2. 중국어의 뜻과 병음을 서로 연결하세요.

① 코치 •	• 教练 •	• cèyàn
② 시험, 테스트 •	• 教训 •	• kèchéng
③ 훈계하다 •	• 逻辑 •	• luójí
④ 과정, 수업 •	• 测验 •	• jiàoliàn
⑤ 논리 •	• 课程 •	• jiàoxùn

3. 밑줄 친 부분에 적합한 단어를 쓰세요.

보기 A. 及格 B. 把握 C. 辅导 D. 操场 E. 论文 F. 尺子

① 我的毕业______是关于环境保护的，是在教授的辅导下完成的。

② 由于这次的英语听力不______，老师下午留我背单词。

③ 经过补课老师对我的______，我的学习有了很快地进步。

④ 我们要______每一个机会，因为机会是给有准备的人的。

⑤ 你用______量一下这块布的长短。

⑥ 我希望每天早上可以在______上锻炼身体。

1. 알맞은 단어를 고르세요.

보기 A. 演讲 B. 文学 C. 哲学 D. 物理 E. 系 F. 作文

① 문학 ________ ② 철학 ________

③ 작문 ________ ④ 과, 전공 ________

⑤ 강연 ________ ⑥ 물리 ________

2. 중국어의 뜻과 병음을 서로 연결하세요.

① 학력 •	• 疑问 •	• xuélì
② 학술 •	• 学问 •	• xúnwèn
③ 의문, 의혹 •	• 询问 •	• xuéwen
④ 학식, 학문 •	• 学术 •	• yíwèn
⑤ 알아보다 •	• 学历 •	• xuéshù

3. 밑줄 친 부분에 적합한 단어를 쓰세요.

보기 A. 用功 B. 幼儿园 C. 执照 D. 主题 E. 题目 F. 咨询

① 内容是主要的，________还在其次。

② 这跟讨论的________完全不相关。

③ 不要盲目地投资，要向有关部门________。

④ 他很________，身边总是带着本书。

⑤ 经过三个月的学习，他终于拿上了驾驶________。

⑥ 妹妹上________时都4岁了，是该学点东西的年纪了。

Chapter 3. 사회생활

A3-2 **3-2 회사·업무**

Let's Start Up! 주제에 맞는 단어와 예문을 학습해 보세요.

0001
办理
bànlǐ

유의 处理 chǔlǐ

예 办理这个手续需要你跑好几个地方，而且不一定能办好。

이 수속을 처리하려면 너는 여러 곳을 뛰어다녀야 한다. 게다가 꼭 처리할 수 있는 것도 아니다.

동 (사무를) 처리하다, 수행하다

0002
报社
bàoshè

예 所有报社真正想做的就是比对手抢先报道。

모든 신문사가 정말 하고 싶어하는 것이 바로 경쟁사보다 먼저 선수를 쳐서 보도하는 것이다.

명 신문사

Voca+
抢先 qiǎng xiān 동 선수를 치다, 남보다 앞서서 행동하다

0003
对手
duìshǒu

예 每个对手都有我们要学习的地方。

모든 경쟁자들에게는 우리가 배워야 할 것이 다 있다.

명 상대, 적수, 경쟁 상대

0004
部门
bùmén

예 我们部门的科长是个三十几岁的年轻人，办事效率很高。

우리 부서의 과장은 서른 몇 살의 젊은 사람인데 업무 효율이 아주 높다.

명 부문, 부서

0005
辞职
cí zhí

반의 求职 qiúzhí

예 他今天辞职了，因为他受不了老板的脾气。

그가 오늘 사직을 했는데 사장의 성격을 견딜 수 없기 때문이었다.

동 사직하다

0006
待遇
dàiyù

예 我现在的这份工作很好，待遇也很高，我非常满意。

나는 현재 이 일이 매우 좋고 급여도 높아서 아주 만족한다.

명 대우, 처우 동 대우하다

0007
单位
dānwèi

예 这个单位的很多人都是有很高学历的人，比如博士。

이 직장의 많은 사람들은 다 박사같은 고학력의 사람들이다.

명 직장, 기관, 단체

0008
地位
dìwèi

예 他在人们心中的地位很高，人们都很尊敬他。

그는 사람들의 마음 속에서의 지위가 높아서 사람들이 그를 존경한다.

명 (사회적) 지위, 위치

0009
工厂
gōngchǎng

예 我们工厂今年打算再次招收高素质人才。

우리 공장은 올해 다시 한 번 고급 인재를 모집할 계획이다.

명 공장

Voca+
招收 zhāoshōu 동 (학생·일꾼 등을) 모집하다, 받아들이다

0010
工业
gōngyè

예 只有工业发达了，经济才能搞好，人们的生活水平才能提高。

공업이 발달해야지만 경제가 좋아지고, 사람들의 생활 수준도 높아질 수 있다.

명 공업

0011
行业
hángyè

예 我们这个行业有很多人因为受不了苦而半途而废。

우리 이 업종의 많은 사람들은 견딜 수 없이 힘들어서 중도에 그만둔다.

명 업종, 직업

Voca+
半途而废 bàntú'érfèi 성 일을 중도에 그만두다, 도중에 포기하다

0012

合同
hétong

예 很高兴能和你们这样的大公司签合同。

귀사와 같이 이렇게 큰 회사와 계약하게 되어 기쁩니다.

명 계약서

0013

简历
jiǎnlì

예 就如您在我简历里看到的一样，我在一家中国公司工作了一年。

제 이력서에서 보신 것과 마찬가지로 저는 중국회사에서 일 년 동안 근무했습니다.

명 이력, 약력, 이력서

0014

兼职
jiān zhí

유의 正职 zhèngzhí
专职 zhuānzhí

예 做兼职的前提是应先做好自己的本业。

겸직을 하는 전제는 우선 자신의 본업을 잘해야만 하는 것이다.

명 겸직

Voca+
前提 qiántí 명 전제 | 本业 běnyè 명 본업

0015

经商
jīngshāng

예 对很多外国人来说，与其他国家相比而言，中国依然是一个难以经商的地方。

많은 외국인들 입장에서 다른 국가와 비교하여 말하면 중국은 여전히 사업하기 어려운 곳이다.

동 장사하다, 상업에 종사하다

0016

会计
kuàijì

예 我是学习会计学的，所以我以后将会是一名会计师。

나는 회계를 전공했기 때문에 나중에 회계사가 될 것이다.

명 회계, 경리

0017

老板
lǎobǎn

예 老板让我完成一份报表给他，我相信我一定能够干好。

사장님께서 나에게 보고서를 완성하라고 지시하셨는데, 나는 내가 잘 할 수 있을 거라 믿는다.

명 상점 주인, 사장

Voca+
报表 bàobiǎo 명 (관련 부서에 제출할) 보고 양식, 보고서

0018

劳动
láodòng

예 只有通过自己的辛勤劳动才可以换来幸福美好的生活。

자신의 근면 성실한 노동을 통해서만이 행복하고 아름다운 생활과 바꿀 수 있다.

동 노동하다 명 노동

Voca+
辛勤 xīnqín 형 부지런하다, 근면하다

0019

领导
lǐngdǎo

예 作为一个企业的领导，一定要有超前意识。

기업의 지도자가 되려면 선진의식이 있어야 한다.

명 지도자, 리더 동 지도하다

Voca+
超前意识 chāoqiányìshí 명 시대를 앞서가는 의식

0020

贸易
màoyì

예 他在一家贸易公司上班，所以他的英语水平很高。

그는 무역회사에서 일하기 때문에 영어 실력이 좋다.

명 무역

0021

名片
míngpiàn

예 他走得很匆忙，一听见你不在家他就走了，连名片都没留。

그는 매우 급히 갔는데, 그는 네가 집에 없다는 얘기를 듣자마자 명함도 남기지 않고 서둘러 갔다.

명 명함

0022

目录
mùlù

예 每次买书的时候我都习惯先看目录。

매번 책을 살 때 나는 먼저 목록을 보는 습관이 있다.

명 목록, 목차

0023

企业
qǐyè

예 相关企业承受着巨大的资金压力。

관련 기업이 거대한 자금 압박을 받고 있다.

명 기업

0024

人事①

rénshì

예 最近公司准备要做人事变动。

최근 회사에서 인사 변동을 하려고 준비하고 있다.

명 인사 [직원의 임용 · 평가 등에 관련된 행정적인 일]

Voca+

变动 biàndòng 명 변동, 변경, 변화

人事②

rénshì

예 生死离合都是常见的人事。

삶과 죽음, 헤어짐과 만남은 모두 흔히 보는 사람의 일이다.

명 사람의 일, 인간사

Voca+

生死 shēngsǐ 명 생사, 삶과 죽음 | 离合 líhé 동 헤어지고 만나다

0025

日程

rìchéng

예 高考前的学习日程安排得很紧凑。

수능 전 학습 일정이 빈틈없이 잘 안배되어 있다.

명 일정

Voca+

紧凑 jǐncòu 형 치밀하다, 잘 짜이다, 빈틈없다

0026

商务

shāngwù

예 他因商务上有紧迫事情而不能去度假。

그는 업무상 급한 일이 있어 휴가를 갈 수가 없다.

명 비즈니스, 사업상의 업무

Voca+

紧迫 jǐnpò 형 급박하다, 긴박하다 | 度假 dùjià 동 휴가를 보내다

0027

实习

shíxí

예 实习时，她曾经在这样的产妇旁边做过助手。

실습할 때, 그녀는 일찍이 이런 임산부 옆에서 도우미를 한 적이 있다.

동 실습하다

Voca+

产妇 chǎnfù 명 임산부, 산모

0028

失业

shīyè

예 目前失业率越来越高，待业青年找工作难上加难。

현재 실업률이 점점 높아져서 미취업 청년들이 일자리를 찾는 것이 더 어려워졌다.

동 직업을 잃다

Voca+

待业青年 dàiyè qīngnián 명 미취업 청년 | 难上加难 nánshàngjiānán 성 설상가상이다

0029

收获
shōuhuò

예 现在是水果收获的淡季，所以价钱较贵。

지금은 과일을 수확하지 않는 계절이어서 가격이 비교적 높다.

동 수확하다 명 수확, 성과

Voca+

淡季 dànjì 명 비성수기, 불경기 계절

0030

退休
tuìxiū

예 退休人员的生活受到国家和社会的保障。

은퇴한 사람들의 생활은 국가와 사회의 보장을 받는다.

동 퇴직하다

Voca+

保障 bǎozhàng 명 보장, 보증

0031

文件
wénjiàn

예 刚出的这种软件可以恢复被删除的文件。

막 새로 나온 이런 소프트웨어는 삭제된 문서를 복구할 수 있다.

명 서류, 문서

Voca+

恢复 huīfù 동 회복하다, 회복시키다 | 删除 shānchú 동 빼다, 삭제하다

0032

项目
xiàngmù

예 这个项目看上去很简单，但是有很多复杂的手续要办。

이 프로젝트는 간단해 보여도 처리해야 할 복잡한 수속이 굉장히 많다.

명 프로젝트, 항목, 종목

0033

业务
yèwù

예 他业务繁忙，连周末都要奉献。

그는 업무가 너무 바빠서 주말도 다 바쳐야 한다.

명 업무

Voca+

繁忙 fánmáng 형 일이 많고 바쁘다 | 奉献 fèngxiàn 동 바치다, 공헌하다, 이바지하다, 기여하다

0034

资料
zīliào

예 我对他生平的事迹听得很多，早就想给他写一篇传记，可是资料不全。

나는 그의 평생의 업적에 대해 많이 들어서 진작부터 그의 전기를 쓰고 싶었지만 자료가 충분하지 않다.

명 자료

Voca+

事迹 shìjì 명 사적, 업적 | 传记 zhuànjì 명 전기 [한 사람의 일생 동안의 행적을 적은 기록]

0035

组
zǔ

예 我们班分四个组，一组五个人。

우리 반을 4개 조로 나누었고 조별 5명씩 배정했다.

명 조, 팀, 그룹

0036

主任
zhǔrèn

예 他被选为外语系的主任。

그는 외국어학과의 주임교수로 뽑혔다.

명 주임, (단체의) 장

Voca+
系主任 xìzhǔrèn 명 학부장 | 室主任 shìzhǔrèn 명 실장

0037

总裁
zǒngcái

예 公司新上任的总裁接受了媒体的采访。

회사의 신임 총수가 매스컴의 취재를 수락했다.

명 총재, 총수

Voca+
上任 shàngrèn 동 부임하다, 취임하다 | 媒体 méitǐ 명 대중 매체, 매스 미디어

1. 알맞은 단어를 고르세요.

보기 A. 业务 B. 单位 C. 地位 D. 实习 E. 行业 F. 名片

① 업무 ______ ② 명함 ______

③ 실습하다 ______ ④ 직장, 기관, 단체 ______

⑤ (사회적) 지위, 위치 ______ ⑥ 업무, 직업 ______

2. 중국어의 뜻과 병음을 서로 연결하세요.

① 자료 •	• 企业 •	• rìchéng
② 일정 •	• 日程 •	• qǐyè
③ 기업 •	• 资料 •	• zīliào
④ 서류, 문건 •	• 目录 •	• mùlù
⑤ 목록, 목차 •	• 文件 •	• wénjiàn

3. 밑줄 친 부분에 적합한 단어를 쓰세요.

보기 A. 失业 B. 辞职 C. 简历 D. 合同 E. 退休 F. 待遇

① 很高兴能和你们这样的大公司签______。

② ______人员的生活受到国家和社会的保障。

③ 他今天______了，因为他受不了老板的脾气。

④ 我现在的这份工作很好，______也很高，我非常满意。

⑤ 目前______率越来越高，待业青年找工作难上加难。

⑥ 就如您在我______里看到的一样，我在一家中国公司做了一年的工作。

Chapter 3. 사회생활

A3-3 **3-3 정치·경제**

Let's Start Up!

주제에 맞는 단어와 예문을 학습해 보세요.

0001

财产
cáichǎn

예 这是私人财产，你是无权利动用的。

이것은 개인 재산이라 네가 가져가서 사용할 권리가 없다.

명 재산

Voca+
动用 dòngyòng 동 가져다 쓰다, 사용하다, 유용하다

0002

产品
chǎnpǐn

예 他们公司创制的这个产品在市场上很受欢迎。

그들 회사에서 만든 이 제품은 시장에서 인기가 있다.

명 상품, 제품

Voca+
创制 chuàngzhì 동 창제하다, 처음으로 제작하다

0003

出口
chūkǒu

반의 进口 jìnkǒu

예 这猪肉是要出口到韩国去的，必须要经过严格的检查。

이 돼지고기는 한국으로 수출하는 것이어서 반드시 엄격한 심사를 거쳐야 한다.

동 수출하다

0004

贷款
dài kuǎn

예 如果今年要结婚，我必须要向银行贷款。

만약 올해 결혼하려면 나는 은행에서 대출을 받아야 한다.

동 대출하다

0005

敌人
dírén

반의 朋友 péngyou
友人 yǒurén

예 在战斗进行了三个小时之后敌人被全部消灭了。

전투를 시작한 지 세 시간 후에 적군이 모두 소멸되었다.

명 적

Voca+
战斗 zhàndòu 명 전투 | 消灭 xiāomiè 동 소멸하다, 멸망하다

0006

发票
fāpiào

유의 收据 shōujù

예 今天在外面吃饭的时候，我跟老板要开发票。

오늘 밖에서 식사할 때 나는 주인에게 영수증을 발행해 달라고 했다.

명 영수증

0007

法院
fǎyuàn

예 最高法院刚刚对他作出了判决，让他为自己的行为付出代价。

최고법원에서 방금 그에게 판결을 내렸는데, 그에게 자신의 행위에 대한 대가를 치르게 했다.

명 법원

Voca+
付出 fùchū 동 (돈이나 대가를) 지급하다, 내주다, 지불하다 | 代价 dàijià 명 대가

0008

官
guān

유의 僚 liáo, 府 fǔ

반의 民 mín

예 在古代当官是一件很自豪的事情。

고대에는 관료가 되는 것은 매우 자랑스러운 일이었다.

명 관료, 관, 정부

Voca+
自豪 zìháo 동 스스로 긍지를 느끼다, 자랑스럽게 여기다

0009

关闭
guānbì

유의 倒闭 dǎobì

반의 敞开 chǎngkāi

예 因为经济不景气，很多工厂和商店关闭了。

경제 불황으로 인해, 많은 공장과 상점이 문을 닫았다.

동 닫다, 도산하다

Voca+
不景气 bùjǐngqì 명 불황, 불경기 형 경기가 나쁘다

0010

股票
gǔpiào

예 今年股票市场不是很好，我砸进去了好多的钱。

금년 주식시장이 좋지 않아서 나는 많은 돈을 잃었다.

명 주식

Voca+
砸 zá 동 실패하다, 망치다, 틀어지다

0011
国王
guówáng

예 国王十分关心王国的安全。
국왕은 왕국의 안전에 매우 관심을 기울이고 있다.

명 국왕, 왕

0012
海关
hǎiguān

예 产品出口必须先要经过海关的检查。
상품을 수출하려면 반드시 먼저 세관의 검사를 거쳐야 한다.

명 세관

0013
合法
héfǎ

반의 违法 wéifǎ, 非法 fēifǎ
不法 bùfǎ

예 我们应该保护我们的合法权益不受侵犯。
우리는 마땅히 우리의 합법적인 권익이 침해당하지 않도록 보호해야만 한다.

형 합법적이다

Voca+
权益 quányì 명 권익 | 侵犯 qīnfàn 동 (불법적으로 타인의 합법적인 권리를) 침범하다

0014
汇率
huìlǜ

동의 汇价 huìjià

예 汇率每天的变化很大，没办法预测。
환율은 매일 변화가 커서 예측할 방법이 없다.

명 환율

0015
结账
jié zhàng

예 我吃完饭之后才发现我没有带钱没办法结账。
나는 밥을 다 먹고 나서야 돈을 가져오지 않아서 계산을 할 수 없다는 것을 알았다.

동 결제하다

0016
经营
jīngyíng

예 这家店的经营方式有点问题，所以没办法盈利。
이 상점의 경영방식에 약간 문제가 있어서 돈을 벌 수가 없다.

동 경영하다 명 경영

Voca+
盈利 yínglì 동 이윤을 얻다, 돈을 벌다

0017

进口

jìnkǒu

유의 入口 rùkǒu

반의 出口 chūkǒu

예 他们需要从先进国家进口技术和成套设备。

그들은 선진국으로부터 기술과 산업 설비를 수입할 필요가 있다.

동 수입하다

Voca+

成套设备 chéngtào shèbèi 명 산업 설비, 플랜트

0018

军事

jūnshì

예 这对于利比亚来说是一次重大的军事打击。

이것은 리비아 입장에서는 중대한 군사적인 타격이다.

명 군사

Voca+

利比亚 Lìbǐyà 명 리비아(Libya) | 打击 dǎjī 동 타격을 주다, 공격하다, 의욕이 나 기를 꺾다

0019

联合

liánhé

유의 结合 jiéhé

예 她和西方联合，企图达到一定的经济目的。

어느 정도의 경제 목적을 달성하기 위해서 그녀는 서방과 연합했다.

동 연합하다

0020

利润

lìrùn

예 我开的面馆生意很好，给我带来了很大的利润。

내가 오픈한 국수 가게의 장사가 잘 되어서 나에게 큰 이윤을 가져다 주었다.

명 이윤

0021

利息

lìxī

예 听说今年银行的利息涨了好多，我们要赶紧把钱都存了。

듣자 하니 올해 은행 이자가 많이 올랐다고 한다. 우리는 서둘러서 돈을 은행에 예금해야 한다.

명 이자

0022

利益

lìyì

예 这周的收益比上周的利益高出了很多倍。

이번 주의 수익이 지난주에 비해 몇 배 올랐다.

명 이익

0023

破产
pòchǎn

예 家中破产了，贫困了，也不知道爸爸跑到什么地方去了。

집안이 망해서 가난해졌다. 아빠도 어느 곳으로 가셨는지 모르겠다.

동 파산하다

0024

欠
qiàn

예 老婆用信用卡买了很多时髦服装，现在欠了银行很多钱。

아내가 신용카드로 유행하는 옷들을 많이 사버려서, 지금 은행에 많은 돈을 빚지고 있다.

동 빚지다

0025

枪
qiāng

예 中国的法律规定，私人不得拥有枪。

중국의 법률은 개인이 총기를 소유할 수 없도록 규정하고 있다.

명 총, 창

0026

权力
quánlì

예 政府改革由于涉及政府官员的权力和利益，免不得有困难和阻力。

정부의 개혁은 정부 관리의 권력과 이익에 관련되어 있기 때문에, 어려움과 저항을 피하기 어렵다.

명 권력, 권한

Voca+
涉及 shèjí 동 관련되다, 연루되다 | 免不得 miǎnbude 동 피할 수 없다, 면하기 어렵다 | 阻力 zǔlì 명 저항

0027

权利
quánlì

반의 义务 yìwù

예 新制定的法律能保障许多公民的权利。

새로 제정된 법률은 수많은 국민의 권리를 보장한다.

명 권리

0028

人民币
rénmínbì

예 和我们预想的不同，人民币的汇率增加了。

우리의 예상과 달리 인민폐의 환율이 올랐다.

명 인민폐

Voca+
预想 yùxiǎng 명 예상 | 汇率 huìlǜ 명 환율

0029

商品
shāngpǐn

예 同一个品牌的商品，在百货商场里买比在小商店买贵不了多少。

같은 브랜드의 상품은 백화점에서 사는 것이 작은 매장에서 사는 것보다 크게 비싸지는 않다.

명 상품

0030

商业
shāngyè

예 首尔是以商业大城市而世界闻名的。

서울은 상업 대도시로 세계에 이름이 잘 알려져 있다.

명 상업

Voca+
世界闻名 shìjiè wénmíng 세계에 이름(을) 날리다

0031

生产
shēngchǎn

반의 消费 xiāofèi

예 生产了那么多服装没有人买，他们的日子很不好过。

저렇게 많은 옷을 만들었는데 사는 사람이 없어서 그들은 생활이 힘들다.

동 생산하다, 만들다

Voca+
日子 rìzi 명 생계, 생활, 살림

0032

士兵
shìbīng

예 上百个士兵包围了敌人的定居点。

수백 명의 사병들이 적군의 정착지를 포위했다.

명 사병

Voca+
包围 bāowéi 동 포위하다, 에워싸다, 둘러싸다 | 定居点 dìngjūdiǎn 명 (유목민·어민 등의) 정착지

0033

收据
shōujù

유의 发票 fāpiào

예 妈妈每次出货的时候，都会让提货人打收据。

엄마는 매번 물건이 출고될 때마다 수하인에게 영수증을 끊어준다.

명 영수증

Voca+
提货人 tíhuòrén 명 수하인(delivery person)

0034

税
shuì

예 我们每个月都要交各式各样的税。

우리는 매월 이런저런 세금을 내야 한다.

명 세금

0035
损失
sǔnshī

예 一旦发生事故将造成严重损失。

일단 사고가 발생한다면 심각한 손실을 야기할 것이다.

명 손실 동 손실되다, 손해보다

0036
讨价还价
tǎojià huánjià

유의 要价还价 yàojià huánjià

예 那个商人为购买那幅画花了几个小时讨价还价。

그 상인은 그 그림을 사기 위하여 몇 시간 동안 흥정을 하고 있다.

성 값을 흥정하다

Voca+
购买 gòumǎi 동 사다, 구매하다

0037
统一
tǒngyī

반의 分裂 fēnliè, 对立 duìlì

예 他们的意见不一样，思想也不统一。

그들의 의견은 같지 않고 생각도 통일되지 않았다.

동 통일되다

0038
投资
tóuzī

예 投资过热最直接的后果就是导致通货膨胀。

투자 과열의 가장 직접적인 결과는 바로 통화팽창을 야기하는 것이다.

명 투자 동 투자하다

Voca+
过热 guòrè 형 과열되다, 적정 수준 이상으로 달아오르다 | 通货膨胀 tōnghuò péngzhàng 명 통화팽창, 인플레이션

0039
外交
wàijiāo

반의 内政 nèizhèng

예 我忘记了外交本身就是一门艺术。

나는 외교 자체가 하나의 예술이라는 것을 잊었다.

명 외교

Voca+
本身 běnshēn 명 그 자신, 그 자체, 자신

0040
消费
xiāofèi

반의 生产 shēngchǎn

예 绿色生产和消费无疑是物质文明的重要标志，也是社会发展的方向。

녹색 생산과 소비는 두말할 것 없이 물질 문명의 중요한 상징이며, 또한, 사회 발전의 방향이다.

동 소비하다 명 소비

Voca+
无疑 wúyí 형 의심할 바 없다, 틀림이 없다, 두말할 것 없다

0041

效率

xiàolǜ

예 这家公司的生产效率通过全职员的努力逐步提高了。

이 회사의 생산 효율은 전 직원들의 노력을 통해 점차 향상되었다.

명 효율

0042

销售

xiāoshòu

예 中国已经成为世界汽车生产销售第一大国。

중국은 이미 세계 자동차 생산 및 판매 분야에서 제1강국이 되었다.

동 판매하다, 팔다

0043

宣传

xuānchuán

예 做好产品宣传是经营策略中不可忽略的一部分。

상품의 광고를 잘하는 것은 경영기획에서 소홀히 할 수 없는 한 부분이다.

동 선전하다, 광고하다

Voca+

策略 cèlüè 명 책략, 전술, 전략 | 忽略 hūlüè 동 소홀히 하다, 부주의하다

0044

押金

yājīn

예 要求交一个月的房租作押金是很常见的。

한 달 방세를 보증금으로 요구하는 것은 흔한 일이다.

명 보증금, 담보금

Voca+

房租 fángzū 명 집세, 임대료 | 常见 chángjiàn 형 늘 보이는, 흔한, 흔히 보는

0045

营业

yíngyè

예 星期天商店特意延长了营业时间。

일요일에는 상점이 특별히 영업 시간을 연장한다.

동 영업하다 명 영업

0046

义务

yìwù

반의 权利 quánlì

예 保护环境是每个公民应尽的义务。

환경보호는 모든 국민이 마땅히 다해야 하는 의무이다.

명 의무

Voca+

公民 gōngmín 명 국민, 공민

0047

优惠
yōuhuì

예 今天超市打特价，东西都超值优惠。

오늘 슈퍼마켓이 특가 세일을 해서, 모든 물건에서 큰 혜택을 누릴 수 있다.

명 특별 우대하다, 할인하다

Voca+
超值 chāozhí 형 실제 가치가 규정된 가격을 초과한

0048

账户
zhànghù

예 今天姐姐以我的名义开了一个账户。

오늘 누나가 내 이름으로 계좌를 만들었다.

명 계좌

Voca+
名义 míngyì 명 명의, 자격

0049

战争
zhànzhēng

반의 和平 hépíng

예 那时候很多小国之间战争不断，后来渐渐地形成了七个国家。

그 당시 많은 작은 나라들 사이에 전쟁이 끊이지 않았고, 후에 점점 7개의 국가가 형성되었다.

명 전쟁

0050

政府
zhèngfǔ

예 在1000多年前，中国就用考试的办法来选拔政府官员。

1,000여 년 전에 중국은 시험의 방법으로 정부 관료를 선발했다.

명 정부

Voca+
选拔 xuǎnbá 동 (인재를) 선발하다 | 官员 guānyuán 명 관원, 관리

0051

政治
zhèngzhì

예 南非的政治变革进程已经到了不可逆转的阶段。

남아프리카의 정치 변화 추이가 이미 돌이킬 수 없는 단계에 도달했다.

명 정치

Voca+
进程 jìnchéng 명 경과, 진행 과정, 추이 | 逆转 nìzhuǎn 동 뒤집다, 역으로 하다, (원상태로) 돌리다

0052

制定
zhìdìng

예 新制定的法律能保障许多公民的权利。

새로 제정된 법률은 수많은 국민의 권리를 보장할 수 있다.

동 제정하다, 세우다

0053

支票
zhīpiào

예 签字后可以凭支票提取现金。

서명한 후에 수표에 근거하여 현금을 찾을 수 있다.

명 수표

Voca+
凭 píng 개 ~에 근거하여, ~에 따라 | 提取 tíqǔ 동 찾다, 인출하다

0054

主席
zhǔxí

예 鉴于他的品质及各方面素质，大家推选他当了主席。

그의 성품 및 여러 방면의 소질을 고려해서, 모두들 그를 의장으로 선출했다.

명 의장, 주석

Voca+
鉴于 jiànyú 동 ~의 점에서 보아, ~을 고려하면 | 推选 tuīxuǎn 동 추천하여 선발하다

0055

资金
zījīn

예 两国大部分经济合作项目，由于资金缺乏而至今不能顺利实施。

양국의 대부분 경제 합작 항목은 자금 부족으로 인해 지금까지 순조롭게 실행되지 못하고 있다.

명 자금

0056

总理
zǒnglǐ

예 总理热情地接见了代表团的全体成员。

총리는 열정적으로 대표단의 전체 구성원을 접견했다.

명 (국가의) 총리

0057

总统
zǒngtǒng

예 美国的第44届总统是奥巴马。

미국의 제44대 대통령은 오바마이다.

명 총통, 대통령

Voca+
奥巴马 Àobāmǎ 명 버락 오바마 (贝拉克·奥巴马 Bèilākè Àobāmǎ)

1. 알맞은 단어를 고르세요.

보기 A. 利润 B. 产品 C. 利益 D. 股票 E. 汇率 F. 合法

① 주식 ______ ② 합법적이다 ______

③ 상품 ______ ④ 이윤 ______

⑤ 이익 ______ ⑥ 환율 ______

2. 중국어의 뜻과 병음을 서로 연결하세요.

① 파산하다 •	• 出口 •	• jīngyíng
② 수출하다 •	• 经营 •	• pòchǎn
③ 경영하다 •	• 欠 •	• chūkǒu
④ 빚지다 •	• 结账 •	• qiàn
⑤ 결제하다 •	• 破产 •	• jiézhàng

3. 밑줄 친 부분에 적합한 단어를 쓰세요.

보기 A. 贷款 B. 发票 C. 海关 D. 利息 E. 权利 F. 关闭

① 产品出口必须先要经过______的检查。

② 新制定的法律能保障许多公民的______。

③ 如果今年要结婚，我必须要向银行______。

④ 因为经济不景气，很多工厂和商店______了。

⑤ 今天在外面吃饭的时候，我跟老板要开______。

⑥ 今年听说银行的______涨了好多，我们要赶紧把钱都存了。

1. 알맞은 단어를 고르세요.

보기 A. 收据 B. 支票 C. 效率 D. 营业 E. 优惠 F. 账户

① 계좌 ____________ ② 영수증 ____________

③ 효율 ____________ ④ 수표 ____________

⑤ 영업하다 ____________ ⑥ 특별우대하다 ____________

2. 중국어의 뜻과 병음을 서로 연결하세요.

① 의무 •	• 政府 •	• yājīn
② 정부 •	• 义务 •	• yìwù
③ 총통, 대통령 •	• 总统 •	• quánlì
④ 권력, 권한 •	• 权力 •	• zhèngfǔ
⑤ 보증금, 담보금 •	• 押金 •	• zǒngtǒng

3. 밑줄 친 부분에 적합한 단어를 쓰세요.

보기 A. 资金 B. 制定 C. 销售 D. 政治 E. 宣传 F. 消费

① 新____________的法律能保障许多公民的权利。

② 中国已经成为世界汽车生产____________第一大国。

③ 做好产品____________是经营策略中不可忽略的一部分。

④ 两国大部分经济合作项目，由于____________缺乏而至今不能顺利实施。

⑤ 绿色生产和____________无疑是物质文明的重要标志，也是社会发展的方向。

⑥ 南非的____________变革进程已经到了不可逆转的阶段。

Chapter 3. 사회생활

A3-4 **3-4 사회·문화**

Let's Start Up!

주제에 맞는 단어와 예문을 학습해 보세요.

0001

播放①
bōfàng

예 她解释了她是如何处理播放中的技术问题的。
그녀는 방송 중의 기술 문제를 어떻게 처리했는지 설명했다.

동 방송하다

播放②
bōfàng

유의 播送 bōsòng

예 晚上11点过后，电视台停止播放节目。
밤 11시 이후에 방송국은 프로그램을 방영하지 않는다.

동 방영하다

Voca+
过后 guòhòu 명 이후에, 이 다음에

0002

差距
chājù

예 两个地区的工资差距正在拉大。
두 지역의 급여 차이가 크게 벌어지고 있다.

명 격차, 차이

Voca+
拉大 lādà 동 커지다

0003

常识
chángshí

예 这是常识，大家都知道。
이것은 상식이다. 모두들 다 알고 있다.

명 상식, 일반 지식

0004

传说
chuánshuō

예 这个美丽的传说，一直被后人记着。
이 아름다운 전설은 줄곧 후대에 기억되고 있다.

명 전설

0005

传统
chuántǒng

예 每个国家都有自己的传统。

국가마다 다 각자의 전통이 있다.

명 전통

0006

道德
dàodé

예 作为校长，他要求在学校里保持高的道德标准和礼貌规矩。

교장으로서 그는 학교에서 높은 도덕 기준와 예절 규칙을 유지하도록 요구했다.

명 도덕

0007

道理
dàolǐ

예 他的话通常都很有道理，很有说服力。

그의 말은 보통 모두 이치에 맞아서 매우 설득력이 있다.

명 이치, 규칙

Voca+
说服力 shuōfúlì 명 (언사·견해 등에 구비된) 설득력

0008

风格
fēnggé

예 她的穿衣风格和大家很不同。

그녀의 옷 입는 스타일은 사람들과 다르다.

명 스타일, 태도

0009

风俗
fēngsú

유의 习俗 xísú

예 这些地区的风俗习惯与有些旅客的风俗习惯迥然不同。

이 지역들의 풍습과 몇몇 여행객의 풍습은 완전히 다르다.

명 풍속

Voca+
迥然不同 jiǒngrán bùtóng 성 서로 완전히 다르다, 서로 현저하게 차이가 나다

0010

公主
gōngzhǔ

예 每个小女孩都想做一个公主，总喜欢把自己打扮得漂漂亮亮的。

모든 소녀들은 공주가 되고 싶어 하는데, 늘 자신을 예쁘게 꾸미는 것을 좋아한다.

명 공주

3 사회생활

0011

规矩

guīju

예 我朋友对这种死板的规矩很不满意。

내 친구는 이런 융통성 없는 규칙에 대해 불만스러워 한다.

명 표준, 법칙

Voca+

死板 sǐbǎn 형 (일처리가) 융통성이 없다, 틀에 박히다, 경직되다

0012

规律

guīlǜ

예 经济变化反复无常，没有规律。

경제는 변화무쌍해서 규칙이 없다.

명 규율, 규칙

Voca+

反复无常 fǎnfùwúcháng 성 이랬다저랬다 하다, 변화무쌍하다

0013

规则

guīzé

유의 规章 guīzhāng

예 每个学校都有很多专对学生的规则。

모든 학교가 다 학생들에 대한 많은 규칙이 있다.

명 규정, 규칙

0014

国庆节

Guóqìng Jié

예 国庆节前夕人们聚集在礼堂开庆祝会。

국경절 전날 밤에 사람들은 강당에 모여서 축하파티를 한다.

명 국경절

Voca+

聚集 jùjí 동 합류(회합)하다, 한데 모이다 | 礼堂 lǐtáng 명 강당, 식장

0015

和平

hépíng

반의 战争 zhànzhēng

예 众所周知，我们热爱和平，憎恨侵略。

모든 사람이 다 알고 있듯이 우리는 평화를 사랑하고 침략을 증오한다.

명 평화

Voca+

众所周知 zhòngsuǒzhōuzhī 성 모든 사람이 다 알고 있다 | 憎恨 zēnghèn 동 증오하다 | 侵略 qīnlüè 동 침략하다

0016

华裔
huáyì

예 地震中支援的不但有全球的华侨华裔同胞，还有很多国际友人和组织。

지진 중에 지원해준 것은 전 세계의 화교 동포들뿐 아니라 많은 국제 사회의 친구들과 조직이다.

명 화교

Voca+
支援 zhīyuán 동 지원하다 | 同胞 tóngbāo 명 동포, 겨레, 한 민족

0017

交往
jiāowǎng

예 母亲告诫孩子们别和坏人交往。

엄마는 아이들에게 나쁜 사람들과 교제하지 말라고 타일렀다.

동 왕래하다, 교제하다 명 왕래, 교제

Voca+
告诫 gàojiè 동 훈계하다, 타이르다

0018

老百姓
lǎobǎixìng

예 被围困在城里的老百姓已空运到安全地区。

성 안에 갇혀있던 많은 국민들은 이미 안전한 곳으로 옮겨졌다.

명 백성, 국민

Voca+
围困 wéikùn 동 겹겹이 포위하여(둘러싸서) 곤경에 빠뜨리다 | 空运 kōngyùn 동 공수하다, 공중 수송하다

0019

媒体
méitǐ

예 该公司因为一件次品而受到媒体攻击。

이 회사는 조악한 물건 때문에 매스미디어의 공격을 받았다.

명 대중 매체, 매스미디어

Voca+
次品 cìpǐn 명 질이 낮은 물건, 조악한 상품 | 攻击 gōngjī 동 공격하다, 악의적으로 비난하다

0020

名牌
míngpái

예 原来我姐姐毕业于名牌大学，为了照顾妈妈放弃了一份待遇更优厚的工作。

원래 우리 언니는 명문 대학을 졸업했지만, 어머니를 돌봐드리기 위해 대우가 더 좋은 일자리를 포기했다.

명 유명 상표, 유명한 기관

Voca+
优厚 yōuhòu 형 (보수나 대우 등이) 좋다, 후하다

0021
农业
nóngyè

예 过去的农业生产完全是依靠人力和畜力。
과거의 농업 생산은 완전히 인력과 가축의 힘에 의지했었다.

명 농업

Voca+
畜 chù 명 금수, 짐승 [주로 가축을 가리킴]

0022
人才
réncái

예 所有的父母都希望自己的孩子能够成为杰出的人才。
모든 부모는 자신의 아이가 훌륭한 인재가 되기를 바란다.

명 인재

Voca+
杰出 jiéchū 형 걸출한, 남보다 뛰어난(빼어난), 출중한

0023
人口
rénkǒu

예 城市的老年人口越来越多。
도시의 노년 인구가 점점 많아진다.

명 인구

0024
人类
rénlèi

예 各种疾病威胁着人类的健康。
각종 질병은 인류의 건강을 위협하고 있다.

명 인류

Voca+
疾病 jíbìng 명 병, 질병 | 威胁 wēixié 동 위협하다

0025
人物
rénwù

예 画家用简单的线条就能表现人物的神情。
화가는 간단한 선으로 인물의 표정을 표현할 수 있다.

명 인물

Voca+
线条 xiàntiáo 명 선 | 神情 shénqíng 명 표정, 안색, 기색

0026
人员
rényuán

예 研究人员得出的结论是工作环境对人体健康影响很大。
연구원이 도출한 결론은 작업 환경이 인체 건강에 주는 영향이 매우 크다는 것이다.

명 인원, 요원

0027

设备
shèbèi

예 2月份的北京非常冷，小屋里没有任何取暖设备，冻得他直哆嗦。

2월의 베이징은 매우 추운데 작은 집에 어떠한 난방 설비도 없어서 그는 계속 벌벌 떨었다.

명 설비, 시설 동 갖추다, 설비하다

Voca+
取暖设备 qǔnuǎnshèbèi 명 난방 설비 | 哆嗦 duōsuo 동 떨다

0028

神话
shénhuà

예 每个国家和民族都有不少神话传说。

모든 국가와 민족은 많은 신화와 전설을 가지고 있다.

명 신화

0029

设施
shèshī

예 这里是一座美丽、整洁的城市，城市基础设施齐备，功能完善。

이곳은 아름답고 깨끗한 도시로, 도시 기초 시설이 잘 갖추어져 있고 기능이 완벽하다.

명 시설, 설비

Voca+
整洁 zhěngjié 형 단정하고 깨끗하다, 말쑥하다, 말끔하다 | 齐备 qíbèi 형 (물품 등을) 갖추다, 구비하다, 완비하다

0030

手续
shǒuxù

예 办结婚手续的时候，男女双方应该亲自去。

결혼 수속을 할 때는 남녀 쌍방이 직접 가야만 한다.

명 수속, 절차

0031

数据
shùjù

예 从政府公布的统计数据来看，明显和实际有些偏差。

정부가 공포한 통계 데이터에서 보면 실제와 뚜렷한 편차를 보이고 있다.

명 데이터, 통계, 수치

Voca+
偏差 piānchā 명 편차, 오차

0032

团
tuán

예 那个访问团定于后天到达。

그 방문단은 모레 도착할 예정이다.

명 단체, 그룹, 조직

0033

王子
wángzǐ

예 青蛙在瞬间变回了英俊的王子。

청개구리가 순식간에 멋진 왕자로 변했다.

명 왕자

Voca+
青蛙 qīngwā 명 청개구리 | 瞬间 shùnjiān 명 순식간, 일순간, 극히 짧은 동안 | 英俊 yīngjùn 형 출중하다, 잘생기다

0034

文明①
wénmíng

예 文明有两种，一种是精神的，一种是物质的。

문명에는 두 종류가 있는데, 하나는 정신적인 것이고 하나는 물질적인 것이다.

명 문명

文明②
wénmíng

유의 文化 wénhuà
文雅 wényǎ

예 我认为说话大叫大嚷很不文明。

나는 큰 소리로 말하는 것은 교양이 없는 것이라고 생각한다.

형 교양이 있다

Voca+
大叫大嚷 dàjiào dàrǎng 고래고래 고함지르다

0035

英雄
yīngxióng

예 那儿的人喜欢喝酒，并且把酒量大的人当作英雄。

그곳 사람들은 술 마시는 것을 좋아하는데 주량이 센 사람이 영웅이 된다.

명 영웅

0036

长辈
zhǎngbèi

반의 小辈 xiǎobèi
晚辈 wǎnbèi

예 我们家的孩子对长辈总是恭恭敬敬的。

우리 집 아이들은 어르신들에게 공손하다.

명 손윗사람, 선배

Voca+
恭恭敬敬 gōnggōngjìngjìng 형 공손하다, 고분고분하다, 정중하다, 예의가 바르다

0037

证件
zhèngjiàn

예 包里有钱、护照、钥匙，还有一些证件。

가방 안에는 돈과 여권, 열쇠 그리고 증명서들이 있다.

명 증명서, 증거 서류

0038

证据
zhèngjù

예 这次事故由于证据不足导致无法追究责任。

이번 사고는 증거 부족으로 인해 책임을 추궁할 수 없게 되었다.

명 증거

Voca+
导致 dǎozhì 동 야기하다, 초래하다 | 追究 zhuījiū 동 (원인·연유를) 추궁하다, 따지다

0039

制度
zhìdù

예 这种做法违反了制度规定，必须坚决纠正。

이런 방법은 규칙을 위반했으므로 반드시 단호하게 바로 잡아야 한다.

명 규칙, 규정, 제도

Voca+
坚决 jiānjué 형 (태도·행동 등이) 단호하다, 결연하다 | 纠正 jiūzhèng 동 고치다, 바로잡다

0040

秩序
zhìxù

예 那天开会的时候秩序不太好，会场很乱。

그날 회의할 때 질서를 그다지 잘 지키지 않아서 회의장이 어수선했다.

명 질서

0041

专家
zhuānjiā

반의 外行 wàiháng

예 专家建议，应该掌握空气污染的时间规律，科学地选择锻炼的时间。

전문가들은 공기 오염의 시간 규칙을 파악해서, 과학적으로 체력단련 시간을 선택할 것을 제안하고 있다.

명 전문가

0042

主人
zhǔrén

반의 客人 kèrén

예 有个工厂的主人叫他的孩子每天在工厂里辛勤地工作。

한 공장의 주인은 매일 자신의 아이를 시켜 공장에서 부지런하게 일하게 했다.

명 주인

Voca+
辛勤 xīnqín 형 부지런하다, 근면하다

1. 알맞은 단어를 고르세요.

보기 A. 常识 B. 规矩 C. 老百姓 D. 秩序 E. 手续 F. 专家

① 질서 ______ ② 수속, 절차 ______

③ 백성, 국민 ______ ④ 표준, 법칙 ______

⑤ 상식, 일반지식 ______ ⑥ 전문가 ______

2. 중국어의 뜻과 병음을 서로 연결하세요.

① 풍속 •	• 风俗 •	• shèbèi
② 전통 •	• 风格 •	• fēngsú
③ 시설, 설비 •	• 传统 •	• chuántǒng
④ 스타일, 태도 •	• 设备 •	• dàoli
⑤ 이치, 규칙 •	• 道理 •	• fēnggé

3. 밑줄 친 부분에 적합한 단어를 쓰세요.

보기 A. 证据 B. 道德 C. 规则 D. 数据 E. 制度 F. 规律

① 经济变化反复无常，没有______。

② 每个学校都有很多专对学生的______。

③ 这次事故由于______不足导致无法追究责任。

④ 这种做法违反了______规定，必须坚决纠正。

⑤ 从政府公布的统计______来看，明显和实际有些偏差。

⑥ 作为校长，他要求在学校里保持高的______标准和礼貌规矩。

Chapter 3. 사회생활

A3-5 **3-5 교제·교류**

Let's Start Up!

주제에 맞는 단어와 예문을 학습해 보세요.

0001

宝贝
bǎobèi

예 她是妈妈心爱的宝贝。
그녀는 엄마의 사랑스러운 보물이다.

명 귀염둥이, 보배

0002

包裹①
bāoguǒ

예 这个包裹已经写好投寄的地址、收件人的姓名。
이 소포는 이미 보낸 주소와 받는 사람의 이름이 다 적혀 있다.

명 소포, 보따리

Voca+
投寄 tóujì 동 (우편물을) 부치다

包裹②
bāoguǒ

예 妈妈把馅用饺子皮包裹起来。
엄마는 만두소를 만두피로 쌌다.

동 싸다, 싸매다

Voca+
馅 xiàn 명 (떡·만두 등에 넣는) 소

0003

吵架
chǎo jià

반의 和好 héhǎo

예 我和他又吵架了，我们之间现在存在很多的问题。
나는 그와 또 말다툼을 했다. 우리 사이에 지금 문제가 많다.

동 말다툼하다

0004

打交道
dǎ jiāodao

예 我从来没跟外国人打过交道。
나는 이때까지 외국인과 왕래해 본 적이 없다.

동 왕래하다, 교제하다

0005

对方

duìfāng

예 他不曾想到要对对方负什么责任。

그는 일찍이 상대방에 대해 어떠한 책임도 지려고 하지 않았다.

명 상대방, 상대

Voca+

不曾 bùcéng 부 (일찍이) ~한 적이 없다

0006

对手

duìshǒu

예 每个对手都有我们要学习的地方。

모든 경쟁자들에게는 우리가 배워야 할 것이 있다.

명 상대, 적수, 경쟁자

0007

对象①

duìxiàng

예 训练的对象虽说是初次加入我们队的人，可是也有例外。

훈련 상대는 비록 처음 우리 팀에 들어온 사람이지만 그러나 예외도 있다.

명 대상

Voca+

例外 lìwài 명 예외, 예외적인 상황

对象②

duìxiàng

예 她已经三十了，还没找到对象。

그녀는 벌써 서른인데, 아직 결혼 상대를 찾지 못했다.

명 결혼이나 연애의 상대

0008

废话①

fèihuà

예 在你废话的这个空当，事情的百分之五十都做完了。

네가 쓸데없는 말을 하는 사이에 일의 절반은 다 했겠다.

동 허튼소리하다, 쓸데없는 말을 하다

Voca+

空当 kòngdāng 명 틈(새), 간격, 막간

废话②

fèihuà

예 你不要说废话好吗？说点有用的吧。

너는 쓸데없는 말 좀 하지 말고 필요한 말을 좀 해라.

명 쓸데없는 말

0009
妇女
fùnǚ

예 在村子拐角的大树下面，一群中年妇女正在闲话家常。

마을 모퉁이의 큰 나무 아래에서 한 무리의 중년 여성들이 일상적인 한담을 나누고 있다.

명 부녀(자), 성인 여성

Voca+
拐角 guǎijiǎo 명 모퉁이, 구석, 귀퉁이 | 闲话 xiánhuà 동 한담하다 | 家常 jiācháng 명 가정의 일상생활, 일상적인 일

0010
告别
gào bié

유의 辞别 cíbié
告辞 gàocí

예 没有人和她告别，也没有人同她说一声再见。

그녀와 작별인사를 하는 사람도 없고, 그녀에게 잘 가라고 한마디 하는 사람도 없었다.

동 고별하다, 작별 인사하다

0011
沟通
gōutōng

예 父母和孩子沟通感情是为了更好的交流。

부모와 아이가 감정을 나누는 것은 더 잘 교류하기 위함이다.

동 소통하다

0012
姑娘
gūniang

예 成为空中小姐是多少姑娘的梦想呀!

스튜어디스가 되는 것은 많은 아가씨들의 꿈이지!

명 아가씨

Voca+
空中小姐 kōngzhōng xiǎojiě 명 (여객기의) 여승무원, 스튜어디스 | 梦想 mèngxiǎng 명 꿈, 몽상, 간절히 바라는 일

0013
伙伴
huǒbàn

예 我很高兴，他会成为我们的好朋友，也会成为我们的好伙伴。

그가 우리의 좋은 친구가 되고, 또 좋은 파트너가 되어서 나는 기쁘다.

명 파트너, 동반자

0014
胡说
húshuō

예 他说了很多的话，这些话我觉得都是在胡说。

그가 많은 이야기를 했는데, 나는 이런 말들이 다 허튼소리라고 생각한다.

동 허튼소리하다

0015
嘉宾
jiābīn

예 参加婚礼的嘉宾很多。

많은 귀빈들이 결혼식에 참가했다.

명 귀한 손님

0016
交际
jiāojì

예 他一直以来都不善交际，从来没有多少朋友。

그는 줄곧 사람들과 교제를 잘 하지 못해서 지금껏 친구가 많지 않다.

명 교제 동 사귀다, 교제하다

0017
接待
jiēdài

예 朋友来韩国看我，我准备了许多韩国特色食物用来接待他。

친구가 나를 보러 한국에 와서, 나는 많은 한국 특색의 음식들을 준비해서 그를 대접하려고 한다.

동 대접하다

0018
借口
jièkǒu

예 我每次找他，他都用各式各样的借口推脱。

나는 매번 그를 찾았으나 그는 이런저런 핑계로 회피했다.

명 변명, 핑계

Voca+
推脱 tuītuō 동 (주로 자신의 책임이나 과오를) 전가하다, 회피하다, 남에게 덮어씌우다

0019
劳驾
láojià

예 劳驾一下，您的包挡路了。

잠시 실례합니다, 당신의 가방이 길을 막는군요.

동 실례합니다

Voca+
挡路 dǎng lù 동 길을 막다, 방해가 되다

0020
恋爱
liàn'ài

예 再没有比恋爱中的年轻人更敏感的了，对方一丝一毫的变化，都有感觉。

연애 중인 젊은 사람들보다 더 예민한 사람들은 없다. 상대의 작은 변화에도 매우 민감하다.

동 연애하다

Voca+
敏感 mǐngǎn 형 민감하다, 감각이 예민하다 | 一丝一毫 yìsīyìháo 성 털끝만큼, 추호, 아주 조금

0021
庆祝
qìngzhù

유의 庆贺 qìnghè

예 获得冠军的运动员拿着国旗庆祝胜利。

우승한 운동 선수가 국기를 들고 승리를 축하했다.

동 경축하다, 축하하다

Voca+
国旗 guóqí 명 국기

0022
双方
shuāngfāng

예 战争双方都付出了巨大的代价。

전쟁 당사자인 양국은 모두 엄청난 대가를 치렀다.

명 쌍방

0023
私人
sīrén

반의 公家 gōngjia

예 这是老板的私人休息室，其他人勿进。

여기는 사장님의 개인 휴게실이므로 다른 사람은 들어가서는 안 됩니다.

명 개인, 민간

0024
问候
wènhòu

동의 问好 wènhǎo

예 你怎会在百忙之中也会记得写信问候我?

당신 어떻게 그렇게 바쁜 와중에도 저에게 안부를 묻는 편지를 보낼 생각을 할 수 있었나요?

동 안부를 묻다

Voca+
百忙 bǎimáng 형 매우 바쁘다, 눈코 뜰 새 없이 바쁘다 | 之中 zhīzhōng 명 ~하는 사이

0025
相处
xiāngchǔ

예 人们喜欢我哥哥是因为他非常容易相处，从来不生气。

사람들이 우리 오빠를 좋아하는 것은 그가 사람들과 함께 지내기 편하기 때문이다. 여태껏 화를 내본 적이 없다.

동 함께 지내다, 서로 알고 지내다

0026
宴会
yànhuì

예 宴会的规模很大，宴会大厅里充满了热烈的气氛。

연회의 규모가 커서 연회장에 뜨거운 분위기가 가득하다.

명 연회, 파티

0027

握手
wò shǒu

예 握手的力量、姿势与时间的长短往往能够表达出对对方的不同态度。

악수할 때의 힘과 자세 그리고 시간의 길이는 종종 상대방에 대한 다른 태도를 표현할 수 있다.

동 악수하다, 손을 잡다

Voca+
力量 lìliàng 명 힘 | 姿势 zīshì 명 자세, 모양

0028

议论
yìlùn

유의 讨论 tǎolùn

예 我在背后从来没有议论过你，没有说过你一句坏话。

나는 지금껏 뒤에서 너에 대해 의논하거나 한마디 나쁜 말도 한 적 없다.

동 의논하다, 논의하다

Voca+
背后 bèihòu 명 뒤, 뒤쪽, 배후

0029

迎接
yíngjiē

예 那个服务员满面笑容地迎接每位客人。

그 종업원은 만면에 웃음을 띠며 매 손님들을 맞이했다.

동 맞이하다

0030

招待
zhāodài

유의 接待 jiēdài

예 她们对我们非常周到，好像在招待远方来的亲戚。

그녀들은 마치 멀리서 온 친척을 대접하는 것처럼 우리를 매우 세심하게 배려했다.

동 대접하다

0031

争论
zhēnglùn

유의 争议 zhēngyì
辩论 biànlùn

예 几年来，中国法律界对沉默权的争论一直未平息。

몇 년 동안 중국 법률계에서의 묵비권에 대한 논쟁은 계속해서 가라앉지 않고 있다.

동 논쟁하다

Voca+
沉默权 chénmòquán 명 묵비권, 진술 거부권 | 平息 píngxī 동 그치다, 정지하다, 멈추다

0032

祝福

zhùfú

예 来自两个家庭的亲戚和朋友都热情地祝福他们生活幸福。

두 집안의 친척들과 친구들이 모두 진심으로 그들의 행복한 생활을 축복해줬다.

동 축복하다, 축원하다

1. 알맞은 단어를 고르세요.

보기 A. 劳驾 B. 对手 C. 迎接 D. 对方 E. 伙伴 F. 接待

① 맞이하다 ________ ② 상대방, 상대 ________

③ 실례합니다 ________ ④ 파트너, 동반자 ________

⑤ 접대하다 ________ ⑥ 상대, 적수 ________

2. 중국어의 뜻과 병음을 서로 연결하세요.

① 말다툼하다 •	• 吵架 •	• gào bié
② 허튼소리하다 •	• 告别 •	• gōutōng
③ 변명, 핑계 •	• 胡说 •	• chǎo jià
④ 소통하다 •	• 沟通 •	• húshuō
⑤ 작별 인사하다 •	• 借口 •	• jièkǒu

3. 밑줄 친 부분에 적합한 단어를 쓰세요.

보기 A. 招待 B. 交际 C. 问候 D. 争论 E. 相处 F. 嘉宾

① 他一直以来都不善________，从来没有多少朋友。

② 她们对我们非常周到，好像在________远方来的亲戚。

③ 人们喜欢我哥哥是因为他非常容易________，从来不生气。

④ 参加婚礼的________很多。

⑤ 你怎会在百忙之中也会记得写信________我?

⑥ 几年来，中国法律界对沉默权的________一直未平息。

Chapter 4. 시간과 장소

A4-1 **4-1 시간·날짜**

Let's Start Up! 주제에 맞는 단어와 예문을 학습해 보세요.

0001
傍晚
bàngwǎn

유의 黄昏 huánghūn

예 夏天一到傍晚，街上就热闹了。
여름에는 저녁이 되면 거리가 북적거린다.

명 저녁 무렵

0002
除夕
chúxī

예 中国人每年除夕都会放鞭炮，吃饺子。
중국 사람들은 매년 섣달그믐에 폭죽을 터뜨리고 만두를 먹는다.

명 섣달그믐, 제야

Voca+
鞭炮 biānpào 명 폭죽

0003
从前
cóngqián

유의 昔日 xīrì, 以往 yǐwǎng

예 从前，有一个老爷爷，他跟孙子住在山里。
예전에 한 할아버지가 계셨는데, 그는 손자와 산 속에서 살았다.

명 이전, 종전, 옛날

0004
公元
gōngyuán

예 公元纪年现在是国际通用的纪年方式。
서기는 현재 국제적으로 통용되는 연대 기재 방식이다.

명 서기

0005
古代
gǔdài

예 中国古代的女人绝大多数都要缠脚。
중국 고대 여인들은 대부분이 전족을 해야 했다.

명 고대

Voca+
缠脚 chánjiǎo 동 전족하다

0006

近代

jìndài

예 我们的教授对于中国近代史有着全面的理解。

우리 교수님은 중국 근대사에 대한 전반적인 이해를 가지고 계신다.

명 근대

0007

临时

línshí

유의 暂时 zànshí

반의 长期 chángqī

예 这场演出的女主角病了，只好临时换她来扮演。

이 공연의 여주인공이 병이 나서 어쩔 수 없이 임시로 그녀가 출연했다.

형 임시로, 잠시의

Voca+

扮演 bànyǎn 동 ~역을 맡아 하다, 출연하다

0008

目前

mùqián

유의 当前 dāngqián

眼前 yǎnqián

예 目前我还没有这样的打算，你以后再说吧。

현재 나는 그런 계획이 없으니, 당신 나중에 다시 이야기하세요.

명 현재, 지금

0009

年代

niándài

예 这些展品是按照年代顺序排列的。

이 전시품들은 연대 순서에 따라 배열한 것이다.

명 연대, 시대

Voca+

展品 zhǎnpǐn 명 전시품의 약칭

0010

平常①

píngcháng

예 平常的时候，我总是早睡早起。

평상시에 나는 항상 일찍 자고 일찍 일어난다.

명 평상시, 평소

平常②

píngcháng

유의 平凡 píngfán

반의 别致 biézhì

예 现在男人在家里做饭是很平常很普遍的事儿。

요즘 남자들이 집에서 음식을 하는 것은 아주 평범하고 보편적인 일이다.

형 보통이다, 평범하다

0011

期间

qījiān

예 春节期间火车票很难买。

설날 기간에 기차표를 사는 것은 어렵다.

명 기간

0012

日历

rìlì

예 在中国的日历上，你会看到农历。

중국 달력에서 당신은 음력을 볼 수 있다.

명 일력, 달력

Voca+

农历 nónglì 명 음력

0013

日期

rìqī

예 你千万记住开会的日期。

당신 회의 날짜를 꼭 기억하세요.

명 날짜, 기일

0014

日子①

rìzi

예 爸爸回来有些日子了。

아빠가 돌아오신 지 며칠이 되었다.

명 (선택한) 날, 날짜

日子②

rìzi

예 我经常回忆起我上学的日子。

나는 종종 학창시절을 떠올린다.

명 기간, 시절, 때

0015

如今

rújīn

유의 现今 xiànjīn

예 这位老师如今早已经退休了，虽然年迈，但还是耳聪目明。

이 선생님께서는 지금 이미 퇴직하셨다. 비록 연세는 많지만 여전히 귀와 눈이 밝으시다.

명 지금, 현재, 요즘

Voca+

年迈 niánmài 형 연로하다, 나이가 많다 | 耳聪目明 ěrcōng mùmíng 성 귀와 눈이 밝다

0016
时差
shíchā

예 首尔与北京之间的时差为1个小时。
서울과 베이징 간의 시차는 한 시간이다.

명 시차

0017
时代
shídài

예 任何时代任何人都应该树立自力更生的观念。
어떤 시대, 어떤 사람일지라도 자력갱생이라는 관념을 수립해야 한다.

명 시대

Voca+
自力更生 zìlìgēngshēng 성 자력갱생하다

0018
时刻
shíkè
유의 时间 shíjiān

예 现在正是成败的关键时刻。
지금이 바로 성패의 관건이 되는 시기이다.

명 시각, 때, 순간

0019
时期
shíqī
유의 时光 shíguāng

예 青少年时期读书学习如同平路行车，正处在最好时期。
청소년 때 공부하는 건 마치 평탄한 길에서 운전하는 것과 같아서 최상의 시기라 할 수 있다.

명 시기

0020
事先
shìxiān
반의 事后 shìhòu

예 我这才发现事先安排的事情好多没有完成。
나는 이제서야 사전에 안배했던 많은 일들이 완성되지 않았다는 것을 알았다.

명 사전, 미리

0021
未来
wèilái

예 人类的未来一定比现在好得多。
인류의 미래는 반드시 지금보다 많이 좋아질 것이다.

명 미래, 다가올 날

0022

现代

xiàndài

예 在现代社会中，家庭已经不是女性展现自己的唯一舞台了。

현대 사회에서 가정은 이미 여자가 자신의 능력을 펼칠 수 있는 유일한 무대가 아니다.

명 현대

Voca+
展现 zhǎnxiàn 동 드러내다, 나타나다 | 舞台 wǔtái 명 무대

0023

夜

yè

반의 日 rì, 昼 zhòu

예 我昨天夜里玩儿到半夜才睡觉。

나는 어젯밤에 새벽까지 놀다가 겨우 잤다.

명 밤

0024

一辈子

yíbèizi

예 他说他一辈子忘不了张总的宽容，早想还钱，就是一直没找到他。

그는 평생 장 사장의 관용을 잊을 수 없어, 일찍부터 그에게 돈을 갚고 싶었지만 그를 찾을 수가 없었다고 말했다.

명 일생, 한평생

Voca+
宽容 kuānróng 형 너그럽다, 포용력이 있다, 관용하다

0025

以来

yǐlái

예 这是自1948年以来他首次回到自己的祖国。

이것은 1948년 이래로 그가 처음으로 자신의 조국으로 돌아가는 것이다.

명 이래, 이후

0026

元旦

Yuándàn

예 一年365天还有不少假期，例如春节、国庆节、元旦等等。

1년 365일에 설날, 국경절, 원단 등등 적지 않은 휴일이 있다.

명 원단, 신정 [양력 1월 1일]

0027

中旬

zhōngxún

예 这个计划将推迟到下月中旬再实施。

이 계획은 다음 달 중순까지 연기했다가 다시 실시할 것이다.

명 중순

Voca+

实施 shíshī 동 실시하다, 실행하다

0028

最初

zuìchū

반의 最终 zuìzhōng
最后 zuìhòu

예 人类有很多发明在最初都不是十全十美的。

인류의 많은 발명품들은 처음에는 모두 완벽하지 않았다.

명 최초

Voca+

十全十美 shíquánshíměi 성 모든 방면에 완전무결하여 나무랄 데가 없다

Chapter 4. 시간과 장소

A4-2 **4-2 교통·방향**

Let's Start Up! 주제에 맞는 단어와 예문을 학습해 보세요.

0001
车厢
chēxiāng

예 他向她指了指车厢里那令人眼花缭乱的装饰。
그는 그녀를 향해 객실 안의 그 눈부신 장식을 가리켰다.

명 객실

Voca+
指 zhǐ 동 지시하다, 가리키다 | 眼花缭乱 yǎnhuāliáoluàn 성 눈이 어지럽다, 눈이 부시다, 눈을 현혹시키다

0002
方①
fāng

예 她是南方人，不适应北方的冬寒气候。
그녀는 남쪽 사람이라 북쪽의 추운 기후에 적응하지 못한다.

명 방향

方②
fāng

반의 圆 yuán

예 他的脸型有点方，显得很固执。
그의 얼굴은 사각형이라 고집스러워 보인다.

형 사각형의, 육면체의

Voca+
脸型 liǎnxíng 명 얼굴의 유형 | 固执 gùzhi 형 완고하다, 고집스럽다

0003
拐弯
guǎi wān

예 那个男孩拐弯时，差点撞倒了那位老妇人。
그 남자아이가 모퉁이를 돌 때, 하마터면 그 노부인과 부딪힐 뻔했다.

동 방향을 바꾸다, 커브를 틀다

0004
驾驶
jiàshǐ

예 他自己驾驶他的新车去见朋友。
그는 자신의 새 차를 운전해서 친구를 만나러 갔다.

동 운전하다

0005

卡车
kǎchē

예 卡车会把大部分商品运到一个个小超市里。

트럭은 대부분의 상품을 각각의 작은 슈퍼마켓으로 운반할 수 있다.

명 트럭

0006

列车
lièchē

예 列车将在六点钟离开火车站。

열차는 6시 정각에 기차역을 떠난다.

명 열차

0007

摩托车
mótuōchē

예 骑摩托车有危险。

오토바이를 타는 것은 위험하다.

명 오토바이

0008

往返
wǎngfǎn

예 这架飞机定期往返于韩国的首尔和中国的北京之间。

이 비행기는 정기적으로 한국의 서울과 중국의 베이징 사이를 왕복한다.

동 왕복하다

0009

行人
xíngrén

예 马路上的行人看上去都那么繁忙、急促。

길 위의 행인들은 모두들 바쁘고 서두르는 것처럼 보인다.

명 행인

Voca+

繁忙 fánmáng 형 일이 많고 바쁘다 | 急促 jícù 형 (시간이) 촉박하다, 급박하다

0010

信号
xìnhào

예 在飞机上使用手机会干扰飞行信号。

비행기에서 휴대전화를 사용하면 비행 신호를 방해할 수 있다.

명 신호

Voca+

干扰 gānrǎo 동 (전파·신호를) 방해하다, 지장을 주다, 교란시키다

Chapter 4. 시간과 장소

A4-3 **4-3 장소·지역**

Let's Start Up! 주제에 맞는 단어와 예문을 학습해 보세요.

0001
大厦
dàshà

예 这座大厦外观雅致而优美。
그 건물은 외관이 격조가 높으면서도 우아하다.

명 빌딩, (고층) 건물

Voca+
雅致 yǎzhì 형 (의복·기물·건물 등이) 품위가 있다, 우아하다, 격조가 높다

0002
当地
dāngdì

유의 本地 běndì
반의 外地 wàidì

예 我们必须了解当地人的生活习惯才能和他们更好地沟通。
우리는 현지인의 생활습관을 이해해야만 그들과 더 잘 교류할 수 있다.

명 현지

Voca+
沟通 gōutōng 동 교류하다, 의견을 나누다, 소통하다

0003
地理
dìlǐ

예 我对地理学习的热爱超过了任何科目。
나는 지리 과목을 다른 어떤 과목보다 좋아한다.

명 지리

0004
地区
dìqū

예 在这个地区普遍存在着一些不良的生活习惯。
이 지역에는 나쁜 생활 습관이 보편적으로 존재한다.

명 (비교적 큰 범위의) 지역

0005
广场
guǎngchǎng

예 广场上有许多人在跳健身操。
광장에서 많은 사람들이 건강 체조를 한다.

명 광장

0006
柜台
guìtái

예 姐姐兴奋地告诉我，她终于找到一个不是很辛苦的站柜台的工作。
언니는 흥분해서는 마침내 많이 힘들지 않은 점원 일을 찾았다고 내게 말했다.

명 계산대, 카운터

Voca+
站柜台 zhàn guìtái 동 점원(판매원) 일을 하다

0007
胡同
hútòng

예 北京的小胡同是中国重点保护的建筑。
베이징의 좁은 골목은 중국의 중점 보호 건축물이다.

명 골목

0008
空间
kōngjiān

예 这个城市的生活节奏很快，很压抑，让我没有多余的空间休息。
이 도시는 생활의 리듬이 매우 빠르고 답답해서 내가 쉴 수 있는 여분의 공간이 없다.

명 공간

Voca+
节奏 jiézòu 명 (일이나 활동의) 리듬, 흐름, 박자감 | 压抑 yāyì 형 답답하다, 부자연스럽다, 어색하다

0009
农村
nóngcūn

예 农村虽然安静，但是生活没有城市方便。
농촌은 비록 조용하긴 하지만 생활이 도시만큼 편리하지는 않다.

명 농촌

0010
内部
nèibù

반의 外部 wàibù

예 建筑师完成了那座大楼的内部设计。
건축사는 그 빌딩의 내부 설계를 완성했다.

명 내부

0011
欧洲
Ōuzhōu

예 欧洲许多机场都十分拥挤。
유럽의 많은 공항들은 모두 매우 혼잡하다.

명 유럽

Voca+
拥挤 yōngjǐ 형 붐비다, 혼잡하다

0012

情景

qíngjǐng

유의 情形 qíngxing
情境 qíngjìng

예 现在的情景让我回想起几年前的那件事。

지금의 광경이 나로 하여금 몇 년 전의 그 일을 생각나게 한다.

명 광경, 정경

0013

市场

shìchǎng

예 我家对面有市场和地铁站，上班、购物、交通特别方便。

우리 집 건너편에 시장과 지하철이 있어서 출근, 쇼핑, 교통이 특히 편리하다.

명 시장

0014

宿舍

sùshè

예 我今天除了去过图书馆，一直待在宿舍。

난 오늘 도서관에 갔던 것 말고는 계속 기숙사에 있었다.

명 기숙사

0015

位于

wèiyú

예 这家宾馆位于王府井和北京站之间。

이 호텔은 왕푸징과 베이징역 중간에 위치해 있다.

동 ~에 위치하다

0016

位置

wèizhi

예 石油在现代生活中占据着重要的位置。

석유는 현대 생활에서 중요한 위치를 차지하고 있다.

명 위치

Voca+
石油 shíyóu 명 석유

0017

地位

dìwèi

예 在中国妇女的地位跟男人一样。

중국에서 여자의 지위는 남자와 같다.

명 지위

0018

县
xiàn

예 这里是一个很小的县而已，实在没有什么特色。

이곳은 아주 작은 현일 뿐이어서 정말이지 어떤 특색도 없다.

명 현 [중국 행정구역의 단위]

0019

在于
zàiyú

예 这本书真正的价值在于精彩的人物塑造。

이 책의 진정한 가치는 뛰어난 인물 묘사에 있다.

동 (본질이나 내용이) ~에 있다, ~에 달려있다

Voca+

塑造 sùzào 동 (언어·문자·기타 예술 수단으로) 인물을 형상화하다, 묘사하다

0020

中心①
zhōngxīn

예 有购书意向者请联系出版社读者服务中心。

구매를 원하시는 분은 출판사 독자 서비스센터로 연락해 주세요.

명 센터 [주로 기관의 명칭으로 씀]

中心②
zhōngxīn

유의 核心 héxīn

예 总之，中心是要坚定客户对我们的信心。

요컨대, 핵심은 우리에 대한 고객의 믿음을 확고히 하는 것이다.

명 중심, 핵심

中心③
zhōngxīn

예 北京是中国政治、经济、文化的中心。

베이징은 중국의 정치, 경제, 문화의 중심지다.

명 중심지

1. 알맞은 단어를 고르세요.

보기 A. 傍晚 B. 除夕 C. 平常 D. 公元 E. 中旬 F. 一辈子

① 서기 ________ ② 일생, 한평생 ________

③ 섣달그믐 ________ ④ 중순 ________

⑤ 평상시, 평소 ________ ⑥ 저녁 무렵 ________

2. 중국어의 뜻과 병음을 서로 연결하세요.

① 시대 •	• 从前 •	• wèilái
② 시기 •	• 时代 •	• cóngqián
③ 이전, 종전 •	• 时期 •	• shídài
④ 사전, 미리 •	• 未来 •	• shìxiān
⑤ 미래 •	• 事先 •	• shíqī

3. 밑줄 친 부분에 적합한 단어를 쓰세요.

보기 A. 目前 B. 以来 C. 期间 D. 临时 E. 日期 F. 时刻

① 春节________火车票很难买。

② 你千万记住开会的________。

③ 现在正是成败的关键________。

④ 这件事长期________都没有人管。

⑤ ________我还没有这样的打算，你以后再说吧。

⑥ 这场演出的女主角病了，只好________换她来扮演。

1. 알맞은 단어를 고르세요.

보기 A. 列车 B. 车厢 C. 行人 D. 卡车 E. 信号 F. 摩托车

① 오토바이 ________ ② 열차 ________

③ 객실 ________ ④ 신호 ________

⑤ 행인 ________ ⑥ 트럭 ________

2. 중국어의 뜻과 병음을 서로 연결하세요.

① 계산대, 카운터 •	• 宿舍 •	• guìtái
② 골목 •	• 大厦 •	• sùshè
③ 기숙사 •	• 位置 •	• dàshà
④ 빌딩, (고층) 건물 •	• 胡同 •	• wèizhi
⑤ 위치 •	• 柜台 •	• hútòng

3. 밑줄 친 부분에 적합한 단어를 쓰세요.

보기 A. 驾驶 B. 情景 C. 当地 D. 位于 E. 中心 F. 往返

① 他自己________他的新车去见朋友。

② 现在的________让我回想起几年前的那件事。

③ 有购书意向者请联系出版社读者服务________。

④ 我们必须了解________人的生活习惯才能和他们更好的沟通。

⑤ 这家宾馆________王府井和北京站之间。

⑥ 这架飞机定期________于韩国的首尔和中国的北京之间。

Chapter 5. 자연

A5-1 **5-1 계절·날씨**

Let's Start Up! 주제에 맞는 단어와 예문을 학습해 보세요.

0001
彩虹
cǎihóng

예 下雨之后，会出现彩虹，非常漂亮。
비온 후에 무지개가 나타나서 아주 예쁘다.

명 무지개

0002
闪电
shǎndiàn

예 闪电是一种自然放电现象，而放电使空气震动发出声音，就形成雷声。
번개는 일종의 자연적인 방전 현상으로, 방전은 공기를 진동시켜 소리를 내고, 천둥 소리를 만든다.

명 번개, 번갯불

0003
雷
léi

예 没有闪电，雷不会响。
번개가 없으면 천둥은 울리지 않는다.

명 천둥, 우뢰

0004
温暖
wēnnuǎn

반의 寒冷 hánlěng

예 天气再温暖，也温暖不过父母之心。
날씨가 아무리 따뜻하다 해도 부모님의 마음보다 따뜻할 수는 없다.

형 따뜻하다

0005
雾
wù

예 到中午的时候雾渐渐地散了。
정오가 되자 안개가 서서히 걷혔다.

명 안개

5 자연

0006

预报

yùbào

예 观众朋友们，晚上好，北京电视台现在为您发布北京地区天气预报。

시청자 여러분, 안녕하십니까? 베이징 TV에서 지금 베이징 지역의 날씨 예보를 전해드리겠습니다.

동 예보하다 명 예보

Chapter 5. 자연

A5-2 **5-2 자연·환경**

Let's Start Up!

주제에 맞는 단어와 예문을 학습해 보세요.

0001
岸
àn

예 这个渔夫今天在岸边救了女孩，这个孩子的父母十分感谢他。

이 어부가 오늘 해안에서 여자아이를 구해주었다. 그 아이의 부모는 매우 고마워했다.

명 물가, 해안

0002
池塘
chítáng

예 她的太阳镜掉进池塘了。

그녀의 선글라스가 연못 속으로 떨어졌다.

명 연못

0003
岛屿
dǎoyǔ

예 这座岛屿有丰富多样的景色和野生动植物。

이 섬에는 풍부하고 다양한 경치와 야생 동식물이 있다.

명 섬, 도서

Voca+
丰富多样 fēngfùduōyàng 가지각색의, 풍부하고 다양한

0004
地震
dìzhèn

예 日本的这次大地震，牵动了全世界人民的关心。

일본의 이번 대지진은 전 세계 사람들의 관심을 불러일으켰다.

명 지진

Voca+
牵动 qiāndòng 동 불러일으키다, 촉발하다, 상기시키다

0005
洞
dòng

유의 孔 kǒng, 穴 xué

예 这个洞破得很厉害，没办法修补了。

이 구멍은 심하게 해져서 수선할 방법이 없다.

명 구멍, 동굴

Voca+
修补 xiūbǔ 동 수리하다, 보수하다, 수선하다, 손질하다

0006
风景
fēngjǐng

예 一路行来，山清水秀，鸟语花香，真的是很美好的风景。

가는 길이 산이 푸르고 물은 맑고, 새가 지저귀며 꽃은 향기로워, 정말로 아름다운 풍경이다.

명 풍경

Voca+
山清水秀 shānqīng shuǐxiù 성 산 좋고 물 맑다, 산수가 아름답다 | 鸟语花香 niǎoyǔ huāxiāng 성 새가 지저귀고 꽃이 향기를 풍기다

0007
钢铁
gāngtiě

예 这辆车的车身是由一种特殊的钢铁制成的。

이 차의 차체는 특수 철강으로 만든 것이다.

명 강철

0008
光明①
guāngmíng

반의 黑暗 hēi'àn

예 那是黑暗中仅有的一线光明。

그것은 암흑 속의 유일한 한 줄기 빛이다.

명 광명, 빛

光明②
guāngmíng

예 现在竞争很激烈，这家新开的公司前景不一定光明。

요즘 경쟁이 치열해서 새로 문을 연 이 회사의 미래가 밝지만은 않다.

형 희망차다, 밝다

0009
黄金
huángjīn

예 唐代是中国历史上诗歌创作的黄金时代。

당나라 시대는 중국 역사상 시가 창작의 황금기이다.

명 황금

Voca+
诗歌 shīgē 명 시, 시가 | 创作 chuàngzuò 명 문예창작(품)

0010
灰尘
huīchén

유의 尘埃 chén'āi

예 这房间恐怕有两三个月没人居住，所有的家具用品上落满了灰尘。

이 방은 아마도 두세 달 동안 거주한 사람이 없는 것 같다. 모든 가구에 먼지가 가득 쌓여 있다.

명 먼지

Voca+
落 luò 동 떨어지다

0011

金属

jīnshǔ

예 钢铁是金属的一种。

강철은 금속의 일종이다.

명 금속

0012

陆地

lùdì

예 地球百分之三十是陆地，百分之七十是海洋。

지구의 30%는 육지이고 70%는 바다이다.

명 육지

0013

煤炭

méitàn

예 煤炭被人们誉为黑色的金子，工业的粮食，被人类广泛使用。

석탄은 사람들에게 검은 금, 공업의 양식으로 불리고, 인류에 의해 광범위하게 사용된다.

명 석탄

0014

能源

néngyuán

예 为了改善城市环境，应该缓解交通压力，节约能源。

도시 환경을 개선하기 위해서는 반드시 교통 문제를 해결해야 하고, 에너지를 절약해야 한다.

명 에너지

0015

汽油

qìyóu

예 汽油快用光了，我们最好在加油站停车加油。

기름이 곧 떨어지려고 하니, 우리 주유소에서 기름을 넣는 게 좋겠다.

명 휘발유, 가솔린, 자동차 기름

0016

沙漠

shāmò

예 沙漠的阳光真厉害，尤其在夏季，晒得人皮肤疼。

사막의 햇볕은 너무 강하다. 특히나 여름에는 햇볕을 쬐면 피부가 아프다.

명 사막

0017

沙滩

shātān

예 她一边走一边拾着沙滩上各色美丽的贝壳。

그녀는 걸어가면서 모래사장에서 여러 색의 아름다운 조가비를 주웠다.

명 백사장, 모래사장

Voca+

拾 shí 동 줍다, 집다 | 贝壳 bèiké 명 조가비(조개 껍데기)

0018

石头

shítou

예 山顶上光秃秃的是因为都是石头，无法种树。

산 정상의 번들번들한 것은 모두 돌 때문이라서 나무를 심을 수가 없다.

명 돌, 바위

Voca+

光秃秃 guāngtūtū 형 헐벗다, 민둥민둥하다, 번들번들하다

0019

天空

tiānkōng

반의 地面 dìmiàn

예 他抬头看天空。

그는 고개를 들어 하늘을 본다.

명 하늘

0020

土地

tǔdì

예 这块土地上有一些蔬菜。

이 땅에는 채소들이 있다.

명 토지, 땅

0021

物质

wùzhì

예 香烟里所含的有害物质，不仅对自身的健康不利，而且对被动吸烟者的伤害也非常大。

담배에 함유된 유해 물질은 자신의 건강에 좋지 않을 뿐만 아니라 주위의 비흡연자에게도 매우 심각한 피해를 끼친다.

명 물질

0022

银

yín

예 姐姐喜欢戴银手链。

언니는 은팔찌를 하는 것을 좋아한다.

명 은

Voca+

手链 shǒuliàn 명 팔찌

0023

影子

yǐngzi

예 这几天连他的影子也找不到。

요 며칠 그의 그림자도 찾을 수 없다.

명 그림자

0024

原料

yuánliào

예 生活却只是一种粗糙的原料，恰如未经熔炼的金沙。

생활은 오히려 거친 원료와 같아서 아직 제련되지 않은 사금과 같다.

명 원료

Voca+

粗糙 cūcāo 형 (질감이) 거칠다, 매끄럽지 못하다 | 恰如 qiàrú 동 바로 ~와 같다 | 熔炼 róngliàn 동 금속을 정련하다 | 金沙 jīnshā 명 사금, 금을 함유한 모래

0025

灾害

zāihài

예 这次日本大地震造成了世界性的灾害。

이번 일본 대지진은 세계적인 재해를 조성했다.

명 재해

0026

振动

zhèndòng

예 房屋突然振动了，我们以为发生地震了。

집이 갑자기 흔들려 우리는 지진이 발생한 줄 알았다.

동 진동하다, 흔들리다

0027

资源

zīyuán

예 日常生活中的垃圾分类回收可以美化环境、节约资源。

일상생활 중의 쓰레기를 분류 회수한다면 환경을 아름답게 할 수 있고 자원을 절약할 수 있다.

명 자원

Chapter 5. 자연

A5-3 **5-3 동물·식물**

Let's Start Up!

주제에 맞는 단어와 예문을 학습해 보세요.

0001

翅膀
chìbǎng

예 她正在画一个张开翅膀的天使。
그녀는 날개를 펼치고 있는 천사를 그리고 있다.

명 날개

Voca+
张开 zhāng kāi 동 벌리다, 펼치다

0002

宠物
chǒngwù

예 我的朋友很喜欢动物，他的梦想就是开家属于自己的宠物店。
내 친구는 동물을 좋아하는데, 그의 꿈은 자신의 애완동물 샵을 여는 것이다.

명 애완동물

0003

大象
dàxiàng

예 妹妹很喜欢大象，因为大象有长长的鼻子。
여동생은 코끼리가 아주 긴 코를 가지고 있어서 코끼리를 좋아한다.

명 코끼리

0004

根①
gēn

유의 本 běn

예 大树的根很粗壮。
커다란 나무의 뿌리는 굵고 단단하다.

명 뿌리, 근본

Voca+
粗壮 cūzhuàng 형 (물체가) 튼실하다, 굵고 단단하다

根②
gēn

예 香烟只有一根了。
담배가 겨우 한 개피 있다.

양 개, 가닥, 대 [가늘고 긴 것을 세는 단위]

0005

果实

guǒshí

예 秋天了，树上长出很多果实。

가을이 되어 나무에 많은 과실이 자랐다.

명 과실

0006

猴子

hóuzi

동의 猴儿 hóur

예 猴子的手可以剥香蕉，也可以捉跳蚤，然而猴子的手终究不是人的手。

원숭이의 손은 바나나 껍질을 벗기고 벼룩을 잡을 수 있지만 어쨌든 원숭이 손은 사람 손만 못하다.

명 원숭이

Voca+

剥 bāo 동 (껍질 등을) 벗기다, 까다 | 捉 zhuō 동 (손에) 잡다, 들다 | 跳蚤 tiàozao 명 벼룩 | 终究 zhōngjiū 부 결국, 필경, 어쨌든

0007

蝴蝶

húdié

예 野花上的蝴蝶，徐徐地飞过她的头顶。

들꽃 위에 있던 나비가 천천히 그녀의 머리 위로 날아왔다.

명 나비

Voca+

徐徐 xúxú 형 느리다

0008

昆虫

kūnchóng

예 空气、水及昆虫都会成为疾病的传染媒介。

공기, 물 및 곤충은 모두 질병의 전염 매개체가 될 수 있다.

명 곤충

0009

老鼠

lǎoshǔ

예 家中老鼠太多，损坏了书籍字画，于是把所有书籍字画都拾掇了放在别处。

집에 쥐가 너무 많아서 책과 서화들을 훼손시켰다. 그래서 모든 책과 서화들을 정리해서 다른 곳으로 옮겼다.

명 쥐

Voca+

拾掇 shíduo 동 정리하다, 수습하다, 한데 모으다

0010

狮子

shīzi

예 狮子被关在笼子里为大家表演。

사자가 우리에 갇혀서 모두를 위해 공연을 한다.

명 사자

Voca+

笼子 lóngzi 명 우리, 커다란 상자

0011

龙

lóng

예 世界上并没有龙，龙是想象的动物。

이 세상에 용은 없다. 용은 상상의 동물이다.

명 용

0012

蜜蜂

mìfēng

예 我哥哥像一只辛勤的蜜蜂，一年到头不歇息地工作着。

우리 형은 마치 부지런한 꿀벌처럼 일 년 내내 쉬지 않고 일을 하고 있다.

명 꿀벌

Voca+

歇息 xiēxi 동 쉬다, 휴식하다

0013

木头

mùtou

예 最近很流行用木头做房子。

요즘은 나무로 집을 짓는 것이 유행이다.

명 나무, 목재

0014

蛇

shé

예 这种蛇有毒，要小心！

이런 뱀은 독이 있으니 조심하세요!

명 뱀

0015

兔子

tùzi

예 俗话说，兔子不吃窝边草。

토끼는 굴 주변의 풀은 먹지 않는다는 속담이 있다.

[악인이라도 자신과 가까운 사람의 이익을 해치지 않는다는 뜻]

명 토끼

Voca+

窝边草 wōbiāncǎo 명 보금자리 주변에 난 풀, 악인이 거주하고 있는 그 주변

0016

尾巴

wěiba

예 一只小狗对着我摇摆着小尾巴。

강아지 한 마리가 나에게 꼬리를 흔들고 있다.

명 꼬리

Voca+

摇摆 yáobǎi 동 흔들거리다

0017

猪
zhū

예 他很懒惰，妈妈总是说他的房间犹如猪窝。

그는 너무 게으르다. 엄마는 늘 그의 방이 돼지우리 같다고 말씀하신다.

명 돼지

Voca+

懒惰 lǎnduò 형 게으르다, 나태하다 | 犹如 yóurú 동 마치 ~와(과) 같다 | 窝 wō 명 둥지, 우리

0018

竹子
zhúzi

예 大熊猫最喜欢吃新鲜的竹子。

판다는 신선한 대나무를 먹는 것을 가장 좋아한다.

명 대나무

5 자연

1. 알맞은 단어를 고르세요.

보기 A. 雷 B. 影子 C. 地震 D. 沙漠 E. 灾害 F. 天空

① 천둥, 우레 ________ ② 지진 ________

③ 재해 ________ ④ 하늘 ________

⑤ 사막 ________ ⑥ 그림자 ________

2. 중국어의 뜻과 병음을 서로 연결하세요.

① 강철 •	• 汽油 •	• wùzhì
② 휘발유 •	• 物质 •	• qìyóu
③ 물질 •	• 原料 •	• yuánliào
④ 원료 •	• 钢铁 •	• gāngtiě
⑤ 에너지 •	• 能源 •	• néngyuán

3. 밑줄 친 부분에 적합한 단어를 쓰세요.

보기 A. 灰尘 B. 彩虹 C. 振动 D. 资源 E. 闪电 F. 预报

① 下雨之后，会出现________，非常漂亮。

② 房屋突然________了，我们以为发生地震了。

③ 房间恐怕有两三个月没人居住，所有的家具用品上落满了________。

④ ________是一种自然放电现象，而放电使空气震动发出声音，就形成雷声。

⑤ 日常生活中的垃圾分类回收可以美化环境、节约________。

⑥ 观众朋友们，晚上好，北京电视台现在为您发布北京地区天气________。

1. 알맞은 단어를 고르세요.

보기 A. 蜜蜂 B. 猴子 C. 蝴蝶 D. 昆虫 E. 老鼠 F. 龙

① 쥐 ______ ② 원숭이 ______

③ 용 ______ ④ 곤충 ______

⑤ 꿀벌 ______ ⑥ 나비 ______

2. 중국어의 뜻과 병음을 서로 연결하세요.

① 꼬리 •	• 竹子 •	• shīzi
② 대나무 •	• 狮子 •	• mùtou
③ 사자 •	• 尾巴 •	• gēn
④ 나무, 목재 •	• 根 •	• zhúzi
⑤ 뿌리, 근본 •	• 木头 •	• wěiba

3. 밑줄 친 부분에 적합한 단어를 쓰세요.

보기 A. 翅膀 B. 大象 C. 蛇 D. 尾巴 E. 老鼠 F. 竹子

① 这种______有毒，要小心！

② 大熊猫最喜欢吃新鲜的______。

③ 一只小狗对着我摇摆着小______。

④ 她正在画一个张开______的天使。

⑤ 妹妹很喜欢______，因为______有长长的鼻子。

⑥ 家中______太多，损伤了书籍字画，于是把一切字画都拾掇了放在别处。

Chapter 6. 감정과 태도

A6-1 **6-1 감정·느낌**

Let's Start Up!

주제에 맞는 단어와 예문을 학습해 보세요.

0001

哎①
āi

예 哎！算了，可能会更糟糕的。
에잇! 됐어요. 아마도 더 엉망이 될 거예요.

감 (놀람이나 불만을 나타내어) 어!, 에이!

Voca+
糟糕 zāo gāo 동 망치다, 엉망이 되다

哎②
āi

예 哎，我倒有个办法，你们大家看看行不行。
자, 내가 방법이 하나 있어. 너희들 좋은지 안 좋은지 봐봐.

감 (어떤 일을 일깨워주거나 주위를 환기시키는 뜻으로) 자, 저기

0002

唉
ài

예 唉，他病得这么重，怕是不行了。
아이고, 그의 병이 이렇게나 심하군요. 안 좋아질까 봐 걱정이에요.

감 아, 야, 아이고 [탄식 · 연민을 나타냄]

0003

爱惜
àixī

유의 珍惜 zhēnxī

예 经过这几次的灾难让我懂得了要更爱惜生命才可以。
몇 번의 재난은 나로 하여금 생명을 더 소중히 여겨야 한다는 것을 알게 해 주었다.

동 아끼다, 소중하게 여기다

0004

爱心
àixīn

예 爱心的力量使我战胜了疾病。
사랑하는 마음의 힘은 내가 질병을 이겨내도록 했다.

명 (인간이나 환경에 대한) 사랑하는 마음

0005

宝贵

bǎoguì

유의 珍贵 zhēnguì

예 国家为保护和保存这项宝贵的文化遗产做了很多工作。

국가는 이러한 귀한 문화유산을 보호하고 보존하기 위해 많은 일을 한다.

형 소중하다

Voca+
文化遗产 wénhuàyíchǎn 명 문화유산

0006

抱怨

bàoyuàn

유의 埋怨 mányuàn

반의 谅解 liàngjiě

예 对于现况的不满，不能只是抱怨，要有勇气作出改变。

현재의 불만에 대해 원망만 해서는 안 되고 용기를 가지고 바꿔야 한다.

동 원망하다

Voca+
不满 bùmǎn 명 불만 | 作出 zuòchū 동 (구체적으로 밖으로 나타나도록) 하다, 해내다

0007

不安

bù'ān

예 妈妈总是感到不安，不敢让女儿一个人出去玩儿。

엄마는 항상 불안해서 딸아이를 혼자 놀러 내보내질 못한다.

형 불안하다

0008

惭愧

cánkuì

반의 自豪 zìháo

예 我犯了一个很大的错误，这使得我在别人面前感到非常惭愧。

나는 큰 잘못을 저질러서 다른 사람 앞에서 매우 송구스러웠다.

동 부끄럽다, 송구스럽다

0009

操心

cāo xīn

예 我的学习不好，妈妈为了提高我的成绩不少操心。

내 성적이 좋지 않아서 엄마는 나의 성적을 향상시키기 위해 매우 걱정하신다.

동 걱정하다, 염려하다

0010

诚恳

chéngkěn

유의 恳切 kěnqiè

반의 虚伪 xūwěi

예 在承认错误时，应该表现得诚恳些。

잘못을 인정할 때는 반드시 진실되게 표현해야 한다.

형 진실하다

0011

嗯①

ǹg

예 嗯，知道了。

응, 알았어.

감 응, 그래

嗯②

ńg

예 嗯，很抱歉，我以为你是日本人。

어, 죄송합니다. 저는 당신이 일본인이라고 생각했습니다.

감 어 [의문을 나타냄]

嗯③

ňg

예 嗯，没有那么复杂吧!

에이, 그렇게 복잡하지는 않겠지요!

감 에이 [그렇지 않다거나 뜻밖임을 나타냄]

0012

发愁

fā chóu

예 生活中发愁的事多着呢，想开点儿。

생활 중에 머리 아픈 일이 많으니 좋게 생각하세요.

동 머리 아파하다, 고민하다

0013

感激

gǎnjī

예 他感激每位帮助过他的人。

그는 그를 도와준 모든 사람들에게 감격했다.

동 감격하다, 감사하다

0014

感受①
gǎnshòu

예 很多人一到韩国就可以感受到韩国人的热情。
많은 사람들이 한국에 오면 한국 사람들의 친절을 느낄 수 있다.

동 받다, 느끼다

感受②
gǎnshòu

예 看到他的变化，我的感受很复杂。
그의 변화를 보고 나의 마음은 복잡했다.

명 느낌, 마음

0015

感想
gǎnxiǎng

예 无论有何种感想，皆自由表达。
어떤 느낌이든지 간에 전부 다 자유롭게 말하세요.

명 감상

Voca+
皆 jiē 부 모두, 전부, 다

0016

哈
hā

예 在听完爸爸讲完那个笑话后我哈哈地笑了。
나는 아빠가 말씀하신 그 우스운 이야기를 다 듣고 나서 하하 웃었다.

감 하하 [크게 웃는 소리]

0017

恨
hèn

반의 爱 ài

예 爱让人成长，恨却使人活在痛苦中不能自拔。
사랑은 사람을 성장하게 하지만 미움은 사람으로 하여금 고통 속에서 벗어나지 못하게 한다.

명 미움 동 원망하다, 증오하다

Voca+
自拔 zìbá 동 (고통이나 악의 구렁텅이에서) 스스로 벗어나다

0018

怀念
huáiniàn

유의 思念 sīniàn
想念 xiǎngniàn

예 人长大了就会越来越怀念孩童时的天真单纯。
사람들은 성장한 후에 점점 어린 시절의 천진난만함을 그리워한다.

동 그리워하다

Voca+
孩童 háitóng 명 유아, 어린이, 아동

0019
灰心
huī xīn

예 我曾有过灰心的日子，于今一想，羞愧难当。

나는 일찍이 의기소침한 날들을 보냈는데, 지금 생각해보니 부끄러워 견딜 수 없다.

동 낙심하다, 의기소침하다

Voca+
羞愧 xiūkuì 형 부끄럽다, 창피하다 | 难当 nándāng 동 견디기(감내하기) 어렵다

0020
忽视
hūshì

유의 无视 wúshì

예 作为父母不能忽视孩子的心理教育，要多与他们交流。

부모로서 아이들의 심리 교육을 소홀히 해서는 안 되고 아이들과 많이 교류해야 한다.

동 경시하다

0021
寂寞
jìmò

예 寂寞的生活让他很痛苦。

고독한 생활은 그를 힘들게 한다.

형 외롭다

0022
可怕
kěpà

예 这件事情造成了可怕的影响。

이 일은 무서운 영향을 가져왔다.

형 두렵다, 무서워하다

0023
流泪
liú lèi

예 孩子总是用哭和流泪来发泄自己心中的委屈、不满。

아이는 늘 울음과 눈물을 흘리는 것으로 자기 마음속의 억울함과 불만을 표현한다.

동 눈물을 흘리다

Voca+
发泄 fāxiè 동 (불만·욕정 등을) 털어놓다, 쏟아 내다, 발산하다 | 委屈 wěiqu 명 억울함, 불평, 불만

0024

满足①

mǎnzú

예 妈妈的脸上露出了满足的表情。

엄마의 얼굴에 만족하는 표정이 드러났다.

형 만족하다

Voca+
露出 lùchū 동 드러내다, 노출시키다

满足②

mǎnzú

예 学校为了满足留学生的要求，决定组织大家去农村参观。

학교는 유학생의 요구를 만족시키기 위해, 농촌 참관을 가기로 결정했다.

동 만족시키다

0025

梦想①

mèngxiǎng

예 对于男朋友，她有很多的梦想。

남자친구에 대해 그녀는 많은 이상을 가지고 있다.

명 꿈, 몽상, 이상

梦想②

mèngxiǎng

예 我姐姐从小就梦想着能当一名歌手。

우리 언니는 어릴 때부터 가수가 되기를 간절히 바랐다.

동 갈망하다

Voca+
从小 cóngxiǎo 부 어린 시절부터, 어릴 때부터

梦想③

mèngxiǎng

예 你别梦想了。

당신 헛된 꿈을 꾸지 마세요.

동 망상에 빠지다, 헛된 생각을 하다

0026

念①

niàn

예 你是在念着谁呢?

당신은 누구를 그리워하고 있습니까?

동 생각하다, 그리워하다

念②

niàn

유의 读 dú

예 她念起课文来了。

그녀는 교과서를 낭독하기 시작했다.

동 (소리내어) 읽다, 공부하다

0027

盼望

pànwàng

유의 渴望 kěwàng
祈望 qíwàng

예 人们盼望着春暖花开的日子。

사람들은 꽃피는 봄을 간절히 바란다.

동 간절히 바라다, 희망하다

0028

佩服

pèifu

유의 钦佩 qīnpèi
敬佩 jìngpèi

예 他的智慧使周围的人很佩服。要不是他想出这样的办法来，肯定解决不了这些问题。

주위 사람들은 그의 지혜에 탄복했다. 만약 그가 이런 방법을 생각하지 않았더라면, 틀림없이 이 문제들을 해결할 수 없었을 것이다.

동 탄복하다, 감탄하다

0029

期待

qīdài

유의 期盼 qīpàn

예 大家期待着情况快一点儿改变。

모두들 상황이 빨리 변하기를 기대하고 있다.

동 기대하다

0030

亲爱

qīn'ài

예 亲爱的顾客，下午好！欢迎光临大华商场。

친애하는 고객 여러분, 안녕하세요! 저희 따화백화점을 찾아주셔서 감사합니다.

형 친애하다, 사랑하다

0031

情绪

qíngxù

유의 心情 xīnqíng

예 当这种渴望得不到满足时，就会出现情绪焦躁不安、抑郁等病状。

이 갈망이 충족되지 못했을 때는 정서불안, 우울 등과 같은 병적 증세가 나타날 것이다.

명 정서, 기분

Voca+

渴望 kěwàng 동 갈망하다, 간절히 바라다 | 焦躁不安 jiāozàobùān 초조하고 불안하다 | 抑郁 yìyù 형 (불만을 호소할 수 없어) 우울하다, 울적하다 | 病状 bìngzhuàng 명 병세, 증상

0032

热爱

rè'ài

유의 酷爱 kù'ài

반의 痛恨 tònghèn

예 她对祖国的热爱远远超出人们的想象。

조국에 대한 그녀의 뜨거운 사랑은 사람들의 상상을 훨씬 뛰어넘는다.

동 매우 좋아하다 명 뜨거운 사랑

Voca+

远远 yuǎnyuǎn 훨씬, 몹시

0033

忍不住

rěnbuzhù

예 我再也忍不住向他发了脾气。

나는 더 이상 참지 못하고 그에게 화를 냈다.

동 참을 수 없다, 견딜 수 없다

0034

舍不得

shěbude

예 我真舍不得你走。

네가 간다니 나는 정말 섭섭하다.

동 섭섭하다, (헤어지기) 아쉽다, 아깝다

0035

疼爱

téng'ài

예 她虽然身体瘦弱，但聪明伶俐，长辈疼爱她。

그녀는 비록 야위고 허약하지만 매우 총명해서 손윗사람이 그녀를 매우 사랑한다.

동 사랑하다

Voca+

瘦弱 shòuruò 형 여위고 허약하다 | 伶俐 línglì 형 (머리가) 영리하다, (말주변이) 뛰어나다

0036

痛快①

tòngkuai

유의 爽快 shuǎngkuai

예 成功之后，心理那股痛快劲儿就甭提了。

성공한 후의 그 통쾌한 기분은 말할 필요도 없다.

형 통쾌하다, 기분 좋다

Voca+

甭 béng 부 ~할 필요 없다, ~하지 마라

痛快②

tòngkuai

예 我只是想痛痛快快地哭一场。

나는 단지 한바탕 마음껏 울고 싶을 뿐이다.

형 마음껏 즐기다, 실컷하다

6 감정과 태도

0037

委屈①

wěiqū

예 无论如何我也不能让孩子感到委屈。

어쨌든 간에 나도 아이에게 억울함을 느끼게 할 수 없다.

형 억울하다, 분하다

委屈②

wěiqū

예 这回可真委屈你了，实在对不起。

이번에 당신을 억울하게 만들어서 정말 죄송합니다.

동 억울하게 하다, 억울한 일을 당하게 하다

0038

吓

xià

예 他吓得都不敢出门。

그는 놀라서 감히 밖을 나가지 못한다.

동 놀라다

0039

想念

xiǎngniàn

유의 怀念 huáiniàn

반의 忘却 wàngquè

예 年纪大了，他常常想念那个曾经生活过的小村子。

나이가 많아지니 그는 항상 예전에 살았던 그 작은 마을을 그리워한다.

동 그리워하다

0040

心理

xīnlǐ

예 多数心理问题都可以通过积极治疗得到控制。

대부분의 심리 문제는 적극적인 치료를 통해 통제할 수 있다.

명 심리, 마음

0041

欣赏①

xīnshǎng

예 很长很长时间，我没有机会看日出，而只能从书本上去欣赏。

나는 오랫동안 일출을 보러갈 기회가 없어서 책으로 감상할 수밖에 없었다.

동 감상하다

欣赏②

xīnshǎng

예 经理一直很欣赏他的能力。

사장은 줄곧 그의 능력을 마음에 들어했다.

동 좋아하다, 마음에 들다

0042

遗憾①

yíhàn

유의 遗恨 yíhèn

예 儿子找到个好工作，又成了家，我就没什么遗憾了。

아들이 좋은 직장을 찾고 결혼을 해서 나는 이제 어떤 아쉬움도 없다.

명 유감

遗憾②

yíhàn

예 对这种影响两国关系的做法，我们表示遗憾。

양국의 관계에 영향을 미치는 이러한 방법에 대해 우리는 유감을 표한다.

형 유감스럽다, 섭섭하다

0043

意外①

yìwài

예 如果持照人在国外旅行、居留期间发生意外危险，所在国首先必须按照其所持的护照，查明身份和国籍。

만약 본 여권을 지닌 자가 국외 여행 혹은 거류 기간 중에 의외의 사고가 발생한다면, 그 국가는 우선 소지한 여권에 따라 신분과 국적을 확인해야 한다.

형 의외의, 뜻밖의

意外②

yìwài

예 为避免发生意外，我们做了充分的准备。

의외의 사고가 발생하는 것을 피하기 위해 우리는 충분한 준비를 했다.

명 의외의 사고, 뜻밖의 사고

0044

愿望

yuànwàng

유의 心愿 xīnyuàn

예 她不喜欢勉强别人来实现自己的愿望。

그녀는 다른 사람들을 강요해서 자신의 꿈을 이뤄가는 걸 좋아하지 않는다.

명 희망, 소망

0045

在乎

zàihu

예 我不在乎这样的冷天。

나는 이런 추운 날씨도 개의치 않는다.

동 신경 쓰다, 개의하다 [주로 부정문 형태로 쓰임]

Tip 不在乎 búzàihu 마음에 두지 않다

满不在乎 mǎnbúzàihu 전혀 개의치 않다, 조금도 마음에 두지 않다

毫不在乎 háobúzàihu 조금도 마음에 두지 않다

0046

珍惜

zhēnxī

유의 爱惜 àixī

반의 浪费 làngfèi

예 他非常珍惜他们共同的宝贵记忆。

그는 그들과 함께한 아름다운 추억을 매우 소중히 여긴다.

동 아끼다, 소중히 여기다

0047

自豪

zìháo

반의 羞愧 xiūkuì

惭愧 cánkuì

예 我为韩国人而感到自豪。

나는 한국 사람이라는 것을 자랑스럽게 생각한다.

형 자랑스럽다

0048

尊敬

zūnjìng

유의 尊重 zūnzhòng

반의 轻视 qīngshì

예 尊敬老师是学生最基本的礼貌。

선생님을 존경하는 것은 학생의 가장 기본적인 예의이다.

동 존경하다

Chapter 6. 감정과 태도

A6-2 **6-2 판단·사고**

Let's Start Up!

주제에 맞는 단어와 예문을 학습해 보세요.

0001

参考
cānkǎo

예 把这本字典留在你手边，以便随时可以参考。
아무 때나 참고할 수 있도록, 이 사전을 너에게 둘게.

동 참고하다, 참조하다

Voca+
以便 yǐbiàn 접 ~(하기에 편리)하도록, ~하기 위해

0002

倒霉
dǎoméi

반의 走运 zǒuyùn
幸运 xìngyùn

예 今天太倒霉了，我丢了手机又丢了钱。
오늘 나는 너무 운이 없어서 휴대전화도 잃어버리고 또 돈도 잃어버렸다.

형 재수 없다, 운수 사납다

0003

否定①
fǒudìng

반의 肯定 kěndìng

예 他否定了我的说法，却说不出一个好的理由。
그는 나의 견해를 부정했지만 이유를 말하지 않았다.

동 부정하다

Voca+
说法 shuōfa 명 의견, 견해

否定②
fǒudìng

예 他对她皱眉，表达了否定的意思。
그가 그녀에게 얼굴을 찌푸리는 것은 부정적인 의미를 나타내는 것이다.

형 부정적이다, 부정의

Voca+
皱眉 zhòuméi 동 눈살을 찌푸리다, 얼굴을 찡그리다

0004
否认
fǒurèn

반의 承认 chéngrèn

예 由于我没有完成今天的任务，领导否认了我的工作能力。

내가 오늘 임무를 완성하지 못했기 때문에, 상사가 나의 업무 능력을 부정했다.

동 부인하다, 부정하다

0005
公平
gōngpíng

반의 不平 bùpíng

예 对于美国这种对待黑人和白人不公平的态度我十分厌恶。

미국의 흑인과 백인에 대한 이러한 불공평한 태도를 나는 굉장히 싫어한다.

형 공평하다, 공정하다

0006
合理
hélǐ

예 经过昨晚你的批评和教育，我觉得我这么做的确很不合理。

어젯밤의 너의 비평과 가르침 덕분에 나는 내가 이렇게 한 것이 확실히 합리적이지 않음을 알았다.

형 합리적이다

0007
假设①
jiǎshè

예 我们假设这消息是正确的。

우리는 이 소식이 정확하다고 가정하고 있다.

동 가정하다

假设②
jiǎshè

예 这些电视剧的情节都是假设的。

이 드라마들의 줄거리는 모두 꾸며낸 것이다.

동 꾸며내다, 날조하다

Voca+
情节 qíngjié 명 줄거리

假设③
jiǎshè

예 他总是愿意讨论各种假设的可能性。

그는 항상 각종 가설의 가능성에 대해 토론하고 싶어 한다.

명 가정, 가설

Voca+
可能性 kěnéngxìng 명 가능성

0008
讲究
jiǎngjiu

예 她做什么事儿，都最讲究诚实。
그녀는 어떤 일을 하든지, 성실함을 가장 중요시한다.

동 중요시하다

0009
角度
jiǎodù

예 每个人看问题的角度都不一样。
모든 사람은 문제를 보는 각도가 다르다.

명 각도, (문제를 보는) 각도

0010
记忆
jìyì

예 他有着极出色的记忆单词的能力。
그는 단어를 기억하는 대단히 뛰어난 능력을 가지고 있다.

동 기억하다

0011
决心①
juéxīn

유의 决计 juéjì, 决意 juéyì

예 他决心不对任何人讲出事情的真相。
그는 누구에게도 일의 진상을 알리지 않기로 결심했다.

동 결심하다

决心②
juéxīn

예 决心已定，就不要再动摇了。
이미 결심했으니 다시는 동요하지 말아라.

명 결심

Voca+
动摇 dòngyáo 동 동요하다, 흔들리다

0012
评价
píngjià

유의 评估 pínggū
估价 gūjià

예 读者给予这部小说很高的评价。
독자들이 이 소설에 대해 높은 평가를 해 주었다.

명 평가

Voca+
给予 jǐyǔ 동 주다, 부여하다

0013

启发

qǐfā

유의 启示 qǐshì, 启迪 qǐdí

예 教师的工作是启发学生自己去思考。

교사의 일은 학생이 스스로 사고하도록 일깨워주는 것이다.

동 일깨우다, 영감을 주다

0014

思考

sīkǎo

예 他的话提供给我们很多可以思考的问题。

그의 말은 우리에게 사고할만한 많은 문제를 제공했다.

동 사고하다

Voca+

提供 tígōng 동 제공하다

0015

思想

sīxiǎng

예 他确实是个天才，可是难以用语言表达他的思想。

그는 확실히 천재이다. 그러나 언어로 그의 사상을 나타내기는 어렵다.

명 생각, 견해, 사상

Voca+

难以 nányǐ 부 ~하기 어렵다, 곤란하다

0016

想象

xiǎngxiàng

유의 设想 shèxiǎng

반의 实际 shíjì

예 科学研究发现，灰尘的成分远比人们想象的复杂。

과학 연구 결과에 따르면 먼지의 성분은 사람들이 상상했던 것보다 훨씬 복잡하다.

동 상상하다 명 상상

Voca+

灰尘 huīchén 명 먼지 | 成分 chéngfèn 명 성분, 요소

0017

信任

xìnrèn

유의 相信 xiāngxìn

반의 怀疑 huáiyí

예 护士和她的病人之间建立了信任的关系。

간호사와 그녀의 환자들 간에 신뢰 관계가 형성되었다.

동 신임하다, 믿다

Voca+

建立 jiànlì 동 창설하다, 건립하다, 수립하다

0018

意义

yìyì

예 这样做不是没有意义的。

이렇게 하는 것이 의미가 없는 것은 아니다.

명 의의, 의미

0019

自觉

zìjué

예 我们自觉不自觉地模仿着我们所亲近或敬仰的人。

우리는 자각하든 자각하지 못하든 우리 가까이에 있거나 존경하는 사람을 모방하곤 한다.

동 자각하다, 스스로 느끼다

Voca+

模仿 mófǎng 동 모방하다, 본뜨다 | 敬仰 jìngyǎng 동 존경하고 사모하다, 공경하고 우러러보다

Chapter 6. 감정과 태도

A6-3 **6-3 태도·방식**

Let's Start Up!

주제에 맞는 단어와 예문을 학습해 보세요.

0001

表现①
biǎoxiàn

유의 表露 biǎolù

예 经理对他的表现做了客观的鉴定。

매니저는 그의 태도에 객관적인 평가를 했다.

명 태도, 품행

Voca+
鉴定 jiàndìng 명 평가, 감정

表现②
biǎoxiàn

예 这作品表现了父子、兄弟之间的情爱。

이 작품은 부자 간의 그리고 형제 간의 사랑을 표현한 것이다.

동 표현하다

0002

彻底
chèdǐ

예 经过老师和家长的鼓励，以前颓废的他彻底改变了。

선생님과 부모님의 격려를 통해, 이전에는 의기소침했던 그가 철저하게 변했다.

형 철저하다, 철저히 하다

Voca+
颓废 tuífèi 형 의기소침하다, 의욕이 없고 활기가 없다

0003

方式
fāngshì

예 中国人表达感情的方式比较内敛。

중국인들은 감정을 표현하는 방식이 비교적 내향적이다.

명 방식

Voca+
内敛 nèiliǎn 형 내성적이다, 내향적이다

0004

好客

hàokè

예 无论何时无论对谁他都是很好客的。

언제든지 누구에 대해서든지 간에 그는 손님 접대를 좋아한다.

형 손님 접대를 좋아하다, 손님을 좋아하다

Voca+

何时 héshí 명 언제, 어느 때

0005

看不起

kànbuqǐ

반의 看得起 kàndeqǐ

예 老师说我们不应该看不起学习不好的学生，他们也有自己的优点。

선생님께서는 성적이 좋지 않은 아이들도 그들의 장점이 있으므로 무시하면 안 된다고 우리에게 말씀하셨다.

동 무시하다, 경시하다

0006

片面

piànmiàn

반의 全面 quánmiàn

예 他的看法相当片面，其实这件事没那么简单。

그의 견해는 상당히 단편적이다. 사실 이 일은 그렇게 간단하지 않다.

형 일방적이다, 단편적이다

0007

谦虚

qiānxū

유의 谦逊 qiānxùn

반의 傲慢 àomàn

예 他过分谦虚，我不喜欢他。

그는 지나치게 겸손해서 나는 그를 좋아하지 않는다.

형 겸손하다

0008

巧妙

qiǎomiào

유의 精妙 jīngmiào

반의 拙劣 zhuōliè

예 博物馆的展览区设计得尤其巧妙。

박물관 전시 구역의 인테리어가 매우 정교하다.

형 정교하다

0009

轻视
qīngshì

유의 小看 xiǎokàn

반의 重视 zhòngshì

예 房里有不少轻视的眼光集中在他的身上。

방 안에 그를 무시하는 많은 눈빛이 그에게 집중되어 있다.

동 경시하다

Voca+
集中 jízhōng 동 집중하다

0010

善于
shànyú

유의 工于 gōngyú

예 她非常活跃，是个善于交际的人。

그녀는 성격이 매우 활발하고 교제를 잘하는 사람이다.

동 ~에 뛰어나다, 잘하다

Voca+
活跃 huóyuè 동 활발하다, 활기차다

0011

无所谓①
wúsuǒwèi

예 对我来说，在哪儿工作都无所谓。

나로 말하자면, 어디에서 일하든지 아무런 상관이 없다.

동 상관없다, 개의치 않다

无所谓②
wúsuǒwèi

예 这些材料无所谓有什么史料价值。

이 자료들이 어떤 역사 자료의 가치가 있다고는 할 수 없다.

동 ~라고 할 정도는 아니다, ~라 할 수는 없다

Voca+
史料 shǐliào 명 역사 자료, 사료

0012

消极①
xiāojí

반의 积极 jījí

예 他跟女朋友分手后对什么事情都很消极。

그는 여자친구와 헤어진 후에 모든 일에 소극적이다.

형 소극적이다, 의기소침하다

消极②
xiāojí

예 失业会对工作产生消极态度。

실업 상태는 일에 대한 부정적인 태도를 낳는다.

형 부정적이다

0013

孝顺

xiàoshun

반의 忤逆 wǔnì

예 父母为我白了头，我要孝顺父母一辈子。

부모님께서 나 때문에 연로해지셨으니 나는 부모님께 한평생 효도하려고 한다.

동 효성스럽다, 효도하다

Voca+
白头 báitóu 명 흰머리 [나이가 많이 든 것을 비유함]

0014

虚心

xūxīn

유의 谦虚 qiānxū

반의 骄傲 jiāo'ào

예 虚心使人进步，骄傲使人落后，我们应当永远记住这个真理。

겸손은 사람을 발전하게 하고 자만은 사람을 후퇴하게 한다. 우리는 이 진리를 영원히 기억해야만 한다.

형 겸손하다, 겸허하다

0015

犹豫

yóuyù

유의 犹疑 yóuyí

반의 坚定 jiāndìng

예 这么好的机会你还犹豫什么呢!

이렇게 좋은 기회를 너는 뭘 또 망설이니!

형 주저하다, 망설이다

0016

赞成

zànchéng

유의 同意 tóngyì

반의 反对 fǎnduì

예 我给他投了赞成他的一票。

나는 그에게 찬성의 한 표를 던졌다.

동 찬성하다

0017

专心

zhuānxīn

예 这个学生虽然学得慢，但是非常专心，集中精力跟老师学习。

이 학생은 비록 배우는 속도가 느리지만 매우 열심히 하고, 집중해서 선생님으로부터 배웠다.

형 열심히 하다, 전념하다

Voca+
精力 jīnglì 명 정력, 정신과 체력

1. 알맞은 단어를 고르세요.

보기 A. 宝贵 B. 可怕 C. 不安 D. 流泪 E. 热爱 F. 恨

① 눈물을 흘리다 ________ ② 불안하다 ________

③ 두렵다 ________ ④ 매우 좋아하다 ________

⑤ 원망하다 ________ ⑥ 소중하다 ________

2. 중국어의 뜻과 병음을 서로 연결하세요.

① 의기소침하다 •	• 满足 •	• huīxīn
② 부끄럽다 •	• 寂寞 •	• mǎnzú
③ 골치 아파하다 •	• 惭愧 •	• jìmò
④ 만족하다 •	• 发愁 •	• fāchóu
⑤ 외롭다 •	• 灰心 •	• cánkuì

3. 밑줄 친 부분에 적합한 단어를 쓰세요.

보기 A. 诚恳 B. 抱怨 C. 忽视 D. 感激 E. 爱惜 F. 操心

① 他________每位帮助过他的人。

② 在承认错误时，应该表现得________些。

③ 经过这几次的灾难让我懂得了要更________生命才可以。

④ 作为父母不能________孩子的心理教育，要多与他们交流。

⑤ 我的学习不好，妈妈为了提高我的成绩不少________。

⑥ 对于现况的不满，不能只是________，要有勇气作出改变。

1. 알맞은 단어를 고르세요.

보기 A. 念 B. 期待 C. 委屈 D. 疼爱 E. 吓 F. 忍不住

① 기대하다 ________ ② 놀라다 ________

③ 억울하다, 분하다 ________ ④ 사랑하다 ________

⑤ 참을 수 없다 ________ ⑥ 그리워하다 ________

2. 중국어의 뜻과 병음을 서로 연결하세요.

① 의외의, 뜻밖의 •	• 痛快 •	• yìwài
② 신임하다 •	• 信任 •	• yíhàn
③ 희망, 소망 •	• 遗憾 •	• tòngkuai
④ 통쾌하다, 기분 좋다 •	• 意外 •	• yuànwàng
⑤ 유감스럽다 •	• 愿望 •	• xìnrèn

3. 밑줄 친 부분에 적합한 단어를 쓰세요.

보기 A. 想念 B. 佩服 C. 欣赏 D. 盼望 E. 自豪 F. 尊敬

① 我为韩国人而感到________。

② ________老师是学生最基本的礼貌。

③ 人们________着春暖花开的日子。

④ 年纪大了，他常常________那个曾经生活过的小村子。

⑤ 很长很长时间，我没有机会看日出，而只能从书本上去________。

⑥ 他的智慧使周围的人很________，要不是他想出这样的办法来，肯定解决不了这些问题。

1. 알맞은 단어를 고르세요.

보기 A. 讲究 B. 参考 C. 否定 D. 合理 E. 假设 F. 启发

① 부정하다 ______ ② 일깨우다 ______

③ 참고하다 ______ ④ 중요시하다 ______

⑤ 가정하다 ______ ⑥ 합리적이다 ______

2. 중국어의 뜻과 병음을 서로 연결하세요.

① 의의 •	• 记忆 •	• wúsuǒwèi
② 상상하다 •	• 想象 •	• fǒurèn
③ 기억하다 •	• 无所谓 •	• yìyì
④ 개의치 않다 •	• 意义 •	• xiǎngxiàng
⑤ 부정하다 •	• 否认 •	• jìyì

3. 밑줄 친 부분에 적합한 단어를 쓰세요.

보기 A. 思考 B. 公平 C. 倒霉 D. 角度 E. 决心 F. 评价

① 读者给予这部小说很高的______。

② 每个人看问题的______都不一样。

③ 今天太______了，我丢了手机又丢了钱。

④ 他______不对任何人讲出事情的真相。

⑤ 对于美国这种对待黑人和白人不______的态度我十分厌恶。

⑥ 他的话提供给我们很多可以______的问题。

Chapter 7. 성질과 상태

A7-1 **7-1 모양·외모**

Let's Start Up!

주제에 맞는 단어와 예문을 학습해 보세요.

0001

薄①
báo

반의 厚 hòu

예 这么薄的玻璃一碰就碎了。
이렇게 얇은 유리는 건드리기만 하면 바로 깨진다.

형 얇다

Voca+
碰 pèng 동 건드리다, 만지다 | 碎 suì 동 깨지다

薄②
báo

예 有人说现在人情变薄了。
요즘 인정이 메말라졌다고 말하는 사람들이 있다.

형 (감정이) 냉담하다, 메마르다, 야박하다

薄③
báo

반의 浓 nóng

예 这味道太薄，我不想再吃。
맛이 너무 싱거워서 더 이상 먹고 싶지 않다.

형 진하지 않다, 옅다, 싱겁다

0002

表面
biǎomiàn

유의 外表 wàibiǎo
반의 里面 lǐmiàn

예 这张桌子表面很光亮，颜色也很好。
이 테이블은 표면이 반짝거리고 색도 예쁘다.

명 표면

Voca+
光亮 guāngliàng 형 환하게 빛나다

0003

表情

biǎoqíng

예 老师严厉地批评了她，她的表情看起来很沮丧。

선생님께서 심하게 그녀를 꾸짖으셔서 그녀의 표정이 풀이 죽어보였다.

명 표정

Voca+

沮丧 jǔsàng 형 낙담하다, 풀이 죽다

0004

丑

chǒu

반의 美 měi, 俊 jùn

예 她谈不上漂亮，甚至有点丑。

그녀는 예쁘다고 할 수 없고, 심지어 조금 못생겼다.

형 못생기다, 추하다, 나쁘다

0005

大型

dàxíng

반의 小型 xiǎoxíng

예 我家附近新开了一家大型商场，里面什么都卖。

우리 집 근처에 대형마트가 생겼는데 뭐든지 다 판다.

형 대형의

0006

宽①

kuān

반의 狭 xiá, 窄 zhǎi

예 公路在那个地方变宽了，变成了双车道。

도로가 그곳에서 넓어졌고, 이차선이 되었다.

형 넓다

Voca+

双车道 shuāng chē dào 명 이차선

宽②

kuān

반의 严 yán

예 对自己要严，对他人要宽。

자신에게는 엄격하고 다른 사람에게는 관대해야 한다.

형 관대하다, 너그럽다

宽③
kuān

예 现在经济发展了，人们的手头比过去宽多了。
지금은 경제가 발전해서 사람들의 경제 사정이 전보다 더 넉넉해졌다.

형 (생활이) 넉넉하다

Voca+
手头 shǒutóu 명 (개인의) 경제 상황, 주머니 사정

0007
广大①
guǎngdà

예 中国的国土面积广大。
중국의 국토 면적은 광대하다.

형 광대하다

广大②
guǎngdà

예 广大留学生积极参加了环保活动。
많은 유학생이 환경보호 활동에 적극 참가했다.

형 (사람 수가) 많다

0008
广泛
guǎngfàn

유의 广阔 guǎngkuò
宽广 kuānguǎng

예 在欧洲，健康保险和银行都在广泛使用智能卡。
유럽에서는 건강 보험과 은행에서 다 광범위하게 스마트 카드를 사용한다.

형 광범위하다

Voca+
智能卡 zhìnéngkǎ 명 스마트 카드

0009
光滑
guānghuá

유의 平滑 pínghuá

예 这地面非常光滑，可以当镜子用了。
이 바닥은 매우 반들반들해서, 거울로 사용할 수 있다.

형 반들반들하다

0010
豪华
háohuá

예 这些象征豪华奢侈生活方式的东西吸引着她。
이런 호화롭고 사치스러운 생활 방식을 상징하는 물건들이 그녀를 매료시켰다.

형 호화롭다, 사치스럽다

0011

结实①
jiēshi

예 用这种木头做的桌子很结实。
이 종류의 나무로 만든 탁자는 튼튼하다.
형 굳다, 견고하다, 튼튼하다

结实②
jiēshi

반의 虚弱 xūruò

예 他身上的肌肉非常结实，根本捏不动。
그의 근육이 매우 단단해서 꼬집을 수가 없다.
형 단단하다

Voca+
捏 niē 동 (엄지손가락과 다른 손가락으로) 집다, 잡다

0012

巨大
jùdà

유의 庞大 pángdà
반의 微小 wēixiǎo

예 巨大的经济差异，造成人们生活水平的不同。
큰 경제적 차이가 사람들의 생활 수준을 달라지게 한다.
형 거대하다, 크다

0013

均匀
jūnyún

유의 匀称 yúnchèn

예 他睡着了，呼吸得很均匀。
그가 잠이 들었는데 호흡이 고르다.
형 고르다, 균일하다

0014

苗条
miáotiao

예 请你告诉我一下如何保持身材苗条。
제게 당신이 어떻게 날씬한 몸매를 유지하는지 좀 알려주세요.
형 몸매가 날씬하다

0015

圈
quān

예 我画的圈不如你画的圆。
내가 그린 원은 네가 그린 원만큼 둥글지 않다.
명 원, 동그라미, 둘레, 주변

0016

特色①
tèsè

예 这部影片真正抓住了首尔的特色。

이 영화는 서울의 특징을 정말 잘 잡아냈다.

명 특색, 특징

Voca+
抓住 zhuāzhù 동 붙잡다, 움켜잡다, 매혹하다

特色②
tèsè

예 酒店的礼品店里备有上好的手工艺品和其他一些特色礼品。

호텔 기념품점에는 멋진 수공예품과 기타 독특한 선물들이 구비되어 있다.

형 독특한, 특별한

0017

斜
xié

유의 歪 wāi

반의 正 zhèng, 直 zhí

예 墙上的那幅画儿稍微挂斜了一点儿。

벽에 걸린 저 그림이 조금 비스듬하게 걸려있다.

형 기울다, 비스듬하다

0018

形状
xíngzhuàng

예 这个饼干的形状很像一些小动物。

이 비스켓의 모양이 작은 동물들 같다.

명 형태, 모양

0019

英俊
yīngjùn

예 现在他脸上有了很多皱纹，可是年轻时他很英俊。

지금은 그의 얼굴에 주름이 많지만, 젊었을 때는 멋졌다.

형 재능이 출중하다, 준수하다

0020

优美
yōuměi

예 古代诗人在这方面留下不少优美的诗句。

고대 시인은 이 방면에 많은 아름다운 시구를 남겼다.

형 우아하다, 아름답다

0021

圆①

yuán

반의 方 fāng

예 中秋的月亮一年中最圆、最亮。

추석의 달은 일 년 중 가장 둥글고, 가장 밝다.

형 둥글다

圆②

yuán

예 他做事很圆，各方面都能照顾到。

그는 일을 하는 것이 완벽해서 각 방면을 두루 살필 수 있다.

형 (말이나 일의 진행이) 순조롭다, 빈틈없다, 완전하다

圆③

yuán

예 老师在黑板上画了一个圆。

선생님께서 칠판에 동그라미를 그렸다.

명 원, 동그라미

0022

整齐

zhěngqí

반의 杂乱 záluàn

예 明天朋友要来家中聚会，他特意将家里收拾得很整齐。

내일 친구들이 집에 와서 모임을 가져서 그는 특별히 집을 깨끗이 정리했다.

형 깔끔하다, 가지런하다

0023

直①

zhí

반의 曲 qū, 弯 wān

예 山上长满了直直的松树。

산 위에 곧은 소나무들이 가득하다.

형 곧다

直②

zhí

예 你有什么话，就直说吧。

당신 무슨 할 말이 있으면, 솔직하게 말하세요.

형 솔직하다, 시원시원하다

直③

zhí

예 列车直达北京。

열차가 베이징에 바로 도착한다.

부 직접, 바로, 곧장

直④

zhí

예 他看着我直笑。

그는 나를 보며 끊임없이 웃었다.

부 줄곧, 끊임없이

0024

姿势

zīshì

유의 姿态 zītài

예 姿势不当会导致颈部疼痛、头痛和呼吸困难。

자세가 바르지 않으면 목과 머리가 아플 수도 있고, 호흡 곤란을 일으킬 수도 있다.

명 자세, 모양

Voca+

颈 jǐng 명 목 | 导致 dǎozhì 동 (어떤 사태를) 야기하다, 초래하다

7 성질과 상태

1. 알맞은 단어를 고르세요.

보기 A. 圆 B. 英俊 C. 优美 D. 巨大 E. 结实 F. 整齐

① 재능이 출중하다 ______ ② 둥글다 ______

③ 거대하다 ______ ④ 가지런하다 ______

⑤ 굳다, 견고하다 ______ ⑥ 우아하다 ______

2. 중국어의 뜻과 병음을 서로 연결하세요.

① 기울다, 비스듬하다 •	• 广泛 •	• kuān
② 넓다 •	• 形状 •	• xíngzhuàng
③ 광범위하다 •	• 宽 •	• zīshì
④ 자세, 모양 •	• 姿势 •	• xié
⑤ 형태, 모양 •	• 斜 •	• guǎngfàn

3. 밑줄 친 부분에 적합한 단어를 쓰세요.

보기 A. 薄 B. 表情 C. 豪华 D. 广大 E. 苗条 F. 光滑

① 地面非常______，可以当镜子一样用了。

② 这么______的玻璃一碰就碎了。

③ 中国的国土面积______。

④ 请你告诉我一下如何保持身材______。

⑤ 这些象征______奢侈的生活方式的东西吸引着她。

⑥ 在第三节的语文课上，老师严厉的批评了她，她的______看起来很沮丧。

Chapter 7. 성질과 상태

A7-2 **7-2 상태·색깔**

Let's Start Up!

주제에 맞는 단어와 예문을 학습해 보세요.

0001

暗
àn

유의 黑 hēi
반의 明 míng, 亮 liàng

예 天空的颜色很暗，估计要下雨。
하늘이 어두운 걸 보니 곧 비가 올 것 같다.

형 어둡다

0002

保险①
bǎoxiǎn

예 取得自己房屋最保险的方法就是买房子。
자신의 방을 얻는 가장 안전한 방법은 바로 집을 사는 것이다.

형 안전하다

保险②
bǎoxiǎn

예 一定要从财务状况良好的保险公司购买保险。
반드시 재무상태가 우량한 보험회사에서 보험 상품을 구매해야 한다.

명 보험

0003

必要①
bìyào

예 从小教育孩子诚信是必要的课程。
어릴 때부터 아이들에게 성실함을 가르치는 것은 반드시 필요한 과정이다.

형 필요하다

Voca+
诚信 chéngxìn 형 성실하다, 신용을 지키다

必要②
bìyào

예 这件事完全没有必要这样紧张。
이 일은 전혀 이렇게 긴장할 필요가 없다.

명 필요

0004

不得了

bùdéliǎo

예 他骄傲得不得了，尾巴翘到天上去了。

그는 너무 거만해서 꼬리가 하늘에 달렸을 정도다.

형 매우 심하다, 큰일 났다

Voca+
翘 qiào 동 (어떤 물건의) 한쪽 끝을 위로 들다(젖히다)

0005

不耐烦

búnàifán

예 朋友请你帮忙的时候，不要对他表现不耐烦的样子。

친구가 당신에게 부탁을 할 때, 귀찮아하는 모습을 보여서는 안 된다.

형 귀찮다, 성가시다

0006

不要紧

búyàojǐn

예 这次没有考好不要紧，下次考好就可以了。

이번에 시험을 못 봐도 괜찮다. 다음에 잘 보면 된다.

형 괜찮다, 문제없다

0007

不足

bùzú

예 由于考试准备不足，他的考试成绩并不理想。

시험 준비가 부족해서 그의 시험 성적은 결코 좋지 않다.

형 부족하다, ~할 가치가 없다

0008

吵

chǎo

예 我不希望我们俩吵架吵得不可开交。

나는 우리 두 사람이 계속 말다툼하는 것을 원하지 않는다.

형 시끄럽다, 떠들썩하다

Voca+
不可开交 bùkěkāijiāo 성 벗어날 수 없다, 빠져 나올 수 없다, 눈코 뜰 새 없다

0009

长途

chángtú

반의 短途 duǎntú

예 我们要去的地方很远，应该做好长途的一切准备。

우리가 가야할 곳은 멀어서, 장거리에 대한 모든 준비를 잘 해야 한다.

형 장거리의

0010
超级
chāojí

예 超级计算机价格昂贵。
슈퍼 컴퓨터의 가격은 매우 비싸다.
형 (규모 · 수량 · 질량 등이) 최상급의, 슈퍼급의

Voca+
昂贵 ángguì 형 비싸다

0011
潮湿
cháoshī

예 外面的空气潮湿而闷热。
바깥의 공기가 습하고 후덥지근하다.
형 습하다, 축축하다, 눅눅하다

Voca+
闷热 mēnrè 형 무덥다, 후덥지근하다

0012
成分①
chéngfèn

예 豆子的主要成分是蛋白质。
콩의 주요 성분은 단백질이다.
명 성분

成分②
chéngfèn

예 他是一个家庭成分很好的人。
그는 집안이 좋다.
명 출신, 출신 성분 [개인의 직업이나 주요 경력]

0013
充分①
chōngfèn

예 你的理由不够充分。
너의 이유는 충분하지 않다.
형 충분하다

充分②
chōngfèn

예 为了这件事的成功，我们应该充分准备。
이 일의 성공을 위해, 우리는 충분히 준비해야만 한다.
부 힘껏, 십분, 충분히

0014
臭
chòu
반의 香 xiāng

예 垃圾箱里冒出很臭的味。
쓰레기통 안에서 지독한 냄새가 난다.
형 (냄새가) 지독하다, 역겹다

Voca+
冒 mào 동 (밖으로) 내뿜다, 발산하다

0015
初级
chūjí

유의 初等 chūděng

예 我的汉语只是初级水平，还不能流利地说话。

나의 중국어(실력)는 겨우 기초 수준이어서 유창하게 말하지 못한다.

형 초급의

0016
出色
chūsè

유의 杰出 jiéchū

반의 一般 yìbān

예 我们今天看了一场出色的话剧，演员的演技特别好。

우리는 오늘 뛰어난 연극을 보았는데 배우들의 연기가 특히 좋았다.

형 특색 있다, 대단히 좋다

Voca+
话剧 huàjù 명 연극

0017
次要
cìyào

반의 主要 zhǔyào
首要 shǒuyào

예 完成作业时次要的关键是思考过程。

숙제를 완성할 때 부차적으로 중요한 것은 사고의 과정이다.

형 부차의, 다음으로 중요한

0018
匆忙
cōngmáng

유의 仓促 cāngcù
匆促 cōngcù

예 两个小时内完成这项工作是有点匆忙。

두 시간 내에 이 업무를 완성하는 것은 조금 촉박하다.

형 매우 바쁘다

0019
粗糙①
cūcāo

유의 毛糙 máocao

반의 平滑 pínghuá

예 随着年龄的增长，她的头发逐渐变粗糙了。

나이가 들어감에 따라, 그녀의 머리카락이 점점 거칠게 변했다.

형 (질감이) 거칠다, 매끄럽지 않다

粗糙②
cūcāo

예 由于没有时间不得不粗糙地制作完成了。
시간이 없었기 때문에 어쩔 수 없이 조잡하게 완성할 수밖에 없었다.
형 (일하는 데 있어) 서툴다, 조잡하다

0020
存在
cúnzài

반의 消亡 xiāowáng

예 这一工程存在着严重的质量问题。
이 공정에는 심각한 품질 문제가 있다.
동 존재하다

0021
淡①
dàn

반의 咸 xián

예 这个菜有点儿淡，放一点儿盐就更好吃。
이 음식은 조금 싱겁다. 소금을 조금 넣으면 더 맛있을 것 같다.
형 (맛이) 약하다, 싱겁다

淡②
dàn

반의 浓 nóng, 深 shēn

예 她今天打扮得有点淡。
그녀는 오늘 화장이 조금 연하다.
형 (색깔이) 연하다, 수수하다

淡③
dàn

예 我叫他，他只淡淡地答应了。
내가 그를 불렀는데, 그는 무덤덤히 대답했다.
형 무덤덤하다, 열정적이지 않다

淡④
dàn

예 这个店的生意红火过一阵，最近变得淡了。
이 상점의 영업이 잘 되었었는데 최근엔 잘 안 된다.
형 장사가 왕성하지 못하다, 불경기이다

Voca+
红火 hóng huo 동 번창하다, 번성하다

0022

单调
dāndiào

예 这件衣服的颜色太单调了，不太好看。

이 옷의 색이 너무 단조로워서 그다지 예쁘지 않다.

형 단조롭다

0023

等于
děngyú

예 他做了那么久但都没有用心，就等于没有做。

그는 그렇게 오랫동안 이 일을 했지만 제대로 하지 않아서, 하지 않은 것이나 다름없다.

동 (수량이) ~와 같다

0024

冻
dòng

예 你可以把牛奶冻起来，防止坏掉。

우유가 상하지 않게 하려면 얼려도 된다.

동 얼다

Voca+
防止 fángzhǐ 동 방지하다

0025

多余
duōyú

반의 不足 bùzú

예 我们必须把多余的人员精简掉。

우리는 반드시 잉여 인력을 정리해야 한다.

형 쓸데없는, 여분의

Voca+
精简 jīngjiǎn 동 간소화하다, 간결히 하다

0026

恶劣
èliè

반의 良好 liánghǎo

예 由于天气恶劣而推迟了十二小时启航。

날씨 악화로 인해 12시간 동안 출항이 연기되었다.

형 매우 나쁘다, 열악하다

Voca+
启航 qǐháng 동 (선박·비행기 등이) 출항하다

0027

良好
liánghǎo

반의 恶劣 èliè

예 我们应该从小保持良好习惯。

우리는 어릴 때부터 좋은 습관을 유지해야 한다.

형 양호하다, 좋다

Tip '良好'는 부사로도 쓰이는 '好'와 달리 형용사로만 씁니다. '良好'는 주로 뒤에 이음절 명사가 옵니다.

예 他真是一个好人。(O) 그는 정말 좋은 사람이다.
他真是一个良好人。(X)

0028

发达
fādá

반의 落后 luòhòu

예 发达国家比发展中国家有钱，国民的生活水平也比较高。

선진국은 개발도상국에 비해 부유하고, 국민의 생활 수준도 비교적 높다.

형 발달하다 동 발전시키다

0029

繁荣
fánróng

유의 繁华 fánhuá

반의 凋敝 diāobì

예 这两个国家之间的和睦友好有助于这一地区的繁荣。

이 두 나라 간의 화목과 우정은 이 지역의 번영에 도움이 된다.

형 번영하다, 번창하다 명 번영 동 번영시키다

Voca+
和睦 hémù 형 화목하다, 사이가 좋다

Tip '繁荣'과 '繁华'는 모두 '번영하다'라는 뜻을 가진 형용사로, '繁荣'은 구체적인 것과 추상적인 것을 다 형용할 수 있지만, '繁华'는 주로 도시, 거리 등과 같은 구체적인 것만을 형용합니다. 또한, '繁荣'은 명사와 동사로도 쓰이는데, 동사로 쓰일 때 뒤에 목적어와 보어가 올 수 있지만, '繁华'는 동사로 쓰이지 않아 목적어가 올 수 없습니다.

0030

干燥
gānzào

반의 湿润 shīrùn

예 东边是干燥的大陆性气候，冬季严寒。

동쪽은 건조한 대륙성 기후라서 겨울은 매섭게 춥다.

형 건조하다

Voca+
大陆性气候 dàlùxìng qìhòu 명 대륙성 기후 | 严寒 yánhán 형 아주 춥다

0031

高档
gāodàng

유의 高级 gāojí

반의 低档 dīdàng

예 这件衣服看起来很高档，应该很贵吧？

이 옷은 보아하니 아주 고급스러워요. 아주 비싸겠죠?

형 고급의

0032

高级
gāojí

반의 低级 dījí

예 他总是吃很高级的料理。

그는 늘 최고급 요리를 먹는다.

형 고급의

0033

个别①

gèbié

반의 普遍 pǔbiàn

예 有经验的人能够办事，也能够判断个别的问题。

경험이 있는 사람은 충분히 일을 처리할 수 있고, 개별적인 문제를 판단할 수도 있다.

형 개개의, 개별적인

个别②

gèbié

예 这种现象还真是挺个别的。

이런 현상은 정말 매우 드물다.

형 일부의, 극히 드문

0034

古典

gǔdiǎn

예 她长得非常古典，有一种独特的韵味。

그녀는 매우 고전적으로 생겨서, 일종의 독특한 우아함이 있다.

형 고전적인 명 고전

Voca+

韵味 yùnwèi 명 우아함

0035

固定

gùdìng

반의 流动 liúdòng

예 写文章没有固定的模式，自由地写就行。

글을 쓰는데 고정된 격식은 없다. 자유롭게 쓰면 된다.

형 고정되다, 불변하다

Voca+

模式 móshì 명 격식, (표준) 양식, 패턴

0036

过分

guòfèn

유의 过甚 guòshèn

반의 适当 shìdàng

예 我觉得你这样说很过分，我明明在很认真做事情。

저는 당신이 이렇게 얘기하는 것이 지나치다고 생각해요. 저는 분명히 열심히 일하고 있어요.

형 지나치다, 과분하다

0037

灰①

huī

예 这面墙的颜色是灰的。

이 벽의 색은 회색이다.

형 회색의

灰②
huī

예 家里很久没有人住，落满了灰尘。
집 안에 오랫동안 사람이 살지 않아, 먼지가 가득 쌓여 있다.

명 재, 먼지

0038
艰巨
jiānjù

유의 艰难 jiānnán

예 任务很艰巨，不过我相信他能应付自如。
임무가 어렵고 힘들지만, 그러나 나는 그가 거뜬히 해낼 수 있을거라고 믿는다.

형 어렵고 힘들다, 막중하다

Voca+
应付自如 yìngfùzìrú 성 거뜬히 상대하다, 일하는 게 침착하고 자유자재이다

0039
艰苦
jiānkǔ

유의 艰辛 jiānxīn
반의 安逸 ānyì

예 在土木工程中，桥梁设计是艰苦的脑力劳动。
토목 공사 중에서, 교량 설계는 어렵고 고달픈 정신 노동이다.

형 어렵고 고달프다

Voca+
桥梁 qiáoliáng 명 교량, 다리

0040
经典①
jīngdiǎn

예 这部小说堪称他最经典的一部。
이 소설은 그의 가장 뛰어난 한 편이라고 할 수 있다.

형 뛰어나다

Voca+
堪称 kānchēng 동 ~라고 할 만하다, ~라고 할 수 있다

经典②
jīngdiǎn

예 《天鹅湖》被奉为芭蕾舞剧的经典。
〈백조의 호수〉는 발레극의 경전으로 여겨진다.

명 경전

Voca+
天鹅湖 Tiān'éhú 명 백조의 호수 | 奉为 fèngwéi 동 ~로 삼다, ~로 여기다

0041
紧急
jǐnjí

유의 火急 huǒjí, 急迫 jípò

예 遇到任何紧急情况都要沉着，不要惊慌。
어떤 급한 일을 당하더라도 놀라지 말고 침착해야 한다.

형 긴급하다

Voca+
沉着 chénzhuó 형 침착하다 | 惊慌 jīnghuāng 형 놀라서 허둥지둥하다

0042

具体

jùtǐ

반의 概括 gàikuò
抽象 chōuxiàng

예 请你把每个人的分工具体说明一下，好吗？

당신이 각자가 맡은 일을 구체적으로 설명해 주세요.

형 구체적이다

0043

抽象

chōuxiàng

반의 具体 jùtǐ

예 爱情是抽象的，它永远摸不到、抓不住、看不见。

사랑은 추상적인 것이다. 그것은 영원히 만질 수도 없고, 잡을 수도 없고, 볼 수도 없다.

형 추상적이다

0044

可靠

kěkào

예 他是我们班最可靠的人，我们都很相信他。

그는 우리 반에서 가장 믿을만한 사람이다. 우리는 모두 그를 신뢰한다.

형 믿을 만하다, 확실하다

0045

刻苦

kèkǔ

예 为了为祖国服务，他刻苦钻研。

조국을 위해 복무하기 위해, 그는 고생하며 애를 쓰고 있다.

형 고생하다, 애쓰다

Voca+
钻研 zuānyán 동 깊이 연구(탐구)하다, 심혈을 기울이다

0046

空闲

kòngxián

유의 闲暇 xiánxiá
空暇 kòngxiá

예 秋天里庄稼收割以后农场有一段空闲时间。

가을에 농작물을 수확한 후 농장에는 한가한 시간이 좀 있다.

형 한가하다

Voca+
庄稼 zhuāngjia 명 (농)작물 | 收割 shōugē 동 (익은 농작물을) 거두다, 수확하다

0047

夸张①

kuāzhāng

예 他总是很夸张。

그는 언제나 과장해서 말한다.

형 과장(해서 말)하다

夸张②
kuāzhāng

예 现实主义的创作方法并不排斥艺术上的夸张。

현실주의의 창작 방법은 결코 예술상의 과장을 배격하지 않는다.

명 과장(법)

Voca+
排斥 páichì 동 배격하다, 배척하다

0048

烂
làn

예 我忘了把买来的豆腐放在冰箱，豆腐都烂了，不能吃了。

사 온 두부를 냉장고에 넣는 것을 잊어버려서 두부가 다 상했다. 먹을 수 없게 되었다.

형 부패하다, 썩다

0049

亮
liàng

유의 明 míng

반의 黑 hēi, 暗 àn

예 女生都喜欢闪闪发亮的东西。

여학생들은 모두 반짝반짝 빛나는 물건을 좋아한다.

형 밝다, 빛나다

Voca+
闪闪 shǎnshǎn 형 반짝반짝하다, 번쩍거리다, 깜박깜박하다

0050

面对
miànduì

예 面对游客人数的增加，一些旅游景点显然准备不足，条件设施都不能满足游客。

관광객 수의 증가에 직면해서, 일부의 여행지들은 확실히 준비가 부족하다. 조건들이나 여행 설비가 관광객들을 만족시키지 못한다.

동 직면하다, 대처하다

Voca+
显然 xiǎnrán 형 (상황이나 이치가) 명백하다, 분명하다

Tip '面对'는 이미 발생한 일이나 마주친 사람 또는 눈앞의 것을 가리킵니다. 아직 발생하지 않은 일이나 머지않아 마주칠 것을 가리킬 때는 '面临'이 쓰입니다.

예 他马上要面临出国了。(O)
他马上要面对出国了。(X)

예 他不敢面对现实。(O)
他不敢面临现实。(X)

0051

明确

míngquè

유의 鲜明 xiānmíng

반의 含糊 hánhu

예 老师明确告诉学生，每一课上课之前都必须预习生词。

선생님께서는 매 과의 새 단어를 수업 전에 반드시 예습하라고 학생들에게 분명하게 말씀하셨다.

형 분명하다

0052

明显

míngxiǎn

반의 隐晦 yǐnhuì
隐秘 yǐnmì

예 虽然没有明显的缺陷，但是也不是十全十美。

비록 뚜렷한 결함은 없지만, 완벽하지도 않다.

형 뚜렷하다, 현저하다

Voca+
缺陷 quēxiàn 명 결함, 결점

0053

密切

mìqiè

반의 疏远 shūyuǎn

예 从那天以后，我们的关系就更加密切了。

그날 이후로, 우리의 관계는 더욱 밀접해졌다.

형 밀접하다

0054

模糊

móhu

유의 含糊 hánhu

반의 分明 fēnmíng

예 对当时的事情，记忆已经模糊，想不起来了。

당시의 일에 대해 이미 기억이 분명하지 않아서, 생각나지 않는다.

형 분명하지 않다, 모호하다

Tip '**模糊**'와 '**含糊**'는 모두 '분명하지 않다'라는 뜻을 가지고 있습니다. '**模糊**'는 보고 듣고 말하는 것이 분명하지 않다는 것을 의미할 뿐 아니라 인상, 기억, 인식 등이 명확하지 않다는 것도 포함합니다. 이에 비해 '**含糊**'의 사용은 제한적인데, 말로 나타내는 뜻이 분명하지 않아 그 뜻을 이해하지 못하는 것을 나타낼 때만 씁니다.

예 我对这个事情的认识模糊。(O)
我对这个事情的认识含糊。(X)

0055

陌生

mòshēng

유의 生疏 shēngshū

반의 熟悉 shúxī

예 他们见面都不怎么说话，好像陌生人似的。

그들은 얼굴을 보고도 마치 모르는 사람처럼 별로 말을 하지 않는다.

형 생소하다, 낯설다

Tip '**陌生**'은 주로 사람에 대해서 낯설다는 것을 묘사하지만, '**生疏**'는 사람 이외에 어떤 기능이 능숙하지 않음을 나타내기도 합니다.

0056
嫩
nèn

반의 老 lǎo

예 我真羡慕她白嫩的皮肤。
나는 그녀의 희고 부드러운 피부가 정말 부럽다.

형 부드럽다, 연하다

0057
浓
nóng

반의 淡 dàn

예 他一喝这么浓的咖啡，就睡不着觉。
그는 이렇게 진한 커피를 마시면 잠을 못 잔다.

형 진하다

0058
疲劳
píláo

유의 疲倦 píjuàn, 疲乏 pífá

예 开车时间长了很容易疲劳。
운전 시간이 길어지면 피곤해지기 쉽다.

명 피로 형 피로하다

0059
平
píng

예 你前面的这条路很平，尽管向前走吧。
당신 앞의 이 길은 평평해요. 주저하지 말고 앞으로 가세요.

형 (높낮이가 없이) 평평하다,
(수량이나 상태 등이) 균등하다

Voca+
尽管 jǐnguǎn 부 얼마든지, 마음대로, 주저하지 않고

0060
平安
píng'ān

유의 安全 ānquán

예 我们平安地回到了家。
우리는 무사히 집에 돌아왔다.

형 평안하다, 무사하다

0061

平静
píngjìng

반의 兴奋 xīngfèn

예 根据官方消息，那个地方已经恢复了平静。

정부 당국의 소식에 의하면, 그곳은 이미 평온하게 회복되었다고 한다.

형 평온하다, 고요하다, (마음이) 차분하다

0062

迫切
pòqiè

유의 急迫 jípò, 急切 jíqiè

예 人们对环境保护的要求越来越迫切。

환경보호에 대한 사람들의 요구는 점점 절박해진다.

형 절박하다

0063

浅
qiǎn

반의 深 shēn

예 他的脸上流露出浅淡的哀愁。

그의 얼굴에 옅은 애수가 드러났다.

형 얕다, 좁다, 옅다

Voca+

流露 liúlù 동 (생각·감정을) 무의식 중에 나타내다, 무심코 드러내다 | 哀愁 āichóu 형 슬프다, 우수에 젖다, 애수에 잠기다

0064

强烈
qiángliè

유의 猛烈 měngliè

반의 轻微 qīngwēi

예 在夏天的时候北欧的阳光相对来说也不太强烈，天气也并不热。

여름에 북유럽의 햇빛은 상대적으로 말해 그다지 강렬하지 않고, 날씨도 결코 덥지 않다.

형 강렬하다

Tip '强烈'와 '猛烈'는 둘 다 '강렬하다'라는 뜻으로, '强烈'는 사람의 행위와 사물을 모두 수식할 수 있지만, '猛烈'는 주로 사물을 수식합니다.

0065

全面
quánmiàn

반의 片面 piànmiàn

예 这几种蔬菜的营养未必那么全面。

이 몇 가지 채소의 영양은 그렇게 전면적이라고는 할 수 없다.

형 전면적이다, 전반적이다

Voca+

未必 wèibì 부 반드시 ~한 것은 아니다, 꼭 ~하다고 할 수 없다

0066

青
qīng

예 他家新房的墙面是用青色涂的。

그의 새집 벽면은 파란색으로 칠했다.

형 파란색의

Voca+
涂 tú 동 바르다, 칠하다

0067

轻易①
qīngyì

예 他一旦作了决定就不会轻易更改。

그는 일단 결정하면 쉽게 바꾸지 않는다.

형 쉽다, 수월하다, 간단하다

轻易②
qīngyì

예 那不是轻易决定的事。

그것은 함부로 결정할 수 있는 일이 아니다.

형 제멋대로이다, 경솔하다, 함부로 하다

0068

确定①
quèdìng

유의 肯定 kěndìng
决定 juédìng

예 我需要的是确定的答复。

내가 필요한 것은 확실한 답변이다.

형 명확하다, 확정적이다

确定②
quèdìng

예 我们出发的时间已经确定了。

우리가 출발하는 시간은 이미 확정됐다.

동 명확히 하다, 확정하다

Tip '确定'과 '确认'은 '확정하다', '확인하다'의 뜻으로, '确定'은 대상이 추상적인 것일 수도 있고 구체적인 것일 수도 있습니다. 하지만 '确认'의 대상은 추상적인 것만 쓸 수 있습니다.

예 他的工作确定了。(O)
他的工作确认了。(X)

0069

缺乏
quēfá

유의 缺少 quēshǎo

예 我想研究中国文化，可是缺乏资料。

나는 중국 문화를 연구하고 싶은데, 자료가 부족하다.

동 모자라다

0070

弱

ruò

반의 强 qiáng

예 太极拳是以腰部为主的一项运动，非常适合身体很弱的中老年人锻炼。

태극권은 허리를 위주로 한 운동으로 신체가 허약한 중노년들의 신체 단련에 매우 적합하다.

형 약하다

0071

软

ruǎn

유의 柔 róu

반의 硬 yìng

예 小树的枝条很软。

어린 나무의 나뭇가지가 매우 연하다.

형 부드럽다, 연하다

0072

色彩①

sècǎi

예 他在画中总是使用鲜明的色彩。

그는 그림에 늘 선명한 색을 쓴다.

명 색채, 색깔

色彩②

sècǎi

예 他的小说政治色彩十分浓厚。

그의 소설은 정치색이 매우 짙다.

명 (개개인의) 성향, 편향

(사물의) 정서, 분위기, 경향

Voca+

浓厚 nónghòu 형 농후하다, 짙다

0073

深刻

shēnkè

예 他幽默潇洒的言谈，给我留下了深刻的印象。

그의 유머러스하고 시원스러운 말투는 나에게 깊은 인상을 남겼다.

형 (인상 · 정도가) 깊다

Voca+

潇洒 xiāosǎ 형 시원스럽다, 자유스럽고 얽매이지 않다, 거리낌이 없다

0074

神秘

shénmì

예 非洲是一片充满神秘色彩的土地。

아프리카는 신비한 색채가 충만한 땅이다.

형 신비롭다

0075

生长

shēngzhǎng

유의 成长 chéngzhǎng

예 这种品种的西红柿生长得比所有其他品种快。

이 품종의 토마토는 다른 어떤 품종보다 성장이 빠르다.

동 생장하다, 자라다, 성장하다

0076

湿润

shīrùn

반의 干燥 gānzào
干枯 gānkū

예 在春夏两季都要保持空气湿润。

봄과 여름 두 계절에는 공기를 습하게 유지해야 한다.

형 축축하다, 습윤하다

0077

熟练

shúliàn

유의 娴熟 xiánshú

반의 生疏 shēngshū

예 学外语时，生词重复的次数越多就越熟练。

외국어를 배울 때, 새 단어가 중복되는 횟수가 많을수록 더 능숙해진다.

형 능숙하다, 숙련되다

0078

舒适

shūshì

반의 艰苦 jiānkǔ

예 为了您的安全和健康，为了创造一个舒适的生活环境，这里禁止吸烟。

당신의 안전과 건강, 그리고 쾌적한 생활환경을 창조하기 위해, 이곳에서는 흡연을 금지하고 있습니다.

형 쾌적하다

0079

属于

shǔyú

예 他们的消费水平在北京属于中等。

그들의 소비 수준은 베이징에서 중간 정도에 속한다.

동 ~에 속하다, ~의 것이다

0080

烫①
tàng

예 水太烫了，凉一凉喝比较好。
물이 너무 뜨거우니 좀 식으면 마시는 것이 좋겠어요.

형 뜨겁다

烫②
tàng

예 别离蒸汽那么近，很容易烫伤的。
수증기에 그렇게 가깝게 있지 마세요. 화상을 입기 쉬어요.

동 (온도가 높은 물체 등에) 데다, 화상을 입다

Voca+
蒸汽 zhēngqì 명 수증기

烫③
tàng

예 皱了的衬衫我不穿，你快烫烫。
저는 구겨진 셔츠는 안 입을 거예요. 빨리 다려주세요.

동 다리다, 다림질하다

Voca+
皱 zhòu 명 주름

0081

通常
tōngcháng

유의 一般 yìbān
平常 píngcháng
반의 特殊 tèshū

예 通常，很多人认为灰尘的危害并不是很大。
일반적으로, 먼지가 별로 해롭지 않다고 생각하는 사람이 많다.

명 통상, 보통 형 보통이다, 일반적이다

Voca+
灰尘 huīchén 명 먼지 | 危害 wēihài 동 해를 끼치다 명 해, 위해

0082

痛苦
tòngkǔ

유의 难过 nánguò
반의 快乐 kuàilè

예 要是你是大夫或护士，微笑很重要，你的微笑能减轻病人的痛苦。
만약 당신이 의사이거나 혹은 간호사라면, 미소는 매우 중요하다. 당신의 미소는 환자의 고통을 경감시킬 수 있다.

형 고통스럽다 명 고통

0083

透明
tòumíng

예 卫生间安装了这种半透明的玻璃。
화장실에 이런 종류의 반투명 유리를 설치했다.

형 투명하다

0084
突出①
tūchū

반의 平凡 píngfán

예 妈妈也承认我的成绩很突出。
엄마도 내 성적이 매우 뛰어나다고 인정하신다.

형 두드러지다, 뛰어나다

突出②
tūchū

유의 冲破 chōngpò

예 战士们终于突出了敌人的包围。
전사들은 마침내 적의 포위망을 뚫고 나갔다.

동 뚫고 나가다, 돌파하다

Voca+
战士 zhànshì 명 전사 | 包围 bāowéi 명 포위망

突出③
tūchū

예 他的前额突出来了。
그의 이마는 툭 튀어나왔다.

동 돌출하다, 튀어나오다

0085
歪
wāi

반의 正 zhèng

예 他的鼻子看上去像是歪的。
그의 코는 보아하니 삐뚤어진 것 같다.

형 삐뚤다, 기울다

0086
完美
wánměi

예 单调的生活绝对称不上完美。
단조로운 생활은 결코 완벽하다고 할 수 없다.

형 완벽하다

0087
完善
wánshàn

예 新建的工厂设备很完善。
새로 지은 공장은 설비가 완벽하게 되어있다.

형 완벽하다, 완전하다

7 성질과 상태

0088

完整

wánzhěng

예 事实上，这种观点既不完整也不科学。

사실상, 이러한 관점은 완전하지도 않고, 과학적이지도 않다.

형 온전하다, 완전하다, 완전무결하다

0089

伟大

wěidà

반의 渺小 miǎoxiǎo

예 世宗大王是朝鲜时代最伟大的人物之一。

세종대왕은 조선 시대의 가장 위대한 인물 중 하나이다.

형 위대하다

0090

唯一

wéiyī

예 他错过了唯一的一次机会。

그는 유일한 한 번의 기회를 놓쳤다.

형 유일하다

0091

稳定

wěndìng

반의 波动 bōdòng

예 老年人渴望有一个更稳定、更可预见的未来。

노인들은 더 안정되고 예측 가능한 미래를 원한다.

형 안정되다, 진정되다

Voca+

渴望 kěwàng 통 갈망하다, 간절히 바라다

0092

温柔

wēnróu

반의 寒冷 hánlěng

예 肚子疼的时候，奶奶总是温柔地抚摸着我的肚子。

배가 아플 때 할머니께서는 언제나 부드럽게 내 배를 문질러주셨다.

형 다정하다, 부드럽다

Voca+

抚摸 fǔmō 통 어루만지다, 쓰다듬다

0093

无奈

wúnài

예 无奈也没办法。对他的决定，我可没办法改变。

안 되는 건 안 되는 거야. 그의 결정에 대해서는 정말이지 나도 바꿀 방법이 없어.

형 어찌할 수 없다

0094

无数
wúshù

예 经过无数次的失败，才有今天这样的成果。

셀 수 없이 많은 실패를 거쳐, 비로소 오늘의 이러한 성과가 있는 것이다.

형 무수하다, 셀 수 없다

0095

瞎①
xiā

유의 盲 máng

예 他眼睛已经瞎了很久了。

그는 앞을 못 본 지 이미 오래되었다.

동 눈이 보이지 않다, 실명하다

瞎②
xiā

예 别瞎嘟囔了，有什么好事说给大伙儿听听！

쓸데없이 소곤거리지 말고, 뭐 좋은 일이 있으면 모두에게 들려주세요!

부 함부로, 쓸데없이

Voca+
嘟囔 dūnang 동 (끊임없이) 중얼거리다, 투덜거리다

0096

享受
xiǎngshòu

예 我没有时间和精力享受业余生活。

나는 여가 생활을 즐길 시간과 기운이 없다.

동 향유하다, 누리다

0097

显然
xiǎnrán

예 对于刚开始学汉语的人来说，这本书显然是太难了。

처음 중국어를 배운 사람들에게 이 책은 확실히 너무 어렵다.

형 명확하다, 분명하다

0098

现实
xiànshí

유의 实际 shíjì

반의 理想 lǐxiǎng

예 把理想和现实完美结合起来，才能成为一个成功之人。

이상과 현실을 적절히 결합시켜야만 비로소 성공한 사람이 될 수 있다.

명 현실 형 현실적이다

0099

鲜艳
xiānyàn

반의 灰暗 huī'àn

예 无论到哪里我们都能看到鲜艳的彩虹。

어디에서든 우리는 선명한 무지개를 볼 수 있다.

형 선명하다

0100

幸运
xìngyùn

예 和这样帅的人面对面坐着，听他的话，你能不感到幸运吗?

이렇게 잘생긴 사람하고 마주 앉아서 그의 얘기를 듣는데, 당신은 운이 좋다고 생각하지 않을 수 있겠어요?

형 운이 좋다

0101

严肃
yánsù

예 升国旗唱国歌的时候，人们都严肃地站了起来。

국기가 올라가고 국가를 부를 때, 사람들은 엄숙하게 일어나기 시작했다.

형 엄숙하다

0102

一律①
yílǜ

예 我们一贯主张所有国家一律平等。

우리는 모든 국가는 한결같이 평등해야 한다고 일관되게 주장하고 있다.

형 일률적이다, 한결같다

一律②
yílǜ

유의 一概 yígài

예 出入校门，一律出示证件。

교문을 출입할 때 모두 신분증을 제시한다.

부 일률적으로, 예외없이, 모두

Voca+

证件 zhèngjiàn 명 (학생증·신분증 등의) 증명서, 증거 서류

0103

一致
yízhì

반의 分歧 fēnqí

예 这项提议得到了同学们的一致赞同。

이 건의는 급우들의 일치된 찬성을 얻어냈다.

형 일치하다

0104

硬
yìng

반의 软 ruǎn

예 面包放了好几天，变得又干又硬。

빵을 며칠 두었더니 마르고 딱딱해졌다.

형 딱딱하다, 단단하다

0105

拥挤
yōngjǐ

예 再向中央走是一大块广场，摆着许多摊子，拥挤着许多人。

가운데를 향해 계속 걸어가면 큰 광장이다. 많은 노점상들이 있고, 많은 사람이 붐비고 있다.

형 붐비다, 혼잡하다

Voca+
摊子 tānzi 명 노점

0106

悠久
yōujiǔ

유의 久远 jiǔyuǎn
长久 chángjiǔ

예 中国是一个有着五千年悠久历史的文明古国。每年都会有许多考古发现。

중국은 5천여 년의 유구한 역사를 지닌 문명국가이다. 매년 수많은 고고학 분야의 발견이 있다.

형 유구하다, 오래되다

Tip '悠久'과 '长久'는 비슷한 뜻이지만, '悠久'는 일반적으로 역사를 수식하는 데 쓰이고, '长久'는 시간을 수식하는 데 쓰입니다.

예 这是一个悠久的传统。(O)
这是一个长久的传统。(X)

예 这种关系不可能长久的。(O)
这种关系不可能悠久的。(X)

0107

有利
yǒulì

반의 有害 yǒuhài

예 医生说少量地喝一点酒有利于健康。

의사는 소량의 술을 마시는 것은 건강에 도움이 된다고 말한다.

형 유리하다

0108

优势
yōushì

반의 劣势 lièshì

예 中国队占有身高优势。

중국팀은 신장 면에서 우세를 차지하고 있다.

명 우세

0109
糟糕
zāogāo

예 最好的情况是他会成为一个残疾人，最糟糕的情况是他会死亡。

제일 좋은 경우라도 그는 장애인이 될 것이고, 가장 안 좋은 경우에는 사망할 수도 있다.

형 재수가 없다, 좋지 않다, 엉망이 되다

0110
整个
zhěnggè

예 这所学校学生的成绩果然排在整个地区的前列。

이 학교 학생 성적은 역시나 지역 전체에서 상위권을 차지했다.

형 전체의, 전부의

Voca+
前列 qiánliè 명 앞의 줄, (일이나 사업 등에 있어서의) 선두

0111
整体
zhěngtǐ

유의 总体 zǒngtǐ
반의 部分 bùfen, 个体 gètǐ

예 这十分有利于提高企业的整体竞争力。

이것은 기업의 전체 경쟁력을 높이는 데 매우 유리하다.

명 (한 집단의) 전체, 전부

0112
状态
zhuàngtài

예 要是比赛那天身体状态很好，就有拿冠军的可能。

만약 시합 당일 몸 상태가 좋으면, 우승을 할 가능성도 있다.

명 상태

0113
重大
zhòngdà

예 虽然有些重大的经费问题，这所学校一年来还是很成功的。

비록 중대한 비용문제가 있지만, 이 학교의 일년은 그래도 성공적이다.

형 중대하다, 무겁고 크다

Voca+
经费 jīngfèi 명 (사업·지출상의) 경비, 비용

0114
紫
zǐ

예 她喜欢紫色。因此很喜欢穿紫色的衣服。

그녀는 보라색을 좋아한다. 그래서 보라색의 옷을 입는 것을 매우 좋아한다.

형 자주색의, 보라색의

0115

自动①

zìdòng

유의 主动 zhǔdòng

반의 被动 bèidòng

예 看到我提了一个大箱子，他自动过来帮我提。

내가 큰 상자를 들고 있는 것을 보고, 그는 자발적으로 와서 나르는 것을 도와주었다.

부 자발적으로

Tip '自动'의 행위 주체는 사람일 수도 있고 물체일 수도 있지만, '主动'의 행위 주체는 일반적으로 사람입니다.

自动②

zìdòng

예 三年以后，这些临时工自动转成正式职工。

3년이 지나면, 이 임시 직원들은 자동으로 정식 직원으로 전환된다.

부 자동으로

自动③

zìdòng

예 这个车间的机器全部都是自动操作。

이 작업장의 기계는 전부 다 자동 조작이다.

형 자동의

0116

自由

zìyóu

예 晚上没有安排会议，大家可以自由活动。

저녁에 회의가 예정되어 있지 않아, 모두 자유롭게 활동할 수 있다.

명 자유 형 자유롭다

0117

醉

zuì

반의 醒 xǐng

예 我的酒量很小，喝一杯啤酒就醉了。

내 주량은 매우 작아서 맥주 한 잔만 마셔도 바로 취한다.

동 취하다

1. 알맞은 단어를 고르세요.

보기 A. 不足 B. 保险 C. 必要 D. 长途 E. 初级 F. 次要

① 초급의 ______ ② 다음으로 중요한 ______

③ 필요하다 ______ ④ 장거리의 ______

⑤ 안전하다 ______ ⑥ 부족하다 ______

2. 중국어의 뜻과 병음을 서로 연결하세요.

① 존재하다 •	• 臭 •	• chòu
② 매우 심하다 •	• 等于 •	• cúnzài
③ (수량이) ~와 같다 •	• 存在 •	• bùdeliǎo
④ 특색 있다 •	• 出色 •	• děngyú
⑤ (냄새가) 지독하다 •	• 不得了 •	• chūsè

3. 밑줄 친 부분에 적합한 단어를 쓰세요.

보기 A. 淡 B. 单调 C. 成分 D. 不要紧 E. 充分 F. 匆忙

① 豆子的主要______是蛋白质。

② 你的理由不够______。

③ 两个小时内完成这项工作是有点______。

④ 这次没有考好______，下次考好就可以了。

⑤ 这个菜有点儿______，放一点儿盐就更好吃。

⑥ 这件衣服的颜色太______了，不太好看。

1. 알맞은 단어를 고르세요.

보기 A. 良好 B. 繁荣 C. 高级 D. 干燥 E. 抽象 F. 多余

① 쓸데없는, 여분의 ______ ② 양호하다, 좋다 ______

③ 추상적이다 ______ ④ 번영하다, 번창하다 ______

⑤ 건조하다 ______ ⑥ 고급의 ______

2. 중국어의 뜻과 병음을 서로 연결하세요.

① 발달하다 •	• 艰苦 •	• fādá
② 고전적인 •	• 发达 •	• guòfèn
③ 지나치다 •	• 个别 •	• gèbié
④ 어렵고 고달프다 •	• 古典 •	• gǔdiǎn
⑤ 개개의, 개별적인 •	• 过分 •	• jiānkǔ

3. 밑줄 친 부분에 적합한 단어를 쓰세요.

보기 A. 可靠 B. 经典 C. 固定 D. 紧急 E. 粗糙 F. 高档

① 遇到任何______情况都要沉着，不要惊慌。

② 这件衣服看起来很______，应该很贵吧?

③ 写文章没有______的模式，自由得写就行。

④ 他是我们班最______的人，我们都很相信他。

⑤ 随着年龄的增长，她的头发逐渐变______了。

⑥ 这部小说堪称他最______的一部。

Chapter 7. 성질과 상태

A7-3 **7-3 성격·성질**

Let's Start Up!

주제에 맞는 단어와 예문을 학습해 보세요.

0001

悲观
bēiguān

반의 乐观 lèguān

예 并非每个人都对未来如此悲观。

모든 사람이 미래에 대해 그렇게 비관적인 것은 결코 아니다.

형 비관적이다, 부정적이다

0002

成熟
chéngshú

반의 幼稚 yòuzhì

예 我们已经是成人了，所以我们的思想也趋于成熟。

우리는 이미 성인이 되었고, 우리의 생각도 성숙해지고 있다.

형 성숙하다

Voca+

趋于 qūyú 동 ~로 향하다, ~로 기울어지다

0003

大方
dàfang

반의 小气 xiǎoqi
吝啬 lìnsè

예 他花钱很大方。

그는 돈을 시원시원하게 쓴다.

형 거침없다, 대범하다

0004

单纯
dānchún

유의 简单 jiǎndān

반의 复杂 fùzá

예 不能单纯看考分，要看全面素质。

단순히 점수만 봐서는 안 되고, 전체적인 소양을 봐야 한다.

형 단순하다, 오로지

0005

胆小鬼
dǎnxiǎoguǐ

유의 懦夫 nuòfū

예 我晚上不敢一个人睡觉，妈妈说我是胆小鬼。

나는 밤에 감히 혼자서 잠을 자지 못한다. 엄마는 내가 겁쟁이라고 하신다.

명 겁쟁이

Tip '鬼'는 '~같은 놈', '~꾼'이라는 뜻의 접미사로 주로 나쁜 의미로 쓰입니다.
酒鬼 술고래 / **烟鬼** 골초 / **小气鬼** 쩨쩨한 놈 / **讨厌鬼** 보기 싫은 놈, 짜증나는 놈

0006

地道
dìdao

예 他爱人做菜做得很好，她能做一手地道的广东菜。

그의 아내는 요리를 잘한다. 그녀는 제대로 된 광둥 요리를 만들 수 있다.

형 진짜의, 본 고장의

0007

逗①
dòu

예 这个人真逗，周围的孩子们不停地笑。

이 사람은 정말 재미있어서 주위의 아이들이 끊임없이 웃는다.

형 웃기다, 재미있다

逗②
dòu

예 别逗我玩了。

저를 놀리지 마세요.

동 놀리다, 약올리다

0008

独特
dútè

유의 奇特 qítè

예 请保持这里独特的氛围，不要破坏，好吗？

이곳의 독특한 분위기를 유지하고, 망가뜨리지 마세요. 알았어요?

형 독특하다

0009

疯狂
fēngkuáng

유의 猖狂 chāngkuáng

예 为了按时完成，他疯狂地工作。

제시간에 완성하기 위해, 그는 미친 듯이 일을 했다.

형 미치다, 실성하다

0010

乖
guāi

예 这老虎乖得简直就像是大的家猫。

이 호랑이는 매우 얌전해서 그야말로 마치 커다란 집고양이 같다.

형 얌전하다, 순하다

0011

过敏
guòmǐn

예 春天，很多人对花粉过敏，非常难受。

봄에는 많은 사람이 꽃가루 알레르기로 매우 괴로워한다.

형 과민하다, 알러지가 있다

Voca+
花粉 huāfěn 명 꽃가루, 화분

0012

好奇
hàoqí

예 我们不应该对每件事都好奇，那样不尊重别人的隐私。

우리는 모든 일에 대해서 지나치게 호기심을 가져서는 안 된다. 그것은 다른 사람의 사생활을 존중하지 않는 것이다.

형 호기심이 많다

Voca+
隐私 yǐnsī 명 개인의 사생활, 프라이버시

Tip 이 단어에서 '好'의 발음이 3성이 아니라 4성인 것에 주의하세요.

0013

慌张
huāngzhāng

반의 镇定 zhèndìng
沉着 chénzhuó

예 不管是谁碰到这种事都会慌张的。

누구든지 이런 일을 당하면 당황하게 마련이다.

형 당황하다, 허둥대다

0014

糊涂
hútu

반의 聪明 cōngming
清醒 qīngxǐng

예 他看起来糊涂，其实很聪明。

그는 보기에는 멍청해 보이지만, 실은 매우 똑똑하다.

형 어리석다, 멍청하다

0015

坚决
jiānjué

반의 迟疑 chíyí

예 我们应该坚决抵制这种不正当行为。
우리는 이 정당하지 못한 행위를 단호히 저지해야 한다.

형 단호하다, 결연하다

Voca+
抵制 dǐzhì 동 배척하다, 저지하다, 보이콧하다

0016

坚强
jiānqiáng

유의 顽强 wánqiáng

반의 软弱 ruǎnruò

예 他娶我姐姐是因为他认为她意志坚强，可以使他规规矩矩。
그가 우리 누나와 결혼한 것은 그녀가 의지가 굳고 강해서, 그가 모범적으로 살도록 할 수 있기 때문이다.

형 굳세다, 굳고 강하다

Voca+
规规矩矩 guīguījǔjǔ 형 정직하고 진실하다

0017

狡猾
jiǎohuá

유의 刁滑 diāohuá

반의 诚实 chéngshí

예 再狡猾的狐狸也逃不出猎人的手掌心。
아무리 교활한 늑대라도 사냥꾼의 손바닥에서 달아날 수 없다.

형 교활하다

Voca+
猎人 lièrén 명 사냥꾼 | 手掌心 shǒuzhǎngxīn 명 손바닥

0018

激烈
jīliè

유의 剧烈 jùliè

예 辩论会正在激烈地进行中，双方都很激动。
토론회가 격렬하게 진행 중이고, 쌍방이 모두 흥분했다.

형 격렬하다, 치열하다

0019

谨慎
jǐnshèn

유의 慎重 shènzhòng

반의 冒失 màoshi

예 我们做事应该小心、谨慎，不该粗心大意。
우리는 일을 하는 데 조심하고 신중해야지 경솔해서는 안 된다.

형 신중하다

Voca+
粗心大意 cūxīndàyì 성 부주의하다, 세심하지 못하다, 진지하지 못하고 경솔하다

0020

客观

kèguān

반의 主观 zhǔguān

예 请客观地看待这件事情，不要掺杂自己的私人感情。

이 일을 객관적으로 봐야지 자신의 개인 감정을 섞으면 안 됩니다.

형 객관적이다

Voca+

掺杂 chānzá 동 혼합하다, 뒤섞다, 섞이게 하다

0021

老实

lǎoshi

유의 诚实 chéngshí

반의 狡猾 jiǎohuá

예 他外表看起来很老实，没想到是个这么坏的人。

그는 겉보기에 매우 성실해 보여서, 이렇게 나쁜 사람일 거라고는 생각도 못했다.

형 성실하다, 솔직하다

0022

乐观

lèguān

반의 悲观 bēiguān

예 我们对待任何事情都应该保持开朗、乐观的态度。

우리는 어떤 일을 대하든지 다 즐겁고 낙관적인 태도를 유지해야 한다.

형 낙관적이다

0023

冷淡①

lěngdàn

예 她对我的态度有点冷淡。

나에 대한 그녀의 태도가 조금 냉담하다.

형 쌀쌀하다, 냉담하다

冷淡②

lěngdàn

예 遇到经济危机后生意很冷淡。

경제 위기를 맞이한 이후 장사가 부진하다.

형 부진하다, 불경기이다

Voca+

危机 wēijī 명 위기, 위험한 고비

0024

了不起
liǎobuqǐ

예 过了一会儿，他赞叹道，“那个系统真了不起。”

잠시 후에 그는 감탄하며 “그 시스템은 정말 대단해요.”라고 말했다.

형 뛰어나다, 굉장하다

Voca+
赞叹 zàntàn 동 감탄하여 찬양하다 | 系统 xìtǒng 명 계통, 시스템

0025

灵活
línghuó

유의 灵敏 língmǐn

반의 死板 sǐbǎn

예 吃得过多脑子会不灵活。

과식하면 머리의 활동이 둔해진다.

형 민첩하다, 똑똑하다

0026

魅力
mèilì

예 新疆姑娘的魅力无穷，能唱又能跳，还有一对美丽的大眼睛。

신쨩 아가씨의 매력은 무궁무진하다. 노래도 할 수 있고, 춤도 출 수 있고, 또 아름다운 큰 눈을 가지고 있다.

명 매력

0027

敏感
mǐngǎn

예 请不要拿这样敏感的问题开玩笑。

이런 민감한 문제로 농담하지 마세요.

형 민감하다

0028

能干
nénggàn

반의 无能 wúnéng

예 他个头儿高、块头儿大，既热情又能干。

그는 키도 크고 몸집도 좋으며 열정적이고 능력도 있다.

형 유능하다

Voca+
块头 kuàitóu 명 몸집, 덩치

0029

勤奋
qínfèn

유의 勤勉 qínmiǎn

반의 懒惰 lǎnduò

예 我还是要写作，而且要更勤奋地写作。

나는 그래도 글을 써야 하는데, 게다가 더 부지런히 써야 한다.

형 부지런하다

0030

亲切

qīnqiè

유의 亲近 qīnjìn

반의 冷漠 lěngmò

예 无论何时他的脸上总会露出亲切的微笑。

언제든지 간에 그의 얼굴에는 항상 친근한 미소가 드러난다.

형 친근하다, 친절하다

0031

热烈

rèliè

유의 猛烈 měngliè

예 表演刚结束，场内的观众就热烈地鼓掌。

공연이 막 끝나고, 장내의 관중이 바로 열렬하게 박수를 쳤다.

형 열렬하다

Tip '热烈'는 명사인 '热情'과 달리 형용사로만 쓰이고, 동사의 목적어로는 쓸 수 없습니다.

예 年轻人很有工作热烈。(X)
年轻人很有工作热情。(O)

0032

热心

rèxīn

반의 灰心 huīxīn

예 对于讲故事、听故事，我们似乎一向就不大热心。

이야기하고 이야기를 듣는 것에 대해 우리는 줄곧 그다지 적극적이지 않았던 것 같다.

동 열심히 하다, 적극적이다

Voca+

一向 yíxiàng 부 줄곧, 내내

0033

日常

rìcháng

예 现在我们日常生活中还存在着传统的生活方式。

현재 우리 일상생활 중에는 아직도 전통의 생활 방식이 남아 있다.

형 일상의, 일상적인

0034

傻

shǎ

유의 笨 bèn, 蠢 chǔn

반의 精 jīng

예 人家都以为她很傻，可她是一位善于帮助别人的好人。

사람들은 그녀가 어리석다고 생각하지만, 그녀는 다른 사람을 잘 도와주는 좋은 사람이다.

형 어리석다, 멍청하다

Voca+

善于 shànyú 동 ~을 잘하다, ~에 능숙하다

0035

善良

shànliáng

반의 狠毒 hěndú, 恶毒 èdú

예 有个朋友非常善良，几乎没人见过他生气。

매우 착한 친구가 하나 있는데, 그가 화내는 걸 본 사람은 거의 없다.

형 착하다

0036

生动

shēngdòng

반의 枯燥 kūzào
死板 sǐbǎn

예 他写的这篇作文又生动又真实。

그가 쓴 이 글은 생동감 있고 진실하다.

형 생동감있다

0037

实用

shíyòng

예 这样的家具虽然很漂亮但是不太实用。

이런 가구는 비록 예쁘긴 하지만, 그러나 그다지 실용적이지 않다.

형 실용적이다

0038

淘气

táoqì

유의 调皮 tiáopí

예 他父亲打他的屁股，因为他太淘气了。

그의 아버지는 그가 장난이 너무 심해서 엉덩이를 때렸다.

형 장난이 심하다, 성가시게 하다

Voca+
屁股 pìgu 명 엉덩이

0039

坦率

tǎnshuài

반의 隐讳 yǐnhuì

예 坦率地说，最近他们公司的情况很危险。

솔직히 말해, 최근 그의 회사 상황이 매우 위험하다.

형 솔직하다, 정직하다

0040

特殊
tèshū

유의 特别 tèbié
반의 一般 yìbān
平常 píngcháng

예 公司采取了这种特殊的措施，问题从而缓解下来了。
회사에서 이런 특별한 조치를 취함에 따라 문제는 해결되어 갔다.

형 특수하다, 특별하다

Voca+
措施 cuòshī 명 조치, 대책 | 缓解 huǎnjiě 동 (정도가) 완화되다, 호전되다

0041

特征
tèzhēng

유의 特点 tèdiǎn

예 今冬的主要气候特征中最突出的特点是气温比常年偏低、雨水偏多。
올 겨울의 주요 기후 특징 중 가장 두드러진 특징은 기온이 예년보다 지나치게 낮고, 강우량이 지나치게 많다는 점이다.

명 특징

0042

天真
tiānzhēn

예 你太天真了，竟会对他的话信以为真!
당신은 정말 순진하네요. 놀랍게도 그의 말을 진짜라고 여기는군요!

형 천진하다, 순진하다

0043

体贴
tǐtiē

예 他笑起来温和体贴，很迷人。
그가 웃으면 온화하고 자상해서, 매우 사람을 끈다.

형 자상하다

0044

相对
xiāngduì

반의 绝对 juéduì

예 价钱贵的自行车质量相对高一些。
가격이 비싼 자전거는 품질이 상대적으로 좀 높다.

형 상대적이다

0045

相关
xiāngguān

유의 相干 xiānggān

예 不少国家和地区都制定了相关法律和法规，禁止在室内或者公共场所吸烟。
많은 국가와 지역에서 관련 법률과 법규를 제정하여, 실내 혹은 공공장소에서의 흡연을 금지했다.

동 서로 관련되다

0046

相似
xiāngsì

유의 相像 xiāngxiàng

예 其实他俩的脸都很白，而且长得极相似。

실은 그 두 사람은 얼굴이 다 하얗고, 게다가 생긴 것도 매우 닮았다.

형 닮다, 비슷하다

0047

小气
xiǎoqi

유의 吝啬 lìnsè

반의 慷慨 kāngkǎi

예 别提他有多小气了，一杯咖啡都舍不得喝。

그가 얼마나 인색한지 말도 말아요. 커피 한 잔 마시는 것도 아까워한다니까요.

형 인색하다, 소심하다

0048

性质
xìngzhì

예 通过广告的种类，大概就可以推测这刊物的性质了。

광고의 종류를 통해 이 간행물의 성격을 대략 짐작할 수 있다.

명 성질

Voca+

推测 tuīcè 동 추측해 내다, 추론해 내다, 짐작하다

0049

迅速
xùnsù

유의 快速 kuàisù

반의 缓慢 huǎnmàn

예 你是怎么这么迅速扩大词汇量的呢?

당신은 어떻게 이렇게 빨리 어휘량을 늘린 건가요?

형 신속하다, 재빠르다

0050

勇气
yǒngqì

예 她没有勇气再在这凶恶的世间孤身奋斗了。

그녀는 이 험한 세상에서 다시 혼자 분투할 용기가 없었다.

명 용기

Voca+

凶恶 xiōng'è 형 흉악하다, 험하다, 아주 나쁘다 | 奋斗 fèndòu 동 (일정한 목적을 달성하기 위해) 분투하다

0051

语气

yǔqì

예 他的语气神态中流露出年轻人的朝气。

그의 말투와 표정, 태도에서 젊은이의 패기가 흘러나왔다.

명 말투, 어기, 억양

Voca+

朝气 zhāoqì 명 생기, 패기

0052

真实

zhēnshí

반의 虚假 xūjiǎ

예 真实的故事比虚假的小说还要奇妙。

논픽션이 허구의 소설보다 더 기묘하기도 하다.

형 진실하다 명 진실

0053

周到

zhōudào

유의 周全 zhōuquán

예 他们为我们花费了不少的时间和精力，他们想得周到、做得自然。

그들은 우리를 위해 많은 시간과 정력을 소비했다. 그들은 주도면밀하게 생각하고, 자연스럽게 일을 했다.

형 주도면밀하다, 세심하다, 꼼꼼하다

Tip '周到'의 '到'는 제4성과 경성으로 모두 발음할 수 있습니다.

0054

主动

zhǔdòng

반의 被动 bèidòng

예 今天我主动和我喜欢的男生告白，但是他拒绝了我。

오늘 나는 내가 좋아하는 남학생에게 내가 먼저 고백을 했는데, 그가 나를 거절했다.

형 능동적이다, 자발적이다

Voca+

告白 gàobái 동 고백하다 | 拒绝 jùjué 동 (부탁·의견·선물 등을) 거절하다, 거부하다

0055

自私

zìsī

반의 无私 wúsī

예 他有时又是一个自私卑鄙的老绅士。

그는 어떨 때는 또 이기적이고 괴팍한 노신사이다.

형 이기적이다

Voca+

卑鄙 bēibǐ 형 (언행·인품이) 비열하다, 괴팍하다, 졸렬하다

0056

作为①

zuòwéi

예 学生食堂的卫生问题将被作为这次讨论的重点。

학생 식당의 위생 문제가 이번 토론의 중점이 될 것이다.

동 ~로 삼다, ~로 여기다

作为②

zuòwéi

예 作为国家领导人，自己一个人单独外出是极其不安全的。

국가지도자로서, 혼자 단독으로 외출하는 것은 매우 안전하지 못하다.

개 ~로서

作为③

zuòwéi

예 我要看见他的作为。

나는 그의 행위를 지켜볼 것이다.

명 행위

1. 알맞은 단어를 고르세요.

보기 A. 坚决 B. 地道 C. 疯狂 D. 慌张 E. 狡猾 F. 好奇

① 진짜의, 본고장의 ________ ② 미치다, 실성하다 ________

③ 호기심이 많다 ________ ④ 교활하다 ________

⑤ 당황하다, 허둥대다 ________ ⑥ 단호하다, 결연하다 ________

2. 중국어의 뜻과 병음을 서로 연결하세요.

① 낙관적이다 •	• 单纯 •	• bēiguān
② 비관적이다 •	• 乐观 •	• lèguān
③ 독특하다 •	• 悲观 •	• dútè
④ 단순하다 •	• 坚强 •	• dānchún
⑤ 굳고 강하다 •	• 独特 •	• jiānqiáng

3. 밑줄 친 부분에 적합한 단어를 쓰세요.

보기 A. 逗 B. 胆小鬼 C. 糊涂 D. 过敏 E. 灵活 F. 成熟

① 吃得过多脑子会不________。

② 我们已经是成人了，所以我们的思想也趋于________。

③ 这个人真________，周围的孩子们不停地笑。

④ 他看起来________，其实很聪明。

⑤ 我晚上不敢一个人睡觉，妈妈说我是________。

⑥ 春天，很多人对花粉________，非常难受。

Chapter 8. 행위와 동작

A8-1 **8-1** 행위 ①

Let's Start Up! 주제에 맞는 단어와 예문을 학습해 보세요.

0001
爱护
àihù

유의 保护 bǎohù
반의 破坏 pòhuài

예 她爱护小动物。
그녀는 작은 동물을 아끼고 보살핀다.

동 아끼고 보살피다

Tip '**爱护**'는 아끼고 보호하려는 태도와 감정을 주로 말하고, '**保护**'는 그런 감정에 구체적인 조치와 행동이 더해진 것을 나타냅니다.

0002
安慰
ānwèi

유의 慰藉 wèijiè
抚慰 fǔwèi

예 再大的失败，只要有朋友在身边安慰和鼓励，我们都会振作。
아무리 큰 실패도 곁에서 위로해주고 격려해주는 친구가 있다면, 우리는 모두 분발할 수 있다.

동 위로하다, 위안하다

Voca+
振作 zhènzuò 동 진작시키다, 활기를 찾다, 분발하다

0003
安装
ānzhuāng

반의 拆卸 chāixiè

예 他给电脑重新安装了程序。
그는 컴퓨터에 프로그램을 새로 설치했다.

동 (기계 등을) 설치하다

Voca+
程序 chéngxù 명 (컴퓨터) 프로그램

Tip '**安**'과 '**安装**'은 모두 '설치하다', '장치하다'라는 뜻을 가지지만 '**安**'은 구어에서, '**安装**'은 서면어에서 주로 쓰입니다.

0004
熬夜
áoyè

예 医生建议，即使在节假日人们也不应该熬夜。
의사는 설령 휴일이라도 사람들이 밤을 새지 말아야 한다고 권한다.

동 밤새다, 철야하다

Voca+
节假日 jiéjiàrì 명 (법정) 명절과 휴일

0005

保存
bǎocún

유의 保留 bǎoliú

반의 销毁 xiāohuǐ

예 他十几年前送我的照片，我还好好地保存着。
그가 십여 년 전에 나에게 준 사진을 나는 아직도 잘 보존하고 있다.

동 보존하다

0006

报道①
bàodào

유의 报导 bàodǎo

예 各报都报道了这一消息。
각 신문은 모두 이 뉴스를 보도했다.

동 (뉴스 등을) 보도하다

报道②
bàodào

예 报道说今天的天气很不好，所以尽量少出门。
뉴스에서 오늘 날씨가 좋지 않으니 가급적 외출하지 말라고 했다.

명 (뉴스 등의) 보도

Voca+
尽量 jǐnliàng 부 가능한 한, 되도록

0007

报到
bàodào

예 所有来宾必须到接待处报到。
모든 귀빈들은 반드시 프런트에서 도착 신고를 해야 한다.

동 도착했음을 보고하다, 도착 신고를 하다

Voca+
接待处 jiēdàichù 명 프런트

0008

报告
bàogào

예 这份报告与先前那份报告不可比，因为数据分解方法不同。
이 보고서는 예전의 그 보고서와 비교할 수가 없다. 왜냐하면 데이터 분석 방법이 다르기 때문이다.

동 보고하다 명 보고, 보고서

Voca+
数据 shùjù 명 데이터

0009

包含
bāohán

유의 包括 bāokuò
含蕴 hányùn

예 每一个物体都包含了很多种物质，化学就是研究这种物质的。

모든 물체는 다 여러 가지의 물질을 포함하고 있는데, 화학은 바로 이러한 물질을 연구하는 것이다.

동 포함하다

Tip '包含'의 대상은 추상적인 것만 될 수 있으며, '包括'의 대상은 사람일 수도 있고 사물일 수도 있습니다.

예 这句话包括两层意思。(O)
这句话包含两层意思。(O)
这项活动全校都参加了、包括老师。(O)
这项活动全校都参加了、包含老师。(X)

0010

保留
bǎoliú

유의 保存 bǎocún
반의 撤消 chèxiāo

예 我还保留着很久以前用过的东西。

나는 아주 오래 전에 사용했던 물건들을 아직도 보관하고 있다.

동 보존하다, 보류하다

0011

包括
bāokuò

반의 除外 chúwài

예 大家都要去，当然也包括你们了。

모두 다 가야 한다. 당연히 당신들도 포함해서 말이다.

동 포함하다, 포괄하다

0012

辩论
biànlùn

유의 争论 zhēnglùn
争辩 zhēngbiàn

예 他们正在辩论那项立法案是否适当。

그들은 그 입법안이 적절한지 부적절한지를 논쟁하고 있다.

동 논쟁하다

0013

表达
biǎodá

예 他要学会怎样用语言和肢体语言来表达自己的情感。

그는 어떻게 언어와 바디랭귀지를 사용하여 자신의 감정을 표현할 지 배우려고 한다.

동 (사상 · 감정 등을 말로) 표현하다

Voca+
肢体 zhītǐ 명 사지, 몸 | 情感 qínggǎn 명 감정, 느낌

0014

表明
biǎomíng

유의 标明 biāomíng

예 他的表情明显地表明他要辞职。

그의 표정은 그가 사직하려고 한다는 것을 분명하게 나타내고 있다.

동 분명히 나타내다, 표명하다

0015

避免
bìmiǎn

예 为了避免发生这种误会，你应该事先说明。

이런 오해가 발생하는 것을 피하기 위해, 당신은 사전에 설명해야만 해요.

동 피하다

0016

补充
bǔchōng

유의 补足 bǔzú

반의 缩减 suōjiǎn

예 我在上课的时候帮另外一个同学补充了问题的答案。

나는 수업할 때 다른 학우가 문제의 답을 보충하는 것을 도와줬다.

동 보충하다

0017

采访
cǎifǎng

예 我很荣幸地采访了一位影响力很大的人物。

나는 영광스럽게도 매우 영향력이 큰 인물을 인터뷰했다.

동 취재하다, 인터뷰하다

Voca+
荣幸 róngxìng 형 영광스럽다

0018

采取

cǎiqǔ

유의 采用 cǎiyòng

예 对于不同的事，我们要采取不同的办法。

다른 일에 대해서는 우리는 각각 다른 방법을 채택해야 한다.

동 채용하다, 채택하다

0019

参与

cānyù

유의 参加 cānjiā

예 感谢大家参与了这次竞赛。

이번 대회에 참가해주신 여러분께 감사드립니다.

동 참여하다, 참가하다

0020

抄

chāo

예 请把这份表格抄一份给我，要快。

이 서식 한 부를 베껴서 저에게 주세요. 빨리요.

동 베끼다, 표절하다

0021

称

chēng

예 我们称他为教授，这说明他还是有学识的。

우리는 그를 교수라고 부르는데, 이것은 그가 역시 학식이 있다는 것을 설명한다.

동 부르다, 일컫다

Tip '称'과 '叫'는 모두 '~라고 부르다'라는 뜻을 나타내는데, '称'은 주로 서면어에서 쓰이고, '叫'는 주로 구어에서 쓰입니다. 그 사람과 어떤 관계인지를 나타낼 때 쓰는 '叫'와 달리 '称'은 말하는 사람과 상대방 사이에 쓰인 명칭이 확실한 관계가 아니라 임의적인 호칭을 가리킬 때 주로 쓰입니다.

예 **他称我为姐姐。** 그는 나를 누나라고 부른다.
[친누나가 아니라, 아는 누나 즉 손윗사람을 말함]
他叫我姐姐。 그는 나를 누나라고 부른다. [친누나]

0022

承受

chéngshòu

유의 禁受 jīnshòu

예 做人要学会承受，承受每一个困难，这样才能变成强者。

사람은 견디는 것을 배워야 한다. 모든 어려움을 견뎌내야만 비로소 강자가 될 수 있다.

동 받아들이다, 견뎌내다

0023

承担

chéngdān

유의 承当 chéngdāng

예 这是你出的主意，所以现在你就要承担一切后果。

이것은 당신이 제출한 아이디어이니, 이제 당신이 모든 결과를 책임져야 합니다.

동 감당하다, 부담하다, 책임지다

Tip '承担'은 부담이나 책임 등을 감당할 때 쓰이고, '承受'는 손해나 고통 등을 받을 때 쓰입니다.

예 我一直害怕承担责任。(O)
我一直害怕承受责任。(X)

예 他一个人承受了所有的痛苦。(O)
他一个人承担了所有的痛苦。(X)

0024

称呼

chēnghu

유의 称号 chēnghào

예 在中国怎么互相称呼朋友的父母才好呢?

중국에서는 친구의 부모님을 어떻게 호칭해야 좋을까요?

동 ~라고 부르다 명 명칭

0025

成立

chénglì

예 我们公司今天成立了，这激动人心的时刻我永远都会记得。

우리 회사가 오늘 설립되었다. 이 감격스러운 순간을 나는 영원히 기억할 것이다.

동 성립하다, 설립하다

0026

承认

chéngrèn

유의 认可 rènkě

반의 否认 fǒurèn

예 做了错事要勇于承认，这样才不会被别人嘲笑。

잘못했을 때 용감하게 인정해야 한다. 그래야만 비로소 다른 사람들의 비웃음을 사지 않는다.

동 승인하다, 인정하다

Voca+

勇于 yǒngyú 동 용감하게 ~하다

1. 알맞은 단어를 고르세요.

보기 A. 爱护 B. 采访 C. 保存 D. 表明 E. 参与 F. 补充

① 보존하다 ________ ② 보충하다 ________

③ 참여하다, 참가하다 ________ ④ 분명히 나타내다 ________

⑤ 아끼고 보살피다 ________ ⑥ 인터뷰하다 ________

2. 중국어의 뜻과 병음을 서로 연결하세요.

① ~라고 부르다 •	• 保留 •	• chénglì
② 베끼다, 표절하다 •	• 表达 •	• bǎoliú
③ 표현하다 •	• 称 •	• biǎodá
④ 보존하다, 보류하다 •	• 成立 •	• chāo
⑤ 성립하다, 설립하다 •	• 抄 •	• chēng

3. 밑줄 친 부분에 적합한 단어를 쓰세요.

보기 A. 避免 B. 采取 C. 辩论 D. 包含 E. 承担 F. 安慰

① 再大的失败，只要有朋友在身边________和鼓励，我们都会振作。

② 每一个物体都________了很多种物质，化学就是研究这种物质的。

③ 他们________那项立法案的得或失。

④ 为了________发生这种误会，你应该事先说明。

⑤ 这是你出的主意，所以现在你就要________一切后果。

⑥ 对于不同的事，我们要________不同的办法。

Chapter 8. 행위와 동작

A8-2 **8-2 행위 ②**

Let's Start Up!

주제에 맞는 단어와 예문을 학습해 보세요.

0001

称赞

chēngzàn

유의 称誉 chēngyù

반의 责备 zébèi

예 老师称赞我作业做得好，并奖励给我一个本子。

선생님께서 숙제를 잘했다고 나를 칭찬하시고, 또 상으로 나에게 공책을 주셨다.

동 칭찬하다, 찬양하다

0002

沉默

chénmò

예 我沉默了很久，因为遇到的一些事是我无法解决的。

나는 오랫동안 침묵했다. 왜냐하면 맞닥뜨린 몇 가지 일들은 내가 해결할 방법이 없었기 때문이다.

동 침묵하다

0003

吃亏

chī kuī

예 现在有很多人只想着怎么去占便宜，没有人想吃亏的。

현재 많은 사람이 어떻게 우위를 차지할 지에 대해서만 생각하지 아무도 손해를 보고 싶어하지 않는다.

동 손해를 보다

Voca+

占便宜 zhàn piányi 동 유리한 조건을 가지다, 우세를 차지하다, 유리하다

0004

持续

chíxù

유의 继续 jìxù

반의 中断 zhōngduàn

예 这种天气还要持续很长一段时间，所以大家要注意保暖。

이런 날씨가 또 한동안 지속될 것이므로, 모두들 보온에 주의해야 한다.

동 지속하다

0005
重复
chóngfù

유의 反复 fǎnfù

예 她在脑海里重复了事件发生的顺序。

그녀는 머리 속에서 사건이 발생한 순서를 반복했다.

동 중복되다, 반복하다

Voca+
脑海 nǎohǎi 명 머리, 뇌리, 생각

0006
充满
chōngmǎn

예 我的生活充满了激情，我热爱生活，热爱每一个人。

내 생활은 열정으로 충만하다. 나는 생활을 사랑하고, 모든 사람을 사랑한다.

동 가득 퍼지다, 충만하다, 넘치다

Voca+
激情 jīqíng 명 격정, 열정적인 감정

Tip '充满'은 반드시 목적어를 가져야 하며, 구체적인 사물 이외에 추상명사도 목적어로 쓸 수 있습니다. 그러나 부정(否定) 형식으로는 잘 쓰지 않습니다.

0007
传播
chuánbō

유의 流传 liúchuán
传布 chuánbù

예 病毒的传播速度很快，为了我们的身体健康我们需要采取一些措施。

바이러스의 전파 속도는 매우 빠르다. 우리의 건강을 위해 우리는 조치를 취해야 한다.

동 전파하다

Voca+
病毒 bìngdú 명 병원체, (컴퓨터) 바이러스

0008
出版
chūbǎn

예 那家出版社出版了一篇关于环境保护的文章，得到了好评。

그 출판사는 환경 보호에 관한 글을 출판해서 호평을 받았다.

동 출판하다

0009
处理
chǔlǐ

유의 办理 bànlǐ

예 我想知道你是怎样处理好这件事的。

저는 당신이 이 일을 어떻게 처리했는지 알고 싶어요.

동 처리하다, 해결하다

0010

刺激

cìjī

예 玩过山车，让所有的人都感觉很刺激，同时也很害怕。

롤러코스터를 타는 것은 모든 사람에게 스릴을 느끼게 하는 동시에 무서움을 느끼게 한다.

동 자극하다, 북돋우다

Voca+
过山车 guòshānchē 명 롤러코스터

0011

从事

cóngshì

예 我从事的是会计行业，认真仔细是我们干好工作的条件。

내가 종사하고 있는 것은 회계업이다. 성실함과 꼼꼼함이 우리가 일을 잘 할 수 있는 조건이다.

동 종사하다

0012

催

cuī

예 他催我快回家，可是当时我还逗留在学校。

그는 나에게 빨리 집에 돌아가라고 재촉했으나 그때 나는 아직 학교에 머무르고 있었다.

동 재촉하다, 촉진하다

0013

促进

cùjìn

반의 阻碍 zǔ'ài

예 国家的发展促进了我们生活水平的提高。

국가의 발전은 우리 생활 수준의 향상을 촉진시켰다.

동 촉진시키다, 재촉하다

0014

促使

cùshǐ

예 和朋友的竞争，促使我学习越来越努力。

친구와의 경쟁이 나로 하여금 점점 더 열심히 공부하도록 부추겼다.

동 ~하도록 재촉하다

0015

达到

dádào

예 他表面上对你很热情友好，其实他只是想要达到自己的目的。

그는 겉으로 보기에는 당신에게 친절하고 친한 것 같지만, 실은 그는 단지 자신의 목적을 달성하고 싶어하는 것뿐이다.

동 달성하다, 도달하다

0016
呆①
dāi

예 他只在北京呆了几年就变成一个京油子了。

그는 베이징에 몇 년 머물렀을 뿐인데 벌써 베이징 뺀질이가 되었다.

동 머무르다

Voca+
京油子 jīngyóuzi 명 베이징 뺀질이, 세상 물정에 밝은 베이징 사람

呆②
dāi

유의 笨 bèn, 痴 chī

예 他呆呆地坐在那里一个小时，一动不动。

그는 멍하게 그곳에 한 시간을 앉아서, 꼼짝도 하지 않았다.

형 멍청하다, 멍하다

0017
代表①
dàibiǎo

예 作为学校代表，我要参加全国比赛。

학교 대표로서, 나는 전국 대회에 참가할 것이다.

명 대표

代表②
dàibiǎo

예 很多花都代表了不同的意义，比如玫瑰代表爱情。

많은 꽃들은 모두 다른 의미를 나타낸다. 예를 들어 장미는 사랑을 대표한다.

동 대표하다

Voca+
玫瑰 méigui 명 장미

0018
代替
dàitì

예 用这种物质代替那一种物质也是行得通的。

이 물질로 저 물질을 대체하는 것도 통할 수 있다.

동 대체하다, 대신하다

Voca+
行得通 xíngdetōng 동 실행할 수 있다, 통할 수 있다

0019
挡
dǎng

예 "谁站在窗口挡着亮光了？"姐姐头也不抬地问道。

"누가 창가에 서서 햇빛을 막고 있는거지?" 언니는 고개도 들지 않고 물었다.

동 막다, 차단하다

0020

担任
dānrèn

예 他在这部新电视剧中担任主角。

그는 이 새 드라마에서 주역을 맡았다.

동 맡다, 담임하다

Voca+
主角 zhǔjué 명 주연, 주역, 주인공

0021

耽误
dānwù

유의 延误 yánwù
耽延 dānyán

예 今早的雨确实耽误了我通勤的时间。

오늘 아침의 비가 확실히 내 통근 시간을 지체시켰다.

동 시간을 허비하다, 지체하다

Voca+
通勤 tōngqín 동 통근하다

0022

当心
dāngxīn

예 外面有点冷，当心着凉。

밖이 조금 추우니 감기 조심하세요.

동 조심하다, 주의하다

0023

到达
dàodá

유의 抵达 dǐdá
반의 出发 chūfā

예 通过一天的颠簸路程，我终于到达了目的地。

하루 종일 흔들리는 길을 거쳐서, 나는 드디어 목적지에 도착했다.

동 도착하다

Voca+
颠簸 diānbǒ 동 (위아래로) 흔들리다, 요동하다

0024

打听
dǎting

유의 探听 tàntīng

예 我打听了这么多年，终于找到他了。

나는 여러 해 동안 알아본 끝에, 드디어 그를 찾았다.

동 물어보다, 탐문하다

0025

答应
dāying

유의 应许 yīngxǔ

반의 拒绝 jùjué

예 请你不要答应他刚才对你说的话，他不是可靠的人。

그가 방금 당신에게 한 말을 승낙하지 마세요. 그는 믿을만한 사람이 아니에요.

동 대답하다, 승낙하다

0026

登记
dēngjì

예 想要进去找人，你必须先得登记一下你的姓名。

사람을 찾으러 들어가려면, 먼저 당신의 이름을 등록해야 한다.

동 한번 등록하다, 기입하다

0027

等待
děngdài

유의 等候 děnghòu

예 我以焦急的心情等待考试的结果。

나는 초조한 심정으로 시험 결과를 기다린다.

동 기다리다

Voca+
焦急 jiāojí 형 초조하다, 조급해하다

Tip '等待'의 대상은 구체적인 것일 수도 있고, 추상적인 것일 수도 있으나, '等候'의 대상은 일반적으로 구체적인 것입니다.

예 等待周末来临。(O)
等候周末来临。(X)

0028

递
dì

예 麻烦您递给我一杯水，可以吗?

번거로우시겠지만 저에게 물 한 잔 주시겠어요?

동 건네주다, 전달하다

0029

度过
dùguò

예 去年是我度过的最难熬的一段时间，可是我还是熬过来了。

작년은 내가 보낸 가장 견디기 어려운 시간이었으나 나는 그래도 견뎌 내왔다.

동 보내다, 지내다

Voca+
熬 áo 동 (통증·생활고 등을) 참다, 인내하다, 견디다

Tip '度过'는 주로 뒤에 시간을 나타내는 목적어가 옵니다.

예 我们度过了一个美好的春节。 우리는 멋진 설을 보냈다.

0030

对比①
duìbǐ

예 他在演讲中对比了两种不同的经济制度。
그는 강연 중에 두 종류의 다른 경제 제도를 비교했다.
동 대비하다, 비교하다

对比②
duìbǐ

예 今年新生的男女人数对比是一比二。
올해 신입생들의 남녀 수의 비율은 1 대 2이다.
명 비율

0031

对待
duìdài

유의 看待 kàndài

예 对待每件事都要很认真，这样你才会做好这件事。
모든 일에 대해서 열심히 해야 한다. 그래야만 비로소 이 일을 잘 끝낼 수 있다.
동 상대하다, 대응하다

0032

独立
dúlì

반의 依赖 yīlài

예 我们都会长大的，所以现在要慢慢地学会独立，学会自己生活。
우리는 모두 어른이 될 것이므로 지금은 천천히 독립하는 것을 배워야 하고, 스스로 생활하는 것을 배워야 한다.
동 독립하다

0033

躲藏
duǒcáng

예 我觉得他最近一直在躲藏什么，不让我看见。
내 생각에는 그가 요즘 계속 뭔가 숨기는 것 같다. 나에게 보여주지 않는다.
동 숨기다, 숨다

0034

多亏
duōkuī

예 多亏今天有人帮我，要不这么多工作我真的做不完。
오늘 나를 도와주는 사람이 있어서 다행이다. 그렇지 않았으면 이렇게 많은 일을 나는 정말 끝내지 못했을 것이다.
동 은혜를 입다, ~덕분이다 부 다행히

0035

发表
fābiǎo

예 他在网上发表的一篇关于经济的文章得到了好评。
그가 인터넷에 발표한 경제에 관한 글은 호평을 받았다.
동 발표하다, 선포하다

0036
发挥
fāhuī

유의 发扬 fāyáng

예 每到考试的时候他都发挥得很好，所以他总是名列前茅。

매번 시험 때, 그는 실력을 잘 발휘했다. 그래서 그는 언제나 상위권에 있다.

동 발휘하다

Voca+
名列前茅 mínglièqiánmáo 성 성적이 상위권에 있다, 석차가 수석이다

0037
罚款
fá kuǎn

유의 罚金 fájīn

예 他把车停在路边被警察看到后遭到了罚款。

그는 차를 길가에 세웠다가 경찰에게 들켜서 벌금을 물었다.

동 벌금을 물리다 명 벌금

Voca+
遭 zāo 동 (불행이나 불리한 일을) 당하다, 겪다

0038
发明
fāmíng

유의 创造 chuàngzào

예 爱迪生发明了好多东西，为我们的生活带来了好多便利。

에디슨은 많은 물건을 발명해서, 우리의 생활에 많은 편리함을 가져다 주었다.

동 발명하다 명 발명

Voca+
爱迪生 Àidíshēng 명 에디슨

Tip '发明'은 '원래 세상에 없는 것을 창조하다'라는 뜻이고, '发现'은 '원래 세상에 있는 사물 또는 규율을 보거나 찾다'라는 뜻을 가지고 있습니다.

0039
发言
fā yán

예 我希望他此后慎重发言。

나는 그가 이후에는 신중하게 발언하기를 바란다.

동 발표하다, 발언하다 명 발표, 발언

0040
反复
fǎnfù

유의 重复 chóngfù

예 老师反复地强调了好几遍的问题，我还是记得很清楚。

선생님께서 여러 번 반복해서 강조한 문제를 나는 아직도 분명하게 기억하고 있다.

동 반복하다

0041

反映
fǎnyìng

예 梦可以反映你的真实感情。

꿈은 당신의 진실된 감정을 반영하기도 한다.

동 반영하다 명 반영, 보고

0042

反应
fǎnyìng

유의 反响 fǎnxiǎng

예 你知道他听到这个消息时怎么反应吗?

그가 이 소식을 들었을 때 어떻게 반응했는지 당신은 아나요?

동 반응하다 명 반응

0043

妨碍
fáng'ài

유의 阻碍 zǔ'ài

반의 协助 xiézhù

예 他妨碍了我们的工作，请让他走吧。

그는 우리의 일을 방해하고 있어요. 그를 보내세요.

동 방해하다

Tip '妨碍'의 대상은 업무, 학습, 활동 등 비교적 작은 일이고, '阻碍'는 인류 사회 또는 역사 발전 등 중대한 일이 대상일 때 씁니다.

예 你最好不要妨碍别人。[비교적 작은 일]
环境的破坏阻碍社会发展。[비교적 큰 일]

0044

分布
fēnbù

예 这种植物分布在从加拿大到墨西哥的广大地区。

이 식물은 캐나다에서 멕시코에 이르는 넓은 지역에 분포한다.

동 분포하다

Voca+
加拿大 Jiānádà 명 캐나다 | 墨西哥 Mòxīgē 명 멕시코

0045

分手
fēn shǒu

예 分手时，她由于痛苦而失声大哭。

헤어질 때 그녀는 괴로워서 대성통곡했다.

동 헤어지다, 이별하다

0046

分配
fēnpèi

예 领导今天给我分配的任务我还没有完成，所以不得不加班。

사장님이 오늘 나에게 임무를 분배해 주었는데 아직 완성하지 못했다. 따라서 야근을 할 수밖에 없다.

동 분배하다

0047

分析
fēnxī

유의 剖析 pōuxī

반의 综合 zōnghé

예 他有做侦探的潜质，每次分析事情都很到位。

그는 탐정이 될 소질이 있다. 매번 사건을 분석하는 것이 다 딱 맞아떨어진다.

동 분석하다

Voca+
侦探 zhēntàn 명 탐정, 스파이 | 到位 dàowèi 형 딱 들어맞다, 매우 제격이다, 적절하다, 훌륭하다

0048

奋斗
fèndòu

예 我们应当团结一切力量，为了建设美好的祖国而奋斗。

우리는 단결해서 힘을 모아, 아름다운 조국을 건설하기 위해 분투해야 한다.

동 분투하다

0049

讽刺
fěngcì

유의 挖苦 wāku

반의 赞扬 zànyáng

예 虽然他的话很平淡，但我能听出讽刺的意思。

비록 그의 말은 평범했지만, 나는 풍자하는 의미를 알아챌 수 있었다.

동 풍자하다

Voca+
平淡 píngdàn 형 보통이다, 평범하다, 그저 그렇다

0050

复制
fùzhì

예 我想复制一把我房间的钥匙以备急用。

나는 급히 쓸 때를 대비해서 내 방 열쇠를 한 개 복제했다.

동 (문물 · 예술품 등을) 복제하다

0051

概括
gàikuò

유의 综合 zōnghé

반의 具体 jùtǐ

예 请对这件事进行概括，简单说明。

이 일의 진행에 대해 요약해서 간단히 설명해 주세요.

동 개괄하다, 요약하다

1. 알맞은 단어를 고르세요.

보기 A. 承认 B. 重复 C. 达到 D. 出版 E. 从事 F. 代表

① 달성하다 ________ ② 종사하다 ________

③ 대표하다 ________ ④ 중복되다 ________

⑤ 출판하다 ________ ⑥ 승인하다 ________

2. 중국어의 뜻과 병음을 서로 연결하세요.

① 반영하다 •	• 当心 •	• duìdài
② 조심하다, 주의하다 •	• 对待 •	• fǎnyìng
③ 발표하다, 선포하다 •	• 反映 •	• dāngxīn
④ 벌금을 물리다, 벌금 •	• 罚款 •	• fákuǎn
⑤ 상대하다, 대응하다 •	• 发表 •	• fābiǎo

3. 밑줄 친 부분에 적합한 단어를 쓰세요.

보기 A. 称赞 B. 传播 C. 呆 D. 促进 E. 处理 F. 吃亏

① 老师________我作业做得好，并奖励给我一个本子。

② 现在有很多人只想着怎么去占便宜，没有人想________的。

③ 病毒的________速度很快，为了我们的身体健康我们需要采取一些措施。

④ 我想知道你是怎样________好这件事的。

⑤ 国家的发展________了我们生活水平的提高。

⑥ 他只在北京________了几年就变成一个京油子了。

Chapter 8. 행위와 동작

A8-3 **8-3** 행위 ③

Let's Start Up!

주제에 맞는 단어와 예문을 학습해 보세요.

0001
干活儿
gàn huór

예 大家都在干活儿，就你一个人什么也不做。
모두들 다 일을 하고 있는데, 당신 혼자만 아무것도 하지 않네요.
동 일하다

0002
搞
gǎo
유의 作 zuò, 做 zuò

예 这项设计花费了半年工夫才搞出来。
이 설계는 반 년의 시간을 들여 겨우 나온 것이다.
동 하다, 처리하다

Tip '搞'는 여러 가지 동사가 가진 의미를 대체할 수 있는데, 목적어가 어떤 것인가에 따라 그 의미도 달라집니다.

예 搞对象 결혼 상대를 찾다 [搞: '找'의 뜻]
搞总务 총무 업무를 맡다 [搞: '当'의 뜻]
搞科学工作 과학 업무에 종사하다 [搞: '从事'의 뜻]
此地不准搞体育活动 이곳에서는 체육 활동하는 것을 불허합니다 [搞: '进行'의 뜻]

0003
公布
gōngbù

예 老师公布了这次考试结果，我很失望。
선생님께서는 이번 시험 결과를 공표하셨는데, 나는 매우 실망했다.
동 공표하다

0004
公开
gōngkāi
반의 秘密 mìmì

예 他今天终于公开了我是他女友，我很高兴。
그가 오늘 마침내 내가 그의 여자친구라고 공개해서, 나는 무척 기뻤다.
동 공개하다

0005

恭喜

gōngxǐ

유의 贺喜 hèxǐ

예 恭喜你获得这样一个极好的机会。

이렇게 좋은 기회를 얻게 된 것을 축하합니다.

동 축하하다

Tip 恭喜恭喜 gōngxǐgōngxǐ 축하합니다

恭喜发财 gōngxǐfācái 돈 많이 버세요

0006

贡献

gòngxiàn

유의 奉献 fèngxiàn

예 这些人对经济的发展做出了巨大贡献。

이 사람들은 경제 발전에 대해 지대한 공헌을 했다.

동 공헌하다

0007

构成

gòuchéng

예 人是社会性动物，人是与他人一起构成社会的一种存在。

인간은 사회적 동물이다. 인간은 다른 사람과 함께 사회를 구성하는 존재이다.

동 구성하다

0008

挂号

guà hào

예 我去医院挂号看门诊，等了许久才见到医生和护士。

내가 병원에 가서 진료 접수를 하고, 한참을 기다려서야 겨우 의사와 간호사를 만났다.

동 등록하다, 접수시키다

0009

观察

guānchá

유의 视察 shìchá
察看 chákàn

예 老师对孩子们的行动一个一个进行仔细观察。

선생님은 아이들의 행동 하나하나를 세심히 관찰했다.

동 관찰하다

Tip '观察'의 행위 주체는 특별한 제한이 없고, 대상도 비교적 광범위하여 문제, 형세, 상황, 생활, 현상 등의 추상적인 것도 포괄할 수 있고, 사람, 태도, 지형 등의 구체적인 것도 포괄할 수 있습니다. 그러나 '视察'는 상급자가 하급자에 대해 감독하는 경우에 주로 쓰며 대상은 하급자의 업무 상황입니다.

예 做实验的时候要仔细观察。 실험을 할 때 자세히 관찰해야 한다.
总经理来我们工厂视察工作。
사장님이 우리 공장에 와서 업무를 시찰했다.

0010

光临

guānglín

유의 来临 láilín
光顾 guānggù

예 欢迎光临，我们会竭诚为您服务。

환영합니다. 우리는 당신을 위해 정성을 다해 서비스 하겠습니다.

동 광림하다

Voca+
竭诚 jiéchéng 부 성의를(정성을) 다해, 성심성의껏

0011

归纳

guīnà

예 我们可以把你的建议归纳在几个标题下。

우리는 당신의 건의를 몇 가지 타이틀로 종합할 수 있습니다.

동 귀납하다, 종합하다

Voca+
标题 biāotí 명 표제, 제목, 타이틀

0012

过期

guò qī

유의 逾期 yúqī

예 妈妈说今天煮泡面吃，可是我发现家里仅剩的两包泡面都过期了。

엄마는 오늘 라면을 끓여주신다고 했다. 하지만 나는 집에 마지막 남은 라면 두 봉지가 모두 기한이 지난 것을 발견했다.

동 기한을 넘기다

Voca+
泡面 pàomiàn 명 인스턴트 라면 | 仅剩 jǐnshèng 마지막으로 남다

0013

鼓舞

gǔwǔ

유의 鼓励 gǔlì

예 受到老师的鼓舞，我们终于赢得了这次比赛。

선생님의 격려를 받고, 우리는 마침내 이 시합을 승리했다.

동 격려하다, 고무하다 명 격려

0014

合影

hé yǐng

예 我今天逛街的时候遇见了我喜欢的演员，我非常幸运地跟他合了影。

나는 오늘 거리를 구경할 때 우연히 내가 좋아하는 배우를 보았는데, 아주 운이 좋게도 그와 함께 사진을 찍었다.

동 함께 사진을 찍다

0015

合作

hézuò

반의 单干 dāngàn

예 我和朋友合作开了一家蛋糕店，现在的生意很不错。

나는 친구와 협력하여 케이크 가게를 열었는데, 지금 장사가 잘된다.

동 합작하다, 협력하다

0016

缓解
huǎnjiě

예 我们要好好休息，这样才能缓解我们的压力。

우리는 잘 쉬어야 한다. 그래야만 비로소 우리의 스트레스를 완화할 수 있다.

동 완화되다, 풀어지다

0017

活跃
huóyuè

반의 沉闷 chénmèn

예 这几位都是如今活跃在话剧舞台的著名演员。

이 몇 분은 모두 현재 연극 무대에서 활약하는 유명한 배우들이다.

동 활약하다

Voca+
话剧 huàjù 명 연극

0018

集合
jíhé

반의 分散 fēnsàn

예 训练的时候我们每天早上都要很早很早地集合。

훈련 시에 우리는 매일 아침 아주 일찍 집합해야 한다.

동 집합하다

0019

集中
jízhōng

반의 分散 fēnsàn

예 老师多次强调上课要注意力集中，但是还是有同学干别的事。

선생님께서 수업할 때 주의를 집중하라고 여러 번 강조하셨지만, 여전히 다른 일을 하는 학우가 있다.

동 집중하다

0020

假装
jiǎzhuāng

유의 佯装 yángzhuāng

예 我假装在那儿睡觉，就是想看看他到底想要干什么。

그가 도대체 무엇을 하려는지 보고 싶어서 나는 거기서 자는 척 했다.

동 ~한 척하다, 가장하다

0021

建立
jiànlì

유의 树立 shùlì

반의 推翻 tuīfān

예 秦始皇建立了中国历史上第一个中央集权的国家。

진시황은 중국 역사상 최초의 중앙 집권 국가를 세웠다.

동 건립하다, 세우다

Voca+
秦始皇 Qínshǐhuáng 명 진시황

0022
建设
jiànshè

예 全世界都关注着中国的经济建设。
전 세계가 모두 중국의 경제 건설을 관심있게 지켜보고 있다.
동 건설하다 명 건설

0023
建筑
jiànzhù

유의 修筑 xiūzhù
修建 xiūjiàn

예 这栋建筑改得非常好，经历过地震都没有问题。
이 건축물은 매우 잘 지어져서 지진을 겪어도 아무런 문제가 없었다.
동 건축하다 명 건축

0024
浇
jiāo

예 我家里养了好多的花，我每天早上都给它浇水。
우리 집에는 아주 많은 꽃을 기르는데, 나는 매일 아침 꽃에 물을 준다.
동 뿌리다, 끼얹다

0025
接触
jiēchù

반의 隔离 gélí

예 我接触了很多的成功人士，和他们的谈话让我感受很多。
나는 많은 성공한 사람들과 접촉했는데, 그들과의 대화를 통해 많은 것을 느꼈다.
동 접촉하다

0026
结合
jiéhé

예 传统理论与新思潮应该有机地结合。
전통 이론과 새로운 사고는 유기적으로 결합해야 한다.
동 결합하다

Voca+
思潮 sīcháo 명 사조, 사고 활동, 생각, 갖가지 상념

0027
接近
jiējìn

예 我试图接近她，但是结果还是失败了。
나는 그녀와 가까워지려고 시도했으나, 결과는 여전히 실패였다.
동 다가서다, 접근하다

0028

节省

jiéshěng

유의 节约 jiéyuē

반의 浪费 làngfèi

예 我们要节省时间来完成我们的任务。

우리는 시간을 아껴서 우리의 임무를 완성해야 한다.

동 아끼다, 절약하다

0029

记录

jìlù

예 为了以后不会忘记这次旅行，我记录了旅途中的点点滴滴。

나중에 이번 여행을 잊지 않기 위해, 나는 여행 중의 소소한 것들을 기록했다.

동 기록하다 명 기록

Voca+

点点滴滴 diǎndiǎndīdī 형 아주 작다(조금이다), 자질구레하다, 소소하다

0030

纪念

jìniàn

예 你看，这些书都是你以前很喜欢的书，我把它们留了下来，就是为了纪念你。

보세요, 이 책들은 모두 당신이 예전에 좋아하던 책이에요. 제가 그것들을 남겨둔 건 바로 당신을 기념하기 위해서예요.

동 기념하다 명 기념

0031

尽力

jìn lì

유의 竭力 jiélì

예 对于这件事我会尽力完成，不会让大家失望。

이 일에 대해 나는 최선을 다해 완성할 것이고 모두를 실망시키지 않을 것이다.

동 최선을 다하다

0032

计算

jìsuàn

예 虽然理论上利润率的计算方法很简单，但实际操作起来是很复杂的。

비록 이론상 이익률의 계산 방법은 간단하지만, 실제로 조작하려면 매우 복잡하다.

동 계산하다 명 계산

Voca+

利润率 lìrùnlǜ 명 이익률

0033
救
jiù

예 请救救这只小猫吧，它很可怜。
이 고양이를 좀 구해주세요. 너무 불쌍해요.

동 구하다

0034
戒
jiè

예 他戒掉了酒。
그는 술을 끊었다.

동 (좋지 못한 습관을) 끊다, 중단하다

0035
捐
juān

예 在地震过后，很多国家捐献了资金。
지진 후에 많은 나라가 기금을 기부했다.

동 기부하다, 헌납하다

0036
具备
jùbèi

유의 具有 jùyǒu

예 新世纪的人才需要具备很多方面的能力，才能成功而享受更好的生活。
신세기의 인재는 여러 가지 방면의 능력을 갖춰야 한다. 그래야만 성공해서 더 좋은 생활을 누릴 수 있다.

동 갖추다, 구비하다

0037
据说
jùshuō

예 据说在这儿很久以前有一个神秘而古老的传说。
듣자 하니 이곳에는 아주 오래 전부터 신비하고 오래된 전설이 있다고 한다.

동 듣자 하니 ~라고 한다

0038
开放
kāifàng

반의 封闭 fēngbì
关闭 guānbì

예 学校对所有人开放，不分种族、性别和信仰。
학교는 모든 사람에게 개방되어 있다. 민족, 성별, 신앙을 가리지 않는다.

동 개방하다 형 개방적이다

0039

控制

kòngzhì

유의 掌握 zhǎngwò

예 请不要控制他的思想和行为，好吗?

그의 생각과 행동을 통제하지 마세요, 알겠죠?

동 통제하다, 장악하다

Tip '控制'의 목적어는 기계가 될 수도 있고, 사람의 감정이나 기분이 될 수도 있습니다. 또한, 부정적인 의미를 가지고 있는 '操纵'과 달리 단어 자체에 긍정적 또는 부정적 의미를 담고 있지 않는 중성적 단어입니다.

0040

夸

kuā

예 妈妈夸我是个懂事的好孩子。

엄마는 내가 철이 든 착한 아이라고 칭찬하셨다.

동 칭찬하다

0041

扩大

kuòdà

반의 收缩 shōusuō
缩小 suōxiǎo

예 数学的应用领域日益扩大。

수학의 응용 영역이 날로 확대되고 있다.

동 확대하다

0042

利用

lìyòng

유의 使用 shǐyòng
应用 yìngyòng

예 人类利用树木来建造房屋。

인류는 나무를 이용하여 집을 짓는다.

동 이용하다

0043

连续

liánxù

유의 延续 yánxù, 继续 jìxù

예 连续工作不停歇使人更容易出错。

계속해서 일을 하고 멈춰서 쉬지 않으면 더 쉽게 실수를 하게 된다.

동 연이어 하다, 계속하다

0044

漏

lòu

유의 泄 xiè

예 这栋房子漏水了，下雨的时候请小心。

이 집은 물이 새니, 비가 올 때 조심하세요.

동 새다

0045

录取

lùqǔ

예 收到大学录取通知书，她立刻欣喜若狂地跳了起来。

대학 입학통지서를 받자마자, 그녀는 기뻐서 어쩔 줄 모르며 뛰기 시작했다.

동 채용하다, 뽑다

Voca+

欣喜若狂 xīnxǐruòkuáng 성 기뻐서 어쩔 줄 모르다, 기뻐 날뛰다

1. 알맞은 단어를 고르세요.

보기 A. 公布 B. 挂号 C. 概括 D. 分配 E. 分手 F. 讽刺

① 공표하다 ________ ② 등록하다 ________

③ 풍자하다 ________ ④ 분배하다 ________

⑤ 헤어지다 ________ ⑥ 개괄하다 ________

2. 중국어의 뜻과 병음을 서로 연결하세요.

① 결합하다 •	• 纪念 •	• guòqī
② 기한을 넘기다 •	• 活跃 •	• jìniàn
③ 다가서다 •	• 过期 •	• jiéhé
④ 활약하다 •	• 接近 •	• jiējìn
⑤ 기념하다 •	• 结合 •	• huóyuè

3. 밑줄 친 부분에 적합한 단어를 쓰세요.

보기 A. 分布 B. 贡献 C. 干活儿 D. 复制 E. 反应 F. 妨碍

① 你知道他听到这个消息时怎么________吗?

② 这些人对经济的发展做出了巨大________。

③ 这种植物________在从加拿大到墨西哥的广大地区。

④ 大家都在________，就你一个人什么也不做。

⑤ 我想________一把我房间的钥匙以备急用。

⑥ 他________了我们的工作，请让他走吧。

Chapter 8. 행위와 동작

A8-4 **8-4 행위 ④**

Let's Start Up!

주제에 맞는 단어와 예문을 학습해 보세요.

0001
录音
lù yīn

예 她将录音笔藏在背包里，准备录他所说的内容。
그녀는 펜 녹음기를 배낭 안에 숨기고, 그가 하는 말의 내용을 녹음하려고 준비하고 있다.

동 녹음하다 명 녹음

0002
骂
mà

예 因为我，你挨了骂，怎么办?
저 때문에 당신이 욕을 먹어서 어쩌죠?

동 욕하다

Voca+
挨 ái 동 ~을 받다, ~을 당하다

0003
冒险
màoxiǎn

유의 涉险 shèxiǎn

예 不做测试，直接生产是很冒险的行为。
테스트를 해보지 않고, 직접 생산하는 것은 매우 모험적인 행위이다.

동 모험하다 형 모험적이다

0004
命令
mìnglìng

예 根据上级给他的命令，他早就拉拢他们了。
상사가 그에게 내린 명령에 근거해서, 그는 일찍이 그들을 자기편으로 끌어들였다.

동 명령하다

Voca+
拉拢 lālǒng 동 (자기의 이익을 위해) 자기편으로 끌어들이다

0005
模仿
mófǎng

유의 模拟 mónǐ

예 他什么事情都想模仿我，跟我做比较。
그는 무슨 일이든지 다 나를 모방하려고 하고, 나와 비교하려고 한다.

동 모방하다

0006

难免

nánmiǎn

예 这种事难免发生，只能想办法处理。

이런 일이 발생하는 것은 피하기 어렵다. 처리할 방법을 생각할 수밖에 없다.

동 면하기 어렵다, 피하기 어렵다

0007

派

pài

예 公司派他去上海工作。

회사는 그를 상하이에 파견했다.

동 보내다, 파견하다

0008

赔偿

péicháng

유의 补偿 bǔcháng

예 保险公司根本没有同意赔偿房东的损失。

보험 회사는 집주인의 손실을 배상하는 것에 전혀 동의하지 않는다.

동 배상하다

0009

配合

pèihé

예 因为他们配合得不好，所以输了比赛。

그들이 협동을 잘 하지 못했기 때문에 시합에서 졌다.

동 협동하다, 서로 잘 맞다

0010

培养

péiyǎng

유의 造就 zàojiù
培育 péiyù

예 这本书太过时了，不能适应21世纪人才培养的需要。

이 책은 너무 구식이다. 21세기 인재를 배양하려는 요구에 적합하지 못하다.

동 양성하다, 배양하다, 기르다

0011

培训

péixùn

예 我们希望能用电视会议系统来培训和指导员工。

우리는 화상 회의 시스템을 이용해 직원을 훈련하고 지도하기를 원한다.

동 훈련하다, 양성하다, 육성하다

Voca+

指导 zhǐdǎo 동 지도하다

0012
批准
pīzhǔn

유의 同意 tóngyì

예 我们并不需要他们的同意与批准。

우리는 결코 그들의 동의와 비준이 필요하지 않다.

동 허가하다, 승인하다, 결재하다 명 비준, 동의

0013
破坏
pòhuài

유의 损坏 sǔnhuài

반의 保护 bǎohù

예 大风所产生的巨大力量破坏了房屋。

태풍이 만들어 낸 거대한 힘이 집을 파괴했다.

동 파괴하다, 손상하다

0014
抢
qiǎng

유의 夺 duó

예 他把我手里拿着的报纸抢过去看了。

그는 내 손에 든 신문을 빼앗아 가서 읽었다.

동 빼앗다, 약탈하다

0015
强调
qiángdiào

예 老师强调学生学一个词就应该会用一个词。

선생님께서는 학생들에게 단어를 하나 배우면 바로 써봐야 한다고 강조하셨다.

동 강조하다

0016
请求
qǐngqiú

유의 要求 yāoqiú

예 他为什么不打电话请求帮助?

그는 왜 전화를 걸어서 도움을 청하지 않는 걸까요?

명 부탁 동 부탁하다, 의뢰하다

0017
企图
qǐtú

유의 意图 yìtú, 图谋 túmóu

예 小偷被当场抓住后，便企图诬陷他身边的人。

소매치기는 현장에서 잡힌 후에 주변의 사람을 모함하려고 시도했다.

동 의도하다, 도모하다

Voca+

诬陷 wūxiàn 동 음해하다, 모함하다

0018

签

qiān

예 你应该在合约的右边签上你的名字。

당신은 계약서의 오른쪽에 서명해야 합니다.

동 서명하다, 사인하다

0019

劝

quàn

예 还是健康重要，你劝他别吸烟了。

아무튼 건강이 중요하니, 당신은 그에게 담배를 피우지 말라고 권해주세요.

동 권고하다

0020

确认

quèrèn

예 当她第一次这样确认时，她脸红了。

그녀가 처음으로 이렇게 확인했을 때, 그녀는 얼굴이 빨개졌다.

동 확인하다

0021

取消

qǔxiāo

유의 破除 pòchú

반의 保留 bǎoliú

예 因为天气原因，这个航班已经取消了。

날씨 때문에 이 항공편은 이미 취소되었다.

동 취소하다

0022

杀

shā

유의 宰 zǎi

예 杀鸡不用牛刀，捕鼠不须虎力。

닭 잡는데 소 잡는 칼을 쓰지 않고, 쥐 잡는데 호랑이 잡는 힘을 쓰지 않는다.

동 죽이다

Voca+

捕 bǔ 동 잡다, 붙잡다

0023

晒

shài

예 衣服洗好了，在太阳底下晒一晒。

옷을 다 빨았으니, 햇볕에 좀 말리세요.

동 (햇볕을) 쐬다, 말리다

0024

删除

shānchú

예 听说有一种软件可以恢复被删除的文件。

듣자 하니 삭제된 문서를 복구하는 프로그램이 있다고 한다.

동 삭제하다, 지우다

0025

上当

shàng dàng

유의 受骗 shòupiàn

예 要是不会区分真币与假币，那很容易上当。

만약 진짜 돈과 가짜 돈을 구별할 수 없다면, 쉽게 속아 넘어갈 것이다.

동 속아 넘어가다

0026

设计

shèjì

예 我们的教学方法按照中等水平的学生来设计。

우리의 교수법은 중등 수준의 학생에 맞춰 설계된 것이다.

동 설계하다, 디자인하다

0027

胜利

shènglì

유의 成功 chénggōng

반의 败北 bàiběi

예 他们不断进行练习终于取得了胜利。

그들은 끊임없이 연습을 진행해서 마침내 승리를 거두었다.

명 승리 동 승리하다

0028

省略

shěnglüè

예 由于时间关系，以下内容省略了。

시간 관계상 이하 내용은 생략한다.

동 생략하다

0029

实践

shíjiàn

반의 理论 lǐlùn

예 成功者和失败者之间的区别是成功者将他们所学的东西付诸于实践。

성공하는 사람과 실패하는 사람의 차이는 성공하는 사람은 배운 것을 실행에 옮긴다는 것이다.

명 실천, 실행 동 실천하다, 실행하다

Voca+

付诸 fùzhū 동 (물건·계획 등을) ~에 내맡기다, ~에 부치다, ~에 넘기다

0030

使劲儿

shǐjìnr

예 他使劲儿张开眼睛。

그는 있는 힘껏 눈을 떴다.

동 힘껏 하다

0031

实现

shíxiàn

유의 完成 wánchéng

예 经过长期的努力，他的想法终于实现了。

오랜 기간의 노력을 거쳐 그의 생각이 마침내 실현되었다.

동 실현시키다, 달성하다

0032

实验

shíyàn

예 他的实验结果如下。

그의 실험 결과는 아래와 같다.

동 실험하다

0033

说服

shuōfú

예 这样的理由不能说服另一部分人。

이러한 이유로는 다른 일부의 사람들을 설득할 수 없다.

동 설득하다

0034

随身

suíshēn

예 旅客上飞机随身只能携带最少量的行李。

여행객은 비행기에 탑승할 때 최소한의 짐만 휴대할 수 있다.

동 몸에 지니다, 휴대하다

0035

缩短

suōduǎn

반의 延长 yáncháng

예 每天工作的时间不但没有缩短，反而延长了。

매일 업무 시간이 줄어들지 않을 뿐만 아니라 오히려 늘어났다.

동 단축하다

0036

谈判

tánpàn

예 我们要价不能太高，否则谈判不会有结果。

우리는 금액을 너무 높게 제시하면 안 된다. 그렇지 않으면 담판이 성과를 얻지 못할 것이다.

동 담판하다

0037

逃

táo

반의 追 zhuī

예 小偷从窗户逃走了。

도둑이 창문으로 도망갔다.

동 도망가다, 도주하다

0038

逃避

táobì

유의 躲避 duǒbì

예 沉默权一旦确立，会让不法之徒以沉默对抗正义的审判，使之逃避法律的制裁。

묵비권이 일단 확립이 되면 불법을 저지른 자들이 침묵으로 정의로운 심판에 대항하여, 법의 제재로부터 피해나갈 수 있다.

동 도피하다

Voca+
审判 shěnpàn 동 (안건을) 심판하다, 재판하다

0039

调皮

tiáopí

유의 淘气 táoqì
顽皮 wánpí

예 这孩子太调皮，不让人待见。

이 아이는 장난이 너무 심해서 사람들에게 귀여움을 받지 못한다.

형 장난치다, 말썽부리다

Voca+
待见 dàijian 동 좋아하다, 귀여워하다

0040

挑战

tiǎozhàn

유의 应战 yìngzhàn

예 守住一颗宁静的心，你便可以不断超越自我，不断向自我挑战。

평온한 마음을 유지한다면 당신은 끊임없이 자아를 뛰어넘을 수 있고, 끊임없이 스스로에게 도전할 수 있다.

동 도전하다

Voca+
守住 shǒuzhù 동 단단히 지키다 | 宁静 níngjìng 형 (환경·마음 따위가) 편안하다, 조용하다, 평온하다

0041

调整

tiáozhěng

예 你的学习压力太大了，你要适当地调整和放松自己。

당신의 학업 스트레스가 너무 크다. 적당히 조정하고 여유를 좀 가져야 한다.

동 조정하다

0042

提倡
tíchàng

예 学校提倡同学之间互相帮助。
학교는 학우들 간에 서로 돕기를 장려한다.

동 제창하다, 장려하다

0043

体会
tǐhuì

예 我觉得你的体会对他们很有帮助。
나는 당신의 경험이 그들에게 도움이 될 거라고 생각한다.

동 체득하다 명 경험

0044

体现
tǐxiàn

예 工作难度过低，人人都能干，就体现不出能力与水平的差别。
업무 난이도가 지나치게 낮으면 모든 사람이 다 할 수 있고, 이러면 능력과 수준의 차이가 드러나지 않게 된다.

동 구현하다

0045

体验
tǐyàn

예 旅行可以让孩子们亲身体验教室里学不到的。
여행은 아이들에게 교실에서 배울 수 없는 것을 직접 체험하도록 해준다.

동 체험하다

0046

推辞
tuīcí

유의 谢绝 xièjué
반의 接受 jiēshòu

예 这是我的小意思，请不要推辞。
이것은 제 성의예요. 사양하지 마세요.

동 거절하다, 사양하다

0047

推广
tuīguǎng

예 为了向全世界推广汉语，中国政府设立了孔子学院。
중국어를 전 세계에 보급하기 위해, 중국 정부는 공자학원을 설립했다.

동 보급하다

VOCA Review 문제를 풀며 학습 내용을 복습해 보세요~

1. 알맞은 단어를 고르세요.

보기 A. 扩大 B. 录音 C. 录取 D. 捐 E. 具备 F. 据说

① 녹음하다 ________ ② 확대하다 ________

③ 듣자 하니 ~라고 한다 ________ ④ 기부하다, 헌납하다 ________

⑤ 갖추다, 구비하다 ________ ⑥ 채용하다, 뽑다 ________

2. 중국어의 뜻과 병음을 서로 연결하세요.

① 배상하다 •	• 上当 •	• péixùn
② 훈련하다 •	• 赔偿 •	• shàng dàng
③ 권고하다 •	• 强调 •	• péicháng
④ 속아 넘어가다 •	• 劝 •	• qiángdiào
⑤ 강조하다 •	• 培训 •	• quàn

3. 밑줄 친 부분에 적합한 단어를 쓰세요.

보기 A. 命令 B. 漏 C. 开放 D. 冒险 E. 连续 F. 夸

① 妈妈________我是个懂事的好孩子。

② 根据上级给他的________，他早就拉拢他们了。

③ 这栋房子________水了，下雨的时候请小心。

④ ________工作不停歇使人更容易出错。

⑤ 不做测试、直接生产是很________的行为。

⑥ 学校对所有人________，不分种族，性别和信仰。

8 행위와 동작

Chapter 8. 행위와 동작

A8-5 **8-5 행위 ⑤**

Let's Start Up!

주제에 맞는 단어와 예문을 학습해 보세요.

0001

推荐
tuījiàn
유의 推举 tuījǔ

예 所有的音像店我都跑遍了，也没找到您推荐的那张音乐专辑。
모든 음반 가게를 다 돌아다녔는데도 당신이 추천한 그 음악 전집을 찾지 못했어요.

동 추천하다

Voca+
专辑 zhuānjí 명 전집

0002

违反
wéifǎn
반의 遵守 zūnshǒu

예 他违反了奥运会的精神。
그는 올림픽 정신을 위반했다.

동 위반하다

0003

危害
wēihài
유의 损害 sǔnhài

예 污染危害人们的健康。
오염은 사람들의 건강에 해를 끼친다.

동 해가 되다, 해를 끼치다

0004

威胁
wēixié

예 人民的生命财产受到威胁。
사람들의 생명과 재산이 위협을 받았다.

동 위협하다

0005

限制

xiànzhì

유의 限定 xiàndìng

예 目前越来越多的国家和地区已经开始限制塑料购物袋的生产、销售和使用。

현재 점점 더 많은 국가와 지역에서 이미 비닐 쇼핑백의 생산과 판매 및 사용을 제한하기 시작했다.

명 한계, 제약, 제한 동 제약하다

Voca+
销售 xiāoshòu 명 판매, 매출

0006

行动

xíngdòng

유의 举动 jǔdòng
行为 xíngwéi

예 我已经90岁了，老了就行动多有不便。

나는 이미 90살이 되었다. 늙어서 행동이 많이 불편하다.

동 행동하다 명 행동

Tip '行动'은 동사로 쓰이면서 명사로도 쓰이지만, '行为'는 명사로만 쓰입니다. 또한, '行为'는 사람에게만 쓸 수 있지만, '行动'은 그러한 제한이 없습니다.

0007

形容

xíngróng

예 秋天时香山的风景非常美，难以用语言来形容。

가을의 시앙산의 경치는 말로 형용하기 어려울 만큼 아름답다.

동 형용하다

0008

行为

xíngwéi

예 我们要禁止破坏环境的行为。

우리는 환경을 파괴하는 행위를 금지해야만 한다.

명 행동, 행위

0009

修改

xiūgǎi

예 我回到宿舍就把前一天写好的初稿拿出来修改和补充。

나는 기숙사에 돌아오자마자 전날 썼던 초고를 꺼내서 수정하고 보충했다.

동 수정하다, 고치다

Voca+
初稿 chūgǎo 명 초고, 아직 교정하지 않은 원고

0010

宣布

xuānbù

유의 宣告 xuāngào

예 1949年10月1日中国向世界宣布了中华人民共和国成立。

1949년 10월 1일 중국은 세계를 향해 중화인민공화국의 성립을 선포했다.

동 선포하다

0011

训练

xùnliàn

예 脑力劳动和智力训练，虽然都是跟大脑有关的活动，但它们并不是一回事。

정신 노동과 지적 훈련은 모두 뇌와 관계가 있지만, 결코 한 가지 일이 아니다.

동 훈련하다 명 훈련

0012

寻找

xúnzhǎo

유의 寻觅 xúnmì

예 她四处寻找已经丢失的房间钥匙。

그녀는 사방팔방으로 이미 잃어버린 방 열쇠를 찾아다녔다.

동 찾다, 구하다

Tip '寻找'는 '找'와 같은 의미인데, 주로 2음절 이상의 목적어를 가집니다.

예 寻找钥匙 열쇠를 찾다
找她 그녀를 찾다

0013

叙述

xùshù

유의 陈述 chénshù

예 老人叙述起昨天发生的事情。

노인은 어제 발생한 일을 서술하기 시작했다.

동 서술하다, 기술하다

0014

延长

yáncháng

반의 缩短 suōduǎn

예 星期天商店特意延长了营业时间。

일요일에는 상점이 특별히 영업 시간을 연장한다.

동 연장하다

0015

移民

yímín

예 当时很多香港人移民到加拿大了。

당시에 많은 홍콩 사람들이 캐나다로 이민 갔다.

동 이민 가다

0016

应付

yìngfu

예 这件事事关重大，你可不能浮皮潦草地应付。

이 일은 매우 중요하므로, 너는 대충대충 대응해서는 절대 안 된다.

동 대응하다

Voca+

事关重大 shìguānzhòngdà 성 일이 매우 중대하다 | 浮皮潦草 fúpíliáocǎo 성 건성건성 하다, 대충대충 하다

0017

应用
yìngyòng

예 这位年轻人成了这项新技术应用的带头人。

이 젊은이는 이 신기술 응용의 선구자가 되었다.

동 응용하다

Voca+
带头人 dàitóurén 명 선도자, 대표적인 지식인(연구자)

0018

预防
yùfáng

예 我们在那里谈了许久，把最近的政治状况告诉他，叫他们预防。

우리는 그곳에서 오랫동안 이야기를 했다. 최근의 정치 상황을 그에게 알려주고, 그들로 하여금 예방하도록 했다.

동 예방하다

0019

运输
yùnshū

예 他们用飞机把鲜桃运输到广州高价出售。

그들은 비행기로 신선한 복숭아를 광저우로 운송해서 고가에 판매한다.

동 운송하다

0020

运用
yùnyòng

예 他用外语就像母语一样运用自如。

그는 외국어를 모국어처럼 자유자재로 운용한다.

동 운용하다, 활용하다

Voca+
自如 zìrú 형 자유자재이다, 능숙하다

0021

赞美
zànměi

유의 赞颂 zànsòng

예 她听到几句赞美她的话就很不好意思了。

그녀는 그녀를 찬미하는 몇 마디 말을 듣고 바로 부끄러워졌다.

동 찬미하다

0022

造成
zàochéng

예 人们所面对的不断增加的工作压力是造成这种综合症的主要原因。

사람들이 직면한 끊임없이 증가하는 업무 스트레스가 이러한 종합 증상을 조성하는 주요 원인이다.

동 조성하다, 야기하다

0023
责备
zébèi
유의 责怪 zéguài

예 这都是我的错误，不要责备他。
이것은 모두 제 잘못이니 그를 나무라지 마세요.
동 책망하다, 혼내다

Tip '责备'와 '责怪'는 모두 '나무라다'라는 뜻을 가지고 있으나, '责备'는 객관적인 입장에서 어떤 문제를 지적하여 책망하는 것인데 비해, '责怪'는 상대방의 어떤 행위에 대해 주관적인 관점에서의 원망이나 불만스러운 느낌을 나타냅니다.

0024
占
zhàn

예 他相信支持他的人占多数。
그는 그를 지지하는 사람이 다수를 차지한다고 믿고 있다.
동 차지하다, 점용하다, 보유하다

0025
展开
zhǎnkāi

예 他展开地图，把它放在地板上。
그는 지도를 펴서 바닥에 놓았다.
동 펴다, 활동을 벌이다, 전개하다

0026
展览
zhǎnlǎn

예 这次展览会将展出各式各样的工艺品。
이번 전람회에서 각종 공예품이 전시될 것이다.
동 전람하다, 전시하다 명 전시회, 전람회

0027
掌握
zhǎngwò
유의 控制 kòngzhì

예 这本书的教学目标是让学生尽快掌握最常用的2500个词。
이 책의 교학 목적은 학생들로 하여금 가장 많이 사용되는 2,500개의 단어를 최대한 빨리 마스터하게 하는 것이다.
동 장악하다, 마스터하다, 정복하다

0028
装修
zhuāngxiū

예 这次我们装修房子花了近30000元。
이번에 우리는 집을 인테리어 하는데 3만 위안 가까이를 썼다.
동 (집을) 장식하고 꾸미다, 인테리어하다

0029
着火
zháo huǒ

예 她被从着火的大楼里救了出来。
그녀는 불붙은 건물에서 구조되어 나왔다.
동 불붙다, 불나다

0030

召开
zhàokāi

예 他们正在召开有关那个问题的会议。

그들은 그 문제에 관한 회의를 열고 있는 중이다.

동 개최하다, 열다

0031

针对
zhēnduì

예 我们应该针对这个问题进行深入讨论。

우리는 이 문제에 대해 초점을 맞춰서 심도 깊은 토론을 진행해야 한다.

동 겨누다, 조준하다, 초점을 맞추다

0032

挣
zhèng

예 他挣的钱难以维持全家人的生活。

그가 번 돈으로는 모든 가족의 생활을 유지하기 어렵다.

동 (돈을) 벌다, 노력하여 얻다

Voca+
难以 nányǐ 부 ~하기 어렵다 | 维持 wéichí 동 유지하다, 지키다

0033

征求
zhēngqiú

유의 征询 zhēngxún

예 他心里已经拿定了主意，但还是征求了大家的意见。

그는 마음 속으로 이미 생각을 굳혔지만, 그래도 모두의 의견을 구했다.

동 구하다

0034

争取
zhēngqǔ

예 争取妇女解放的对象该是整个社会，而不是男性。

여성 해방을 얻어내야 할 대상은 남성이 아니라 사회 전체이다.

동 쟁취하다, 얻어내다

0035

指导
zhǐdǎo

유의 领导 lǐngdǎo

예 他们指导农民如何使用这台机器。

그들은 농민에게 이 기계를 어떻게 사용하는지 지도했다.

동 지도하다

Tip '指导'의 대상은 개별적이거나 소수의 사람이고, '领导'의 대상은 군중입니다.

0036

指挥
zhǐhuī

예 他将指挥这个建设的整个工程。

그가 이번 건설의 전체 공정을 지휘할 것이다.

동 지휘하다

0037
制作
zhìzuò

예 这个箱子是我爸临死前亲手制作的。
이 상자는 아버지께서 돌아가시기 전에 직접 만드신 것이다.

동 제작하다

0038
中介
zhōngjiè

예 房屋中介公司帮我找了几处房子。
부동산 중개업소에서 집을 몇 군데 찾아주었다.

동 중개하다, 매개하다 명 매개, 매개자

0039
转告
zhuǎngào

예 关于期末考试的范围，请大家互相转告。
기말고사의 범위에 대해 모두들 서로 말을 전해주세요.

동 말을 전한다

0040
注册
zhùcè

예 许多企业已开始意识到注册商标的重要性。
수많은 기업들이 이미 상표 등록의 중요성을 깨닫기 시작했다.

동 등록하다, 로그인하다

Voca+
商标 shāngbiāo 명 상표

0041
主持
zhǔchí

예 他主持每周的讨论会。
그는 매주 토론회를 진행한다.

동 주최하다, 진행하다

0042
主观
zhǔguān

반의 客观 kèguān

예 这些评论充满了不负责任的主观猜测。
이 평론들은 무책임한 주관적인 추측들로 가득하다.

형 주관적인

0043
追求
zhuīqiú

예 企业要追求经济效益和社会效益的统一。
기업은 경제 효율과 사회 효율의 통일을 추구해야 한다.

동 추구하다

0044

主张

zhǔzhāng

예 你的主张有一定道理，但你还是听我说一说。

당신 주장도 물론 일리가 있지만, 제 말도 좀 들어주세요.

동 주장하다 명 주장

0045

自愿

zìyuàn

유의 志愿 zhìyuàn

반의 被迫 bèipò

예 没有人逼迫，他是自愿的。

아무도 강요하지 않았다. 그가 자원한 것이다.

동 자원하다

Voca+

逼迫 bīpò 동 핍박하다, 강요하다

0046

综合

zōnghé

유의 概括 gàikuò

반의 分解 fēnjiě

예 他们在分析的时候出了错，因此很难综合出正确的结果。

그들이 분석할 때 실수를 해서 정확한 결과를 종합하기가 매우 힘들다.

동 종합하다 명 종합

0047

组成

zǔchéng

예 他们几个男生重新组成了一个篮球队。

그들 몇몇 남학생들은 새롭게 농구팀을 구성했다.

동 조직하다, 구성하다

0048

组合

zǔhé

예 这本集子由诗、散文和小说组合而成。

이 문집은 시, 산문 그리고 소설을 조합하여 이루어졌다.

동 조합하다

Voca+

集子 jízi 명 문집

0049

组织

zǔzhī

예 下周五老师组织我们去故宫参观。

다음 주 금요일에 선생님이 우리를 조직해서 꾸궁에 참관하러 가실 거야.

동 조직하다 명 조직

0050

遵守

zūnshǒu

반의 违反 wéifǎn

예 人人都应该遵守交通规则。

사람들은 모두 교통 규칙을 준수해야 한다.

동 준수하다, 지키다

0051

阻止

zǔzhǐ

반의 制止 zhìzhǐ

예 孩子在马路上玩，被警察阻止了。

아이가 대로에서 놀다가 경찰에게 저지당했다.

동 저지하다, 막다

1. 알맞은 단어를 고르세요.

보기 A. 谈判 B. 调皮 C. 体现 D. 提倡 E. 实践 F. 逃

① 구현하다 ________ ② 담판하다 ________

③ 장난치다, 말썽부리다 ________ ④ 실천하다, 실행하다 ________

⑤ 제창하다, 장려하다 ________ ⑥ 도망가다, 도주하다 ________

2. 중국어의 뜻과 병음을 서로 연결하세요.

① 추구하다 •	• 指挥 •	• zhēngqǔ
② 쟁취하다 •	• 争取 •	• zhǐhuī
③ 지휘하다 •	• 主持 •	• zhuīqiú
④ 조합하다 •	• 追求 •	• zǔhé
⑤ 주최하다 •	• 组合 •	• zhǔchí

3. 밑줄 친 부분에 적합한 단어를 쓰세요.

보기 A. 形容 B. 运用 C. 运输 D. 寻找 E. 宣布 F. 行为

① 他们用飞机把鲜桃________到广州高价出售。

② 秋天时香山的风景非常美，难以用语言来________。

③ 他用外国语就像母语一样________自如。

④ 她四处________已经丢失的房间钥匙。

⑤ 我们要禁止破坏环境的________。

⑥ 1949年10月1日中国向世界________了中华人民共和国成立。

8 행위와 동작

Chapter 8. 행위와 동작

A8-6 **8-6 동작**

Let's Start Up! 주제에 맞는 단어와 예문을 학습해 보세요.

0001
摆
bǎi

예 请把新商品摆在前面。
신상품을 앞쪽에 진열하세요.

동 진열하다, 배열하다

0002
踩
cǎi
유의 蹈 dǎo

예 他踩了别人的脚，还不道歉。
그는 다른 사람의 발을 밟고도 사과하지 않았다.

동 밟다, 짓밟다

0003
插
chā
반의 拔 bá

예 大人说话的时候，小孩子不要随便插话。
어른들이 이야기할 때, 애들이 함부로 끼어들면 안 된다.

동 꽂다, 끼우다, 삽입하다

0004
拆
chāi
반의 装 zhuāng

예 他们拆了这里的房子，要盖新楼。
그들은 이곳의 집을 허물고, 새 건물을 지으려고 한다.

동 뜯다, 해체하다

Voca+
盖 gài 동 집을 짓다

0005
冲
chōng

예 他冲出教室，跑向了厕所。
그는 교실을 뛰쳐나가, 바로 화장실을 향해 뛰어갔다.
동 돌진하다, 씻어내다, 충돌하다

Tip '冲'은 'chòng'이라고도 발음하는데, 이때는 동사로 '향하고 있다, 대하고 있다'라는 뜻이거나 개사로 '~쪽으로, ~을 향해서'라는 뜻입니다.

0006
出示
chūshì

예 登机时请向空中小姐出示登记牌。
비행기에 탑승할 때 스튜어디스에게 탑승권을 제시해 주세요.
동 내보이다, 제시하다

0007
出席
chūxí
반의 缺席 quēxí

예 请大家都出席这次会议。
모두들 다 이번 회의에 출석하세요.
동 출석하다

0008
闯
chuǎng

예 年轻人应该到外面去闯世界。
젊은이들은 밖으로 나가 세계로 돌진해야 한다.
동 돌진하다, 야기하다

0009
吹
chuī

예 温暖的春风吹在脸上感觉真是舒服。
따뜻한 봄바람이 얼굴에 불어오니 정말 편안하게 느껴진다.
동 (입으로) 힘껏 불다

0010
蹲
dūn

예 他听到那消息，就蹲在墙角默默地哭泣。
그는 그 소식을 듣고, 벽 모퉁이에 쭈그려 앉아 조용히 울기 시작했다.
동 쭈그려 앉다

Voca+
哭泣 kūqì 동 훌쩍훌쩍 울다, 흐느끼다

0011
断
duàn
반의 续 xù

예 要不是因为我腿断了，我能与你一起去参加比赛。
만약 내 다리가 부러지지 않았다면, 저도 당신과 함께 시합에 나갈 수 있었을 텐데요.

동 자르다, 끊다

0012
兑换
duìhuàn

예 我想把这些美元兑换成人民币。
저는 이 달러를 인민폐로 환전하고 싶습니다.

동 환전하다

0013
发抖
fādǒu
유의 哆嗦 duōsuo
颤抖 chàndǒu

예 我浑身发抖，全身无力。
나는 온몸이 떨리고, 전신에 힘이 없다.

동 떨다

0014
翻
fān

예 他在书桌上翻来翻去，寻找申请书。
그는 책상 위를 뒤적이며 신청서를 찾고 있다.

동 뒤집다, 뒤집히다

0015
扶
fú

예 她差点儿摔倒，被同学扶住了。
그녀는 하마터면 넘어질 뻔했는데, 친구가 부축해 주었다.

동 짚다, 기대다, 부축하다

0016
盖①
gài
반의 掀 xiān, 揭 jiē

예 他妈妈总是在他睡觉前给他盖被子。
그의 어머니는 항상 그가 잠들기 전에 그에게 이불을 덮어주신다.

동 덮다

盖②
gài

예 这瓶盖太紧，你帮我拧开好吗?

이 병마개가 너무 꽉 끼여있어요. 좀 열어 주시겠어요?

명 덮개, 마개 동 덮다

Voca+
拧开 nǐngkāi 동 (돌려서) 열다

0017

鼓掌
gǔ zhǎng

예 那个明星从我们学校门前走过的时候，我们用鼓掌来表示欢迎。

그 스타가 우리 학교 교문 앞을 걸어갈 때, 우리는 박수를 쳐서 환영을 표시했다.

동 박수치다

0018

滚
gǔn

예 他从山坡上摔倒滚下来。

그는 산비탈에서 넘어져서 굴러 내려왔다.

동 구르다, 굴리다

0019

喊
hǎn

예 他站在马路边喊同学的名字。

그는 큰 길에 서서 친구의 이름을 큰 소리로 불렀다.

동 큰소리로 부르다, 외치다

0020

划①
huà

예 她划去日历上的日期。

그녀는 달력의 날짜에 선을 그었다.

동 (선을) 긋다, 가르다, 나누다, 구분하다

划②
huá

예 他尽快地把船划到岸边。

그는 서둘러 배를 저어 물가에 대었다.

동 (배를) 젓다

Voca+
岸边 ànbiān 명 물가, 기슭

划③
huá

예 衣服都在打折，现在买很划得来。

옷이 모두 세일 중이니 지금 사면 수지가 맞는다.

형 수지가 맞다

0021

滑①

huá

반의 涩 sè

예 下雪了，路面特别滑，小心。

눈이 와서 길이 매우 미끄러우니 조심하세요.

형 미끄럽다, 매끈매끈하다

滑②

huá

예 下山的时候，我不小心滑了一跤。

산에서 내려올 때, 나는 조심하지 않아서 미끄러졌다.

동 미끄러지다

0022

吸取

xīqǔ

유의 吸收 xīshōu

예 现在年轻人从书中吸取知识。

요즘 젊은이들은 책에서 지식을 얻는다.

동 흡수하다, 빨아들이다

0023

挥

huī

예 他见到我时，他笑了笑，挥了挥手。

그가 나를 봤을 때, 웃으면서 손을 흔들었다.

동 흔들다, 휘두르다

0024

捡

jiǎn

반의 丢 diū

예 他在街上捡到一个钱包，原来是我丢的。

그는 길에서 지갑을 하나 주웠는데, 알고 보니 내가 잃어버린 것이었다.

동 줍다

0025

砍

kǎn

유의 割 gē

예 他拼命砍绳子，试图把自己的腿解开。

그는 필사적으로 밧줄을 베어, 자신의 다리를 풀려고 시도했다.

동 베다

Voca+

拼命 pīn mìng 동 필사적으로 하다 | 绳子 shéngzi 명 (노)끈, 새끼, 밧줄

0026

看望

kànwàng

예 春节我要回老家看望父母。

설에 나는 고향에 돌아가 부모님을 뵈려고 한다.

동 방문하다, 문안하다

0027

靠①

kào

예 她靠在他身上。

그녀는 그에게 몸을 기댔다.

동 기대다

靠②

kào

예 成功必须靠自己的能力去争取。

성공은 반드시 자신의 능력에 의지해서 얻어내야 한다.

동 의지하다, 의탁하다

0028

拦

lán

예 你喜欢去就去，我不拦你。

당신이 가고 싶으면 가세요. 저는 당신을 막지 않을 거예요.

동 가로막다

0029

朗读

lǎngdú

예 老师听着孩子们朗读。

선생님은 아이들이 낭독하는 것을 듣고 있다.

동 낭독하다

0030

浏览

liúlǎn

예 为了写毕业论文，他浏览了很多资料。

졸업 논문을 쓰기 위해, 그는 많은 자료를 훑어보았다.

동 대강 훑어보다

0031

描写

miáoxiě

예 这篇文章详细地描写了一位伟大的人物。

이 글은 위대한 인물을 상세하게 묘사하고 있다.

동 묘사하다, 그리다

0032

摸

mō

예 衣服洗好三四天后摸上去仍然是有点潮的。

옷을 빨고 사나흘이 지났는데도, 만져보니 여전히 약간 축축하다.

동 만지다, 쓰다듬다

Voca+

仍然 réngrán 부 여전히, 변함없이 | 潮 cháo 형 습하다, 축축하다

0033

碰①

pèng

예 苹果易碰伤，要小心轻放。

사과는 부딪히면 쉽게 상하니, 조심해서 가볍게 놓아야 한다.

동 부딪히다, 충돌하다

Voca+

伤 shāng 동 상하다, 다치다

碰②

pèng

예 很高兴终于能跟你碰上面了。

마침내 너와 만나게 되어 무척 기쁘다.

동 (우연히) 만나다, 마주치다

0034

飘

piāo

유의 浮 fú

예 雪没下起来，只飘了一点儿雪花。

눈은 내리지 않고 단지 약간의 눈송이만 흩날렸다.

동 나부끼다, 흩날리다

0035

瞧

qiáo

유의 看 kàn

예 他瞧见房里有人，然后就又走出去了。

그는 방안에 사람이 있는 것을 보고 나서 바로 또 나갔다.

동 보다, 구경하다

0036

切

qiē

예 把切好的蔬菜全放进锅里吧。

썰어놓은 야채를 전부 냄비에 넣으세요.

동 자르다, 썰다

0037

燃烧
ránshāo

반의 熄灭 xīmiè

예 篝火还在旺旺地燃烧。

모닥불이 아직 활활 타고 있다.

동 타다, 연소하다

Voca+
篝火 gōuhuǒ 명 모닥불, 캠프파이어

0038

绕
rào

예 过街桥有是有，但是隔着好几百米，得绕好多路才行。

육교가 있기는 있는데, 몇 백미터 떨어져 있어서 길을 한참 돌아가야만 한다.

동 빙빙 돌다, 둘둘 감다

Voca+
过街桥 guòjiēqiáo 명 육교

0039

洒
sǎ

예 他总是不小心把饮料给洒了。

그는 늘 조심스럽지 못해서 음료수를 엎지른다.

동 엎지르다

0040

伸
shēn

반의 缩 suō, 屈 qū

예 坐车的时候他很习惯地伸手了。

차를 탈 때면 그는 습관적으로 손을 내민다.

동 (신체 일부를) 내밀다

0041

数①
shǔ

예 你数①一数①人数②，然后把数②目告诉老师。

인원 수를 한번 세어보고 그 숫자를 선생님께 말씀드리세요.

동 세다, 헤아리다

数②
shù

예 这种习俗已数百年未变。

이러한 풍속은 이미 수백 년간 변하지 않았다.

명 숫자, 수

Tip 心里有数 xīnliyǒushù 마음 속으로 알고 있다, 마음 속에 계산이 서 있다

0042

甩①

shuǎi

유의 扔 rēng, 丢 diū

예 他甩下背包，就跑过去了。

그는 배낭을 내던지자마자 바로 뛰어갔다.

동 내던지다, 뿌리다

甩②

shuǎi

예 请你告诉我一下怎么甩掉我不喜欢的人。

제가 싫어하는 사람을 어떻게 차버릴지 좀 알려주세요.

동 차다, 실연하다

0043

输入①

shūrù

반의 输出 shūchū

예 韩国每年从中国输入不少的谷物。

한국은 매년 중국에서 많은 곡식을 수입한다.

동 수입하다

输入②

shūrù

예 取款时请输入您的密码。

돈을 인출할 때는 비밀번호를 입력하세요.

동 입력하다

0044

摔倒

shuāidǎo

예 孩子摔倒时，头部最容易受伤。

아이들은 넘어지면 머리를 가장 쉽게 다친다.

동 (몸이 균형을 잃고) 쓰러지다, 넘어지다, 자빠지다

0045

撕

sī

예 他撕毁了不满意的稿子，打算重写。

그는 만족스럽지 않은 원고를 찢어버리고, 새로 쓸 생각이다.

동 손으로 잡아 찢다, 떼어내다

Voca+

毁 huǐ 동 파괴하다, 부수다, 훼손하다

0046

碎

suì

예 玻璃制品很容易碎，你搬运的时候要格外小心。

유리 제품은 깨지기 쉬우니, 운반할 때 특히 조심해야 해요.

동 부서지다, 깨지다

0047

搜索①
sōusuǒ

예 他们对船进行了彻底的搜索，找到了那只遗失的手提箱。

그들은 배에 대한 철저한 수색을 진행해서 잃어버렸던 여행용 가방을 찾았다.

동 수색하다, 수사하다, 자세히 찾다

Voca+
手提箱 shǒutíxiāng 명 여행용 가방, 슈트케이스

搜索②
sōusuǒ

예 他搜索互联网寻求治疗这种病的方法。

그는 인터넷을 검색해서 이 병을 치료할 수 있는 방법을 찾았다.

동 (인터넷을) 검색하다

0048

退
tuì

반의 进 jìn

예 要是不中意，什么时间都可以给你退。

만약 마음에 들지 않는다면 언제든지 환불해 드릴게요.

동 환불하다, 물러서다, 빠지다

Voca+
中意 zhòngyì 동 만족하다, 마음에 들다

0049

退步
tuì bù

반의 进步 jìnbù

예 这学期他退步了，考了个倒数第二名。

이번 학기에 그는 퇴보했다. 시험에서 뒤에서 두 번째를 했다.

동 퇴보하다

0050

偷①
tōu

예 我的钱包被偷了，真让人伤心。

내 지갑을 도둑맞아서 정말 속상하다.

동 훔치다, 도둑질하다

偷②
tōu

예 这个孩子躲在他妈妈身后偷看客人。

이 아이는 엄마 뒤에 숨어서 손님을 몰래 보고 있다.

부 남몰래, 슬그머니, 살짝

0051

投入①
tóurù

예 那两位教授突然投入了讨论。

그 두 교수는 갑자기 토론을 개시했다.

동 뛰어들다, 참가하다, 개시하다

投入②
tóurù

예 为新产品开发投入了巨大资金。

신제품 개발에 막대한 자본을 투입했다.

동 (자금 등을) 투입하다, 투자하다

投入③
tóurù

예 他全身心地投入学习。

그는 몸과 마음을 다해 공부에 몰입했다.

형 몰입되다

投入④
tóurù

예 今年的国家预算增加了对国家安保的投入。

금년도 국가 예산은 국가 안보에 대한 투자를 증가했다.

명 투자

0052

围绕
wéirào

예 地球围绕太阳旋转一周需要一年。

지구가 태양을 둘러싸고 한 바퀴 도는 데는 일 년이 소요된다.

동 둘러싸다

Voca+

旋转 xuánzhuǎn 동 (빙빙) 돌다, 회전하다

0053

微笑
wēixiào

예 微笑可以使你有愉快的心情，愉快的心情能够使你身体健康。

미소는 당신이 유쾌한 기분이 되도록 할 수 있고, 유쾌한 기분은 당신을 건강하게 만들 수 있다.

동 미소를 짓다 명 미소

0054

维修
wéixiū

유의 修理 xiūlǐ

예 学校负担这些大楼的供热和维修费用。

학교는 이 건물들의 난방과 보수 비용을 부담한다.

동 (기계 등을) 보수하다, 손질하다

Voca+

供热 gōngrè 동 난방하다, 열에너지를 공급하다

0055
闻
wén

예 她感冒了，闻不出味道。
그녀는 감기에 걸려서 냄새를 맡지 못한다.

동 냄새를 맡다, 듣다

0056
吻
wěn

예 接吻被看成是一个有很多意义的动作，关键是看吻哪个部位。
입맞춤은 많은 의미로 해석되는 동작으로, 중요한 것은 어느 부위에 입을 맞추느냐이다.

동 입맞춤을 하다

0057
吸收
xīshōu

예 他吸收信息的能力让人惊讶，但他的注意力持续时间很短。
그가 정보를 받아들이는 능력은 놀라울 정도지만, 집중력이 지속되는 시간이 짧다.

동 흡수하다, 받아들이다

Voca+
惊讶 jīngyà 형 의아하다, 놀랍다

0058
摇
yáo

예 她坚决地摇摇头。
그녀는 단호히 고개를 저었다.

동 흔들다

0059
咬
yǎo

예 那只狗跳出来狂叫不止，甚至还要扑上去咬人家。
그 개가 뛰어 나와서 계속 사납게 짖어대더니, 심지어는 사람한테 뛰어들어 물려고 한다.

동 물다, 베어물다

Voca+
扑 pū 동 갑자기 달려들다, 뛰어들다

8 행위와 동작

0060
移动
yídòng

예 楼梯上有人下来了，沉重的脚步声一步步迟缓地往下移动。

계단 위에서 사람이 내려왔다. 무거운 발소리가 한걸음씩 느리게 아래로 이동했다.

동 이동하다

Voca+
沉重 chénzhòng 형 무겁다 | 迟缓 chíhuǎn 형 느리다, 완만하다

0061
印刷
yìnshuā

예 每一页都有印刷错误。

페이지마다 인쇄 오류가 있다.

동 인쇄하다

0062
拥抱
yōngbào

예 如果不是在课堂里的话，她真想去拥抱许久不见的他了。

만약 수업 중이 아니었다면, 그녀는 정말이지 오랫동안 보지 못했던 그를 포옹하러 가고 싶었다.

동 포옹하다

0063
摘
zhāi

예 他摘下一个苹果递给我。

그는 사과를 따서 나에게 건넸다.

동 따다, 꺾다

0064
粘贴
zhāntiē

예 我们可以用胶水把这几张画粘贴在书里。

우리는 이 몇 장의 그림을 책에다 풀로 붙일 수 있다.

동 (풀로) 붙이다

0065
睁
zhēng

반의 闭 bì

예 所有的运动员都已经疲倦得睁不开眼睛了。

모든 운동 선수들이 이미 다 지쳐서 눈도 뜰 수 없게 되었다.

동 눈을 뜨다

0066

制造
zhìzào

예 这是在中国制造的产品。

이것은 중국에서 제조한 제품이다.

동 만들다, 제조하다

0067

抓①
zhuā

예 她紧紧地抓着栏杆，小心翼翼地爬楼梯。

그녀는 난간을 꽉 쥐고, 매우 조심스럽게 계단을 올라갔다.

동 쥐다, 잡다

Voca+
小心翼翼 xiǎoxīnyìyì 성 매우 조심스럽다

抓②
zhuā

예 他在考试中作弊被抓。

그는 시험 중에 부정 행위를 해서 붙잡혔다.

동 붙잡다, 체포하다

Voca+
作弊 zuò bì 동 속임수를 쓰다, 부정 행위를 하다

0068

抓紧
zhuājǐn

유의 加紧 jiājǐn

반의 放松 fàngsōng

예 总结报告还没写完呢，我得抓紧了，老板说明天必须交。

총결산보고서를 아직 완성하지 못해서 나는 서둘러야 한다. 사장님이 내일 반드시 제출하라고 하셨다.

동 서둘러 하다, 급히 하다

0069

装
zhuāng

반의 卸 xiè

예 每个箱子苹果都装得满满当当的。

상자마다 사과가 꽉꽉 차있다.

동 담다, 포장하다

0070

装饰
zhuāngshì

예 小小的舞台，经过红绿彩绸的装饰，显得十分美观。

작은 무대를 빨갛고 파란 비단으로 장식하고 나니, 매우 아름답게 보인다.

동 장식하다 명 장식

0071

撞
zhuàng

예 司机撞了老人以后跑了，居然没人管，真不像话。

운전자가 노인을 치고 뺑소니를 쳤는데, 아무도 상관하지 않다니 정말 말도 안 된다.

동 부딪치다

0072

追①
zhuī

예 我家的狗很喜欢追我。

우리 집 개는 나를 따라다는 걸 아주 좋아한다.

동 뒤쫓다, 쫓아가다, 뒤따르다

追②
zhuī

예 我认为追求真理是学者的使命。

나는 진리를 추구하는 것이 학자의 사명이라고 생각한다.

동 추구하다

追③
zhuī

예 追求她的人也不少。

그녀에게 구애하는 사람도 많다.

동 (이성을) 따라다니다, 구애하다

1. 알맞은 단어를 고르세요.

보기 A. 出席 B. 蹲 C. 断 D. 闯 E. 拆 F. 翻

① 돌진하다, 야기하다 ________ ② 출석하다 ________

③ 자르다, 끊다 ________ ④ 뜯다, 해체하다 ________

⑤ 뒤집다, 뒤집히다 ________ ⑥ 쭈그려 앉다 ________

2. 중국어의 뜻과 병음을 서로 연결하세요.

① 흔들다 •	• 退步 •	• zhāi
② 퇴보하다 •	• 摘 •	• yōngbào
③ 포옹하다 •	• 摇 •	• yídòng
④ 따다, 꺾다 •	• 移动 •	• tuìbù
⑤ 이동하다 •	• 拥抱 •	• yáo

3. 밑줄 친 부분에 적합한 단어를 쓰세요.

보기 A. 扶 B. 兑换 C. 捡 D. 滑 E. 插 F. 盖

① 我想把这些美元________成人民币。

② 他妈妈总是在他睡觉前给他________被子。

③ 大人说话的时候，小孩子不要随便________话。

④ 下雪了，路面特别________，小心。

⑤ 他在街上________到一个钱包，原来是我丢的。

⑥ 她差点摔倒，被同学________住。

8 행위와 동작

1. 알맞은 단어를 고르세요.

보기 A. 描写 B. 朗读 C. 拦 D. 靠 E. 甩 F. 飘

① 낭독하다 ________ ② 묘사하다 ________

③ 기대다, 의지하다 ________ ④ 가로막다 ________

⑤ 내던지다, 뿌리다 ________ ⑥ 흩날리다 ________

2. 중국어의 뜻과 병음을 서로 연결하세요.

① 타다, 연소하다 •	• 燃烧 •	• sī
② 쓰다듬다 •	• 撕 •	• mō
③ 보다, 구경하다 •	• 摸 •	• qiáo
④ (신체 일부를) 내밀다 •	• 瞧 •	• ránshāo
⑤ 찢다, 떼어내다 •	• 伸 •	• shēn

3. 밑줄 친 부분에 적합한 단어를 쓰세요.

보기 A. 制造 B. 睁 C. 装 D. 闻 E. 退 F. 吸收

① 这是在中国________的产品。

② 所有的运动员都已经是疲倦得________不开眼睛了。

③ 每个箱子苹果都________得满满当当的。

④ 他________信息的能力让人惊讶，但他的注意力持续时间很短。

⑤ 她感冒了，________不出味道。

⑥ 要是不中意，什么时间都可以给你________。

Chapter 8. 행위와 동작

A8-7 **8-7** **출현·변화**

Let's Start Up!

주제에 맞는 단어와 예문을 학습해 보세요.

0001

保持
bǎochí

유의 维持 wéichí

예 这间屋子的陈设，尽量保持当年的气派，一点儿也不觉寒碜。

이 방의 장식품은 당시의 기품을 유지하고 있어서, 조금도 초라하게 느껴지지 않는다.

동 유지하다

Voca+
陈设 chénshè 명 진열품, 장식품 동 배열하다, 배치하다 | 寒碜 hánchen 형 초라하다, 못생기다

0002

产生
chǎnshēng

예 地理老师告诉了我们全球变暖产生的原因。

지리 선생님께서 우리에게 지구온난화 발생의 원인을 말씀해 주셨다.

동 생기다, 발생하다

Tip '产生'의 주체는 사람이나 기타 사물이 될 수 있고, 목적어는 대부분 추상명사입니다. '生产'의 주체는 사람이나 사람에 의해 제어되는 기계, 공장, 회사 등의 시스템이고, 목적어는 대부분 구체적인 명사입니다.

예 社会发展产生新问题。

사회 발전은 새로운 문제를 일으킨다.

这家工厂的主要业务是生产汽车。

이 공장의 주요 업무는 자동차를 생산하는 것이다.

0003

成长
chéngzhǎng

유의 生长 shēngzhǎng

예 经过老师这次指导我成长了不少。

선생님의 이번 지도를 통해 나는 많이 성장했다.

동 성장하다

0004
创造
chuàngzào

유의 发明 fāmíng

예 经过这次改革开放，我们创造出了不少的成果。

이번 개혁 개방을 거쳐, 우리는 많은 성과를 창조했다.

동 창조하다, 발명하다

0005
导致
dǎozhì

유의 致使 zhìshǐ

예 白色垃圾导致我们的生存环境遭受到了严重污染的情况。

백색 쓰레기(플라스틱이나 스티로폼 폐기물)는 우리의 생존 환경이 심각한 오염을 입는 상황을 초래했다.

동 야기하다, 초래하다

Voca+

遭受 zāoshòu 동 (불행 또는 손해를) 입다, 당하다

0006
堆
duī

예 每次看到堆在一起的垃圾我就很生气。

매번 쌓여있는 쓰레기를 볼 때마다 나는 화가 난다.

동 쌓이다, 쌓다

0007
改革
gǎigé

유의 改造 gǎizào

예 在中国改革开放的这几年中，我们的经济不断发展。

중국 개혁개방의 요 몇 년 동안, 우리의 경제는 끊임없이 발전했다.

동 개혁하다 명 개혁

Tip '改革'와 '改进'은 둘 다 '옛것을 바꾸어 진보시키다'라는 뜻이지만, '改革'의 대상은 주로 경제, 정치, 사회 등과 같은 큰 방면이고, '改进'의 대상은 기술, 업무 등과 같은 비교적 작은 방면입니다. 또한, '改革'는 명사적 용법을 가지고 있어 주어가 될 수 있으나 '改进'은 명사로 쓸 수 없습니다.

0008
改进
gǎijìn

예 只有不断改进公司的制度，我们才可以在市场中站稳脚跟。

회사의 제도를 끊임없이 개선해야만, 우리는 비로소 시장에서 입지를 확고히 할 수 있다.

동 개선하다, 개량하다

Voca+

站稳 zhànwěn 동 (입장이나 관점 등을) 굳건히 세우다, 확고히 하다 | 脚跟 jiǎogēn 명 입장, 발꿈치, 발뒤축

0009

改善
gǎishàn

유의 改良 gǎiliáng

예 只有改善不合理的制度，国家才能发展。

불합리한 제도를 개선해야만, 국가는 비로소 발전할 수 있다.

동 개선하다, 개량하다

0010

改正
gǎizhèng

유의 更正 gēngzhèng
矫正 jiǎozhèng

예 妈妈说有错误就改正才能做一个好孩子。

잘못이 있으면 바로 고쳐야 비로소 착한 아이가 될 수 있다고 엄마가 말씀하셨다.

동 개정하다, 시정하다

0011

交换
jiāohuàn

유의 交流 jiāoliú

예 我们互相交换了礼物，期待着下次的见面。

우리는 서로 선물을 교환하고, 다음 번의 만남을 기대했다.

동 바꾸다

0012

进步
jìnbù

반의 退步 tuìbù
落后 luòhòu

예 只有不断进步，我们才可以打败竞争对手。

끊임없이 진보해야만 우리는 비로소 경쟁 상대를 물리칠 수 있다.

동 진보하다

0013

开发
kāifā

유의 开辟 kāipì

예 父母认为电子玩具可以开发小朋友的智力。

부모들은 전자 완구가 어린이의 지능을 개발할 수 있다고 여긴다.

동 개발하다

0014
流传
liúchuán

예 那个歌谣直到今日流传了很久。
그 노래는 지금까지 오래도록 전해져 왔다.

동 전해지다

0015
落后
luòhòu

반의 先进 xiānjìn
进步 jìnbù

예 你一定得上英语课，不然就要落后了。
당신은 영어 수업을 들어야 해요. 그렇지 않으면 곧 뒤떨어질 거예요.

동 뒤떨어지다, 낙후되다

0016
面临
miànlín

예 最近我们面临着严重的经济危机。
최근 우리는 심각한 경제 위기에 직면했다.

동 직면하다

0017
去世
qùshì

유의 故世 gùshì
반의 在世 zàishì

예 有一位球星在一场比赛中突发心脏病去世了。
한 축구 스타가 시합 중에 심장병으로 갑자기 세상을 떠났다.

동 세상을 떠나다

Voca+
心脏病 xīnzàngbìng 명 심장병

0018
升
shēng

유의 涨 zhǎng
반의 降 jiàng, 落 luò

예 学校规定三门课不及格不能升级。
학교는 세 과목이 낙제하면 진급하지 못하도록 규정하고 있다.

동 상승하다, 오르다

0019

时髦

shímáo

유의 入时 rùshí
时兴 shíxīng

예 逛商店的都是一些时髦的年青人。

상점을 구경하는 건 모두 유행을 따르는 젊은이들이다.

형 유행이다

0020

失去

shīqù

반의 得到 dédào

예 他很不幸地失去了儿子。

그는 불행히도 아들을 잃었다.

동 잃다

0021

显得

xiǎnde

예 我这个人一生出来就比别的孩子显得老。

난 태어나면서부터 다른 아이들보다 더 나이가 들어 보였다.

동 ~처럼 보이다

0022

显示

xiǎnshì

유의 炫耀 xuànyào

반의 隐藏 yǐncáng

예 调查显示，78%的网友认为目前的就业形势依然不容乐观。

78%의 네티즌은 현재의 취업 상황이 여전히 낙관적이지 못하다고 여기는 것으로 조사에서 드러났다.

동 드러나다, 나타나다

0023

消失

xiāoshī

반의 出现 chūxiàn

예 世界上有很多种动物面临着彻底消失的危险。

세계의 다양한 동물들이 완전히 소멸될 위험에 처해 있다.

동 소실하다, 없어지다

0024

形成

xíngchéng

예 独特的生活环境让这儿的人们形成了独特的习惯。

독특한 생활 환경은 이곳 사람들에게 독특한 생활 습관을 형성시켰다.

동 형성되다

0025

涨

zhǎng

반의 落 luò

예 在这个公司，涨薪水不是一件容易的事，除非你拿得出相当好的成绩。

이 회사에서 급여 인상은 쉬운 일이 아니다. 당신이 아주 좋은 성과를 낸다면 몰라도 말이다.

동 올라가다, 불어나다

Voca+

薪水 xīnshuǐ 명 봉급, 급여 | 除非 chúfēi 접 오직 ~해야 (비로소), ~한다면 몰라도

0026

转变

zhuǎnbiàn

유의 改变 gǎibiàn

예 卫生部希望公众接受基本药物的观念，转变长期以来养成的不良用药习惯。

보건부는 많은 사람이 기본 약물에 대한 관념을 받아들여, 오랜 세월에 걸쳐 형성된 잘못된 약 사용 습관을 개선하기를 희망하고 있다.

동 개선하다, 바뀌다

Voca+

公众 gōngzhòng 명 대중 형 대중의

Tip '转变'은 일반적으로 좋은 방면의 변화를 가리키고, '改变'은 좋은 방면의 변화뿐만 아니라 좋지 않은 방면의 변화도 가리킬 수 있습니다.

1. 알맞은 단어를 고르세요.

보기 A. 创造 B. 改进 C. 升 D. 显得 E. 涨 F. 形成

① 창조하다, 발명하다 ______ ② 개선하다, 개량하다 ______

③ ~처럼 보이다 ______ ④ 상승하다, 오르다 ______

⑤ 형성되다 ______ ⑥ 올라가다, 불어나다 ______

2. 중국어의 뜻과 병음을 서로 연결하세요.

① 전해지다 •	• 转变 •	• chǎnshēng
② 직면하다 •	• 保持 •	• bǎochí
③ 바뀌다 •	• 面临 •	• liúchuán
④ 유지하다 •	• 流传 •	• miànlín
⑤ 생기다, 발생하다 •	• 产生 •	• zhuǎnbiàn

3. 밑줄 친 부분에 적합한 단어를 쓰세요.

보기 A. 改善 B. 显示 C. 落后 D. 导致 E. 消失 F. 开发

① 调查______，78%的网友认为目前的就业形势依然不容乐观。

② 白色垃圾______我们的生存环境遭受到了严重污染的情况。

③ 父母认为电子玩具可以______小朋友的智力。

④ 只有______不合理的制度，国家才能发展。

⑤ 你一定得上英语课，不然就要______了。

⑥ 世界上有很多种动物面临着彻底______的危险。

Chapter 9. 기타

A9-1 **9-1 도량형**

Let's Start Up!

주제에 맞는 단어와 예문을 학습해 보세요.

0001

厘米
límǐ

예 今天在街上看到一个很时髦的老太太，她脚蹬7厘米的高跟鞋。

오늘 길에서 한 멋쟁이 할머니를 봤는데, 7센치미터의 하이힐을 신고 계셨다.

명 센티미터(cm)

Voca+
蹬 dēng 동 (위로) 오르다 | 高跟鞋 gāogēnxié 명 하이힐

0002

面积
miànjī

예 中国的面积很大，有960万平方公里。

중국의 면적은 넓다. 960만 제곱킬로미터이다.

명 면적

0003

平方
píngfāng

예 这个房间比那个房间大二十平方米。

이 방은 저 방보다 20제곱미터 크다.

명 평방미터, 제곱미터

0004

重量
zhòngliàng

예 物体受到万有引力作用后才产生重量。

물체는 만유인력의 작용을 받아야만 중량이 생긴다.

명 중량, 무게

Voca+
万有引力 wànyǒuyǐnlì 명 만유인력

Chapter 9. 기타

A9-2 **9-2 추상명사**

Let's Start Up!

주제에 맞는 단어와 예문을 학습해 보세요.

0001
甲
jiǎ

예 桂林山水甲天下，阳朔山水甲桂林。

구이린(桂林)의 산수는 천하의 제일이고, 양수오(阳朔)의 산수는 구이린의 제일이다.

명 갑 [천간의 첫 번째]

0002
乙
yǐ

예 甲公司是乙公司最具威胁性的竞争对手。

갑(甲) 회사는 을(乙) 회사의 가장 위협적인 경쟁 상대이다.

명 을 [천간의 두 번째]

Voca+
威胁 wēixié 명 위협

0003
背景
bèijǐng

예 我的小说是以新加坡为背景，写失业的华侨工人。

내 소설은 싱가포르를 배경으로 하고 있고, 일자리를 잃은 화교 노동자에 대해 쓰고 있다.

명 배경

Voca+
新加坡 Xīnjiāpō 명 싱가포르

0004
本领
běnlǐng

유의 本事 běnshi
身手 shēnshǒu

예 他是主任的重要助手，虽然并无多少才能，唯一的本领就是毫无顾忌。

그는 주임의 중요한 조수이다. 비록 재능은 별로 없지만, 유일한 능력은 바로 추호의 망설임이 없는 것이다.

명 능력

Voca+
毫无 háowú 동 조금도(전혀) ~이 없다 | 顾忌 gùjì 동 우려하다, 꺼리다, 망설이다

9 기타

0005

本质
běnzhì

유의 实质 shízhì
반의 表面 biǎomiàn

예 这些人看问题的方法不对，他们不去看问题的本质。
이 사람들이 문제를 보는 방법은 옳지 않다. 그들은 문제의 본질을 보려고 하지 않는다.

명 본질

0006

标志
biāozhì

유의 标记 biāojì
记号 jìhao

예 东方明珠已经成为上海的新标志。
둥팡밍주는 이미 상하이의 새로운 상징이 되었다.

명 표지, 상징 동 나타내다, 상징하다

0007

比例
bǐlì

예 合唱队里女学生比例太高，要增加男同学。
합창단의 여학생 비율이 너무 높으니 남학생을 늘려야 한다.

명 비율, 비중

0008

步骤
bùzhòu

예 事情应该按照步骤一步一步来。
일은 순서대로 한걸음씩 해나가야 한다.

명 순서, 절차

0009

程度
chéngdù

유의 水平 shuǐpíng

예 这个工作对专业知识的要求程度很高。
이 업무는 전문 지식에 대한 요구 수준이 매우 높다.

명 정도, 수준

0010

成果
chéngguǒ

유의 后果 hòuguǒ
结果 jiéguǒ

예 科学成果是非常值得我们尊重、珍惜的。
과학 성과는 우리가 존중하고 소중히 여길 가치가 있다.

명 성과, 결과

0011
成就
chéngjiù

예 在基础科学的研究领域，他取得了很大成就。

기초 과학 연구 영역에서 그는 큰 업적을 올렸다.

명 성취, 업적 동 성취하다, 이루다

0012
程序
chéngxù

유의 顺序 shùnxù
次序 cìxù

예 这个机构的行政程序不是很合理。

이 기관의 행정 절차는 합리적이지 않다.

명 순서, 절차

0013
措施
cuòshī

예 在地震来临之前，我们应该采取相应的急救措施。

지진이 일어나기 전에, 우리는 상응하는 긴급구호조치를 취해야만 한다.

명 조치, 대책

Voca+
采取 cǎiqǔ 동 취하다, 채택하다

0014
范围
fànwéi

예 老师告诉小朋友要在她的视线范围内活动。

선생님은 어린이들에게 선생님 시선 범위 안에서 활동하라고 말했다.

명 범위

Voca+
视线 shìxiàn 명 시선, 눈길

0015
方案
fāng'àn

유의 计划 jìhuà

예 这个方案统括了来自各方面的意见和要求。

이 방안은 각 방면의 의견과 요구를 포괄하고 있다.

명 방안

Voca+
统括 tǒngkuò 동 총괄하다, 통괄하다

0016
风险
fēngxiǎn

예 医疗工作风险很大，因为需要对每一位患者的生命负责任。
모든 환자의 생명에 대한 책임감이 필요하기 때문에, 의료 업무는 위험이 크다.

명 위험(성), 모험

0017
概念
gàiniàn

예 十九世纪前半期的诗人，对于自由只有一点点的概念。
19세기 전반기의 시인은 자유에 대해 아주 약간의 개념이 있었을 뿐이다.

명 개념

0018
功能
gōngnéng

유의 功效 gōngxiào
功用 gōngyòng

예 这个字典的功能非常齐全。
이 사전의 기능은 매우 완벽하게 갖추어져 있다.

명 기능, 효능

0019
观点
guāndiǎn

유의 观念 guānniàn

예 他总是清楚而勇敢地提出自己的观点。
그는 언제나 분명하고 용감하게 자신의 관점을 제시한다.

명 관점

0020
观念
guānniàn

유의 观点 guāndiǎn

예 既然改变不了他的观念，就顺着他吧。
기왕 그의 관념을 바꿀 수 없다면, 그냥 그를 따르세요.

명 관념

0021
规模
guīmó

예 我打算将这儿的公司规模扩大以后转向别的行业。
나는 이곳의 회사 규모를 확대한 이후에는 다른 업종으로 전환할 계획이다.

명 규모

Voca+
转向 zhuǎnxiàng 동 방향을 바꾸다, 전환하다

0022

核心

héxīn

유의 中心 zhōngxīn

반의 外围 wàiwéi

예 他一听到现在的情况，就把握了问题的核心。

그는 현재의 상황을 듣자마자 바로 문제의 핵심을 파악했다.

명 핵심, 주요 부분

0023

后果

hòuguǒ

예 他盘算着自己的行动，盘算着这个行动实施后的后果。

그는 자신의 행동을 생각해 보고, 이 행동 실시 후의 결과를 계산하고 있다.

명 (좋지 않은) 결과

Voca+

盘算 pánsuan 동 (마음속으로) 따져보다, 고려하다, 계산하다

0024

幻想

huànxiǎng

예 我们没有身处在一个理想的世界，所以我认为他们说的只是一个幻想。

우리는 이상적인 세계에 살고 있는 것이 아니다. 따라서 나는 그들에게 얘기한 것이 단지 환상이라고 생각한다.

명 환상

0025

话题

huàtí

예 我们的话题转了个弯又继续回到了他的身上。

우리의 화제는 계속 돌고 돌아 다시 그의 신상으로 돌아왔다.

명 화제

0026

价值

jiàzhí

예 这个东西一点价值都没有。

이 물건은 조금의 가치조차 없다.

명 가치

0027

阶段

jiēduàn

예 青少年的成长在不同的阶段会呈现不同的特点。

청소년의 성장은 각각의 단계에 따라 다른 특징이 나타난다.

명 단계

Voca+

呈现 chéngxiàn 동 나타나다, 드러나다, 양상을 띠다

0028

结构
jiégòu

예 这座建筑物的结构类似于五十年代的建筑物。

이 건축물의 구조는 50년대 건축물과 유사하다.

명 구성, 구조

0029

结论
jiélùn

유의 断案 duàn'àn

예 这个结论是通过了验证的。

이 결론은 실험을 거쳐 증명된 것이다.

명 결론

0030

纪律
jìlǜ

예 在公司内部，不可以没有自由，但是也不可以没有纪律。

회사 내부에 자유가 없어서도 안 되지만, 그러나 기강이 없어서도 안 된다.

명 기율, 기강, 법도

0031

集体
jítǐ

유의 群体 qúntǐ

반의 个人 gèrén

예 今天老师带我们集体去景福宫参观。

오늘 선생님께서 우리 단체가 경복궁을 참관하도록 데려가셨다.

명 집단, 단체

Voca+

景福宫 Jǐngfúgōng 명 경복궁

0032

克服
kèfú

예 在前行的路上无论我遇到多大的困难，都要克服。

앞길에 내가 어떠한 큰 어려움을 만나든 간에 다 극복할 것이다.

동 극복하다 명 극복

0033

类型
lèixíng

예 流感病毒有很多不同类型。

독감 바이러스에는 여러 가지 다른 유형이 있다.

명 유형

Voca+

流感病毒 liúgǎn bìngdú 명 독감 바이러스

0034
力量
lìliàng

예 他的力量超乎常人，肌肉非常发达。

그의 힘은 보통 사람을 초월한다. 근육도 매우 발달되어 있다.

명 힘, 역량

0035
领域
lǐngyù

예 梵高在美术领域取得了相当高的成就。

반 고흐는 미술 영역에서 상당한 성취를 거두었다.

명 영역

Voca+
梵高 Fàngāo 명 빈센트 반 고흐

0036
理由
lǐyóu

예 遇事人人都会找理由，却少有人说是自己的责任。

일이 생기면 사람들은 다 이유를 찾지, 자신의 책임이라고 말하는 사람은 적다.

명 이유

0037
毛病
máobìng

예 这只表时走时停，一定是哪儿出了毛病。

이 손목시계는 가다가 서다가 하는 것이 틀림없이 어딘가 고장이 난 것이다.

명 고장, 문제

0038
矛盾
máodùn

예 他肯定是在说谎，前后说的话有矛盾。

그는 틀림없이 거짓말을 하고 있다. 앞뒤의 말이 맞지 않는다.

명 모순, 갈등

0039
秘密
mìmì

유의 机密 jīmì

반의 公开 gōngkāi

예 大约还有一些不可告人的秘密，家里人也无从揣测。

아마 아직 남들에게 말할 수 없는 비밀들이 있는 것 같은데, 가족들도 짐작할 도리가 없다.

명 비밀 형 비밀의

Voca+
无从 wúcóng 부 (어떤 일을 하는 데) ~할 길이 없다, ~할 방법이 없다 | 揣测 chuǎicè 동 짐작하다, 추측하다

0040

目标
mùbiāo

유의 目的 mùdì

예 我的目标是说一口标准的汉语。

내 목표는 정확한 중국어를 구사하는 것이다.

명 목표

0041

平等
píngděng

유의 对等 duìděng

예 也有企业之间的竞争，不过这竞争是平等的，所以没什么可怕的。

물론 기업 간의 경쟁도 있지만, 이 경쟁은 평등하기 때문에 두려워할 것은 없다.

명 평등

0042

平衡
pínghéng

유의 均衡 jūnhéng

반의 失调 shītiáo

예 货币市场上的供需关系将会大致平衡。

화폐 시장에서의 수요와 공급의 관계는 일반적으로 균형을 이룬다.

형 균형이 맞다 명 균형, 밸런스

Voca+
供需 gōngxū 동 공급하고 수요되다

0043

平均
píngjūn

예 据统计，这些豪华别墅平均房售率仅为三成。

통계에 따르면 이런 호화 별장의 평균 매수율은 30% 밖에 되지 않는다.

명 평균 동 평균을 내다

Voca+
别墅 biéshù 명 별장

0044

前途
qiántú

유의 前程 qiánchéng

예 那个公司待遇很差，更关键的是没有前途。

그 회사는 대우가 형편없다. 더 관건인 것은 비전이 없다는 것이다.

명 전도, 앞날, 비전

Tip '前途'와 '前程'은 모두 '전도, 앞날'의 뜻인데, '前途'의 대상은 개인뿐만 아니라 국가, 사업, 일 등 범위가 넓고, 이에 비해 '前程'의 대상은 주로 개인입니다.

0045

气氛
qìfēn

유의 空气 kōngqì
氛围 fēnwéi

예 我接触到一种平静欢乐的气氛。

나는 일종의 평온하고 즐거운 분위기를 접했다.

명 분위기

0046

奇迹
qíjì

예 球迷非常期待运动员们可以创造奇迹。

축구 팬들은 선수들이 기적을 만들어낼 수 있기를 매우 기대한다.

명 기적

0047

青春
qīngchūn

예 我们的青春和梦想现在已经都没有了。

우리의 청춘과 꿈이 지금은 이미 다 없어져버렸다.

명 청춘

0048

趋势
qūshì

유의 趋向 qūxiàng

예 这时天渐暗下来，云密集，实在有下雨的趋势。

이때 날이 점점 어두워지고 구름이 모여들어, 정말 비가 내릴 기운이 있었다.

명 추세, 경향, 기운

0049

实话
shíhuà

반의 谎话 huǎnghuà

예 我就在你眼前，你怎么不说实话呢?

내가 바로 당신 눈 앞에 있는데, 당신은 왜 사실을 말하지 않나요?

명 실제 이야기, 실화, 사실

0050

事实
shìshí

반의 谣言 yáoyán

예 事实上，多数心理问题都可以通过积极治疗得到控制。

사실상 대부분의 심리 문제는 적극적인 치료를 통해 통제될 수 있다.

명 사실

0051

象征
xiàngzhēng

예 天平和障眼物是最高法院法官的象征。

천칭과 눈가리개는 최고 법원 법관의 상징이다.

명 상징

Voca+

天平 tiānpíng 명 천칭 | 障眼物 zhàngyǎnwù 눈가리개

0052

现象

xiànxiàng

반의 本质 běnzhì

예 有些人多喝咖啡后，常出现过敏、失眠、头痛等现象。

어떤 사람들은 커피를 많이 마신 뒤에 알레르기, 불면증, 두통 등의 현상이 자주 나타난다.

명 현상

0053

形式

xíngshì

유의 模式 móshì

예 艺术上不同的形式和风格可以自由发展。

예술상 다른 형식과 풍격은 자유롭게 발전할 수 있다.

명 형식

0054

形势

xíngshì

예 缺乏竞争是造成当前就业形势紧张的主要原因。

경쟁이 치열하지 않은 것이 현재 취업 형세의 긴장 국면을 조성한 주요 원인이다.

명 형세

0055

形象

xíngxiàng

유의 生动 shēngdòng

예 他被任命为“中韩两国友好”形象大使。

그가 '한중 양국의 우호' 홍보 대사로 임명되었다.

명 형상, 이미지 형 생동감이 넘치다

0056

样式

yàngshì

예 这两件衣服，样式各异。

이 두 옷은 스타일이 각각 다르다.

명 양식, 스타일

0057

因素

yīnsù

유의 要素 yàosù

예 学习先进经验是提高生产的重要因素之一。

선진 경험을 배우는 것은 생산을 제고하는 중요한 요소 중 하나이다.

명 원인, 요인, 요소

0058

用途

yòngtú

유의 用处 yòngchu

예 我们班上谁也不知道这个东西的用途。

우리 반의 누구도 이 물건의 용도를 모른다.

명 용도

0059

原则

yuánzé

유의 准则 zhǔnzé

예 我原则上是同意它的，但我怀疑在实践中它是否会发生。

나는 원칙적으로 그것에 동의하지만, 실제로 그것이 성사될지는 미심쩍다.

명 원칙

0060

智慧

zhìhuì

예 不只是情感和愿望，智慧在决定这些重要问题时必然有其作用。

감정과 바람만이 아니라, 이렇게 중요한 문제를 결정할 때는 지혜를 쓰는 것이 필수적이다.

명 지혜

0061

种类

zhǒnglèi

유의 品类 pǐnlèi
品种 pǐnzhǒng

예 现在可以买到许许多多不同种类的蘑菇。

요즘에는 여러 가지 다른 종류의 버섯을 살 수 있다.

명 종류

Voca+
蘑菇 mógu 명 버섯

0062

状况

zhuàngkuàng

유의 情况 qíngkuàng

예 同样的状况，但是当我们从不同角度去看时，就会产生不同的看法。

똑같은 상황이지만 다른 각도에서 볼 때, 서로 다른 의견이 생기게 된다.

명 상황

0063

资格

zīgé

예 他三次犯规，被取消了继续比赛的资格。

그는 반칙을 세 번 해서, 경기를 계속할 자격을 박탈당했다.

명 자격

1. 알맞은 단어를 고르세요.

보기 A. 本领 B. 步骤 C. 类型 D. 成果 E. 平方 F. 厘米

① 유형 ________ ② 센티미터 ________

③ 세제곱, 정육면체 ________ ④ 능력 ________

⑤ 순서, 절차 ________ ⑥ 성과, 결과 ________

2. 중국어의 뜻과 병음을 서로 연결하세요.

① 상징 •	• 形势 •	• xíngshì
② 형세 •	• 象征 •	• yīnsù
③ 원인, 요인 •	• 平等 •	• píngděng
④ 평등 •	• 因素 •	• xiàngzhēng
⑤ 평균 •	• 平均 •	• píngjūn

3. 밑줄 친 부분에 적합한 단어를 쓰세요.

보기 A. 风险 B. 措施 C. 后果 D. 成就 E. 标志 F. 功能

① 医疗工作________很大，因为需要对每一位患者的生命负责任。

② 东方明珠已经成为上海的新________。

③ 在地震来临之前，我们应该采取相应的急救________。

④ 在基础科学的研究领域，他取得了很大________。

⑤ 这个字典的________非常齐全。

⑥ 他盘算着自己的行动，盘算着这个行动实施后的________。

1. 알맞은 단어를 고르세요.

보기 A. 核心 B. 秘密 C. 概念 D. 价值 E. 力量 F. 克服

① 개념 ______ ② 핵심, 주요 부분 ______

③ 비밀 ______ ④ 가치 ______

⑤ 극복 ______ ⑥ 힘, 역량 ______

2. 중국어의 뜻과 병음을 서로 연결하세요.

① 단계 •	• 幻想 •	• huànxiǎng
② 규모 •	• 阶段 •	• huàtí
③ 환상 •	• 话题 •	• lǐngyù
④ 영역 •	• 领域 •	• guīmó
⑤ 화제 •	• 规模 •	• jiēduàn

3. 밑줄 친 부분에 적합한 단어를 쓰세요.

보기 A. 用途 B. 现象 C. 趋势 D. 状况 E. 观点 F. 资格

① 他三次犯规，被取消了继续比赛的______。

② 他总是清楚而勇敢地提出自己的______。

③ 这时天渐暗下来，云密集，实在有下雨的______。

④ 同样的______，但是当我们从不同角度去看时，就会产生不同的看法。

⑤ 有些人多喝咖啡后，常出现过敏、失眠、头痛等______。

⑥ 我们班上谁也不知道这个东西的______。

新HSK 5급

기능별 어휘

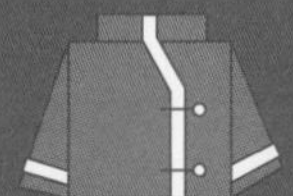

Chapter 1. 수사와 양사

B1-1 1-1 수사

Let's Start Up!

주제에 맞는 단어와 예문을 학습해 보세요.

0001

亿
yì

예 从1958年到1998年40年间中国人口增加了5亿。
1958년부터 1998년까지 40년 동안 중국 인구는 5억이 증가했다.

수 억

Chapter 1. 수사와 양사

B1-2 **1-2 명량사**

Let's Start Up!

주제에 맞는 단어와 예문을 학습해 보세요.

0001
册
cè

예 这新书第1版印刷5千册。
이 새로 나온 책은 초판을 5,000부 인쇄했다.

양 권, 부 [서적 등을 세는 단위]

Voca+
印刷 yìnshuā 동 인쇄하다

0002
滴①
dī

예 一滴眼泪沿着他的脸流下来。
눈물 한 방울이 그의 얼굴을 따라 흘러내렸다.

양 방울

Voca+
沿着 yánzhe 개 ~를 따라

滴②
dī

예 晚上睡觉的时候听见滴水的声音，让我感到非常害怕。
밤에 잘 때 물 떨어지는 소리가 들려서 너무 무서웠다.

동 떨어지다

0003
顶①
dǐng

예 妈妈戴的那顶帽子是爸爸在法国买给她的。
엄마가 쓰신 그 모자는 아빠가 프랑스에서 사다주신 것이다.

양 개 [모자 등 꼭대기가 있는 물건을 세는 단위]

顶②
dǐng

예 为防止雨天漏雨，爸爸重修了家里的屋顶。
비오는 날 비가 새는 것을 막기 위해서 아빠는 지붕을 보수했다.

명 꼭대기

Voca+
防止 fángzhǐ 동 방지하다 | 屋顶 wūdǐng 명 옥상, 지붕

0004
吨
dūn

예 我们预计今年的小麦收获量将会达到300万吨。
우리는 올해의 밀 수확량이 300만 톤에 달할 것으로 예상한다.

양 톤(t)

Voca+
预计 yùjì 동 예측하다, 추산하다 | 小麦 xiǎomài 명 밀

0005
朵
duǒ

예 这朵玫瑰开得真漂亮。
이 장미는 정말 예쁘게 피었다.

양 송이, 점 [꽃 · 구름 등을 세는 단위]

0006
幅
fú

예 妹妹昨天画了一幅山水画，画得很好。
여동생이 어제 산수화를 한 점 그렸는데 매우 잘 그렸다.

양 폭 [그림 등을 세는 단위]

0007
届
jiè

예 上届的学姐走之前给我留下了许多复习资料。
윗 기수의 여자 선배가 떠나기 전에 나에게 많은 복습 자료를 남겨주었다.

양 회, 기 [정기적인 회의 또는 졸업생 등을 세는 단위]

0008
克
kè

예 1000克为1公斤，1斤合500克。
1,000g은 1kg이고 1근은 500g이다.

양 그램(g)

Voca+
合 hé 동 상당하다, 맞먹다

0009
颗
kē

예 月球是地球的一颗卫星。
달은 지구의 위성이다.

양 알 [알맹이 같은 것을 세는 단위]

Voca+
月球 yuèqiú 명 달, 월구

0010
盆
pén

예 桌子上放着一盆花儿。
책상 위에 꽃 화분이 하나 놓여있다.
양 대야, 화분

0011
匹
pǐ

예 有几匹马在大草原吃着嫩绿的青草。
몇 필의 말이 초원에서 부드럽고 푸른 풀을 먹고 있다.
양 필 [말 · 천을 세는 단위]

Voca+
嫩绿 nènlǜ 형 부드럽고 푸르스름하다

0012
片
piàn

예 我给你开点药，你回去一天吃三次，一次两片。
약을 처방해 드릴테니 가셔서 하루 세 번, 한 번에 두 알씩 드세요.
양 편 [조각 · 경치 등을 세는 단위]

0013
批
pī

예 这批留学生代表团是由8个国家的人组成的。
이번 유학생 대표단은 8개국 사람들로 이루어져 있다.
양 무리, 떼

0014
群
qún

예 从对面跑过来一群可爱的孩子。
맞은편에서 한 무리의 귀여운 아이들이 뛰어왔다.
양 무리, 떼

0015
首①
shǒu

예 那首歌多年来一直铭记在我心中。
그 노래는 몇 년 동안 줄곧 내 마음 속에 깊이 남아있다.
양 수 [시나 노래를 세는 단위]

Voca+
铭记 míngjì 동 명기하다. 깊이 새기다

首②
shǒu

예 温度的控制是三大要素之首。
온도 제어는 3대 요소 중의 으뜸이다.
명 시작, 최초, 머리

首③
shǒu

예 这更像是首付，也可以说是定金。

이것은 1차로 지불하는 것으로 계약금이라고도 말할 수 있다.

부 최초로, 1차로

Voca+
定金 dìngjīn 통 예약금, 계약금

0016
所
suǒ

예 这所学校的学生来自附近好几个地区。

이 학교의 학생들은 부근의 여러 지역에서 왔다.

양 채, 동 [학교 · 병원 등을 세는 단위]

0017
套
tào

예 这套衣服看上去不怎么好看，可你一穿上就有一种很特别的味道。

이 옷은 보기에는 그다지 예쁘지 않지만, 네가 입으면 특별한 분위기가 날 것 같다.

양 세트, 벌

0018
项
xiàng

예 这项调查表明汉语并不像外国人想象的那么难学。

이 조사는 중국어가 결코 외국인이 생각하는 것만큼 그렇게 배우기가 어려운 것은 아니라는 것을 나타낸다.

양 항목, 조항 [항목으로 나뉘는 것을 세는 단위]

0019
支
zhī

예 妹妹开学的那天我送她好几支铅笔。

여동생이 개학하는 그 날 나는 그녀에게 몇 자루의 연필을 선물했다.

양 자루 [가는 물건을 세는 단위]

Chapter 1. 수사와 양사

B 1-3 **1-3 동량사**

Let's Start Up! 주제에 맞는 단어와 예문을 학습해 보세요.

0001

阵
zhèn

예 我愣了好一阵儿没反应过来。

나는 한참 동안 멍해서 아무런 반응도 보이지 않았다.

양 한바탕, 한차례 [짧은 시간]

Voca+

愣 lèng 동 멍해지다, 얼빠지다, 어리둥절하다

0002

顿
dùn

예 他被老师骂了一顿，保证再也不迟到了。

그는 선생님께 한차례 혼나고서 다시는 늦지 않겠다고 맹세했다.

양 번, 차례, 끼니 [식사 · 꾸중 등을 세는 단위]

1. 알맞은 단어를 고르세요.

보기 A. 吨 B. 幅 C. 盆 D. 所 E. 届 F. 朵

① 대야, 화분을 세는 단위 ________ ② ~회, 기 ________

③ 폭 [그림 등을 세는 단위] ________ ④ 꽃·구름 등을 세는 단위 ________

⑤ 톤(t) ________ ⑥ 학교·병원 등 세는 단위 ________

2. 중국어의 뜻과 병음을 서로 연결하세요.

① 서적 등을 세는 단위 •	• 滴 •	• zhèn
② 알맹이를 세는 단위 •	• 阵 •	• kē
③ 세트, 벌 •	• 颗 •	• tào
④ 한차례 [짧은 시간] •	• 套 •	• dī
⑤ 방울 •	• 册 •	• cè

3. 밑줄 친 부분에 적합한 단어를 쓰세요.

보기 A. 幅 B. 批 C. 顿 D. 支 E. 片 F. 匹

① 这________留学生代表团是由8个国家的人组成的。

② 我给你开点药，你回去一天吃三次，一次两________。

③ 有几________马在大草原吃着嫩绿的青草。

④ 妹妹昨天画了一________山水画，画得很好。

⑤ 妹妹开学的那天我送她好几________铅笔。

⑥ 他被老师骂了一________，保证再也不迟到了。

Chapter 2. 대사

B 2-1 **2-1 인칭**

Let's Start Up!

주제에 맞는 단어와 예문을 학습해 보세요.

0001

彼此
bǐcǐ

예 如果人与人多一些彼此间的谅解，这个社会也就会更加和谐。

만약 사람과 사람이 서로 간에 약간 이해를 한다면 이 사회도 더 조화롭게 될 것이다.

대 피차, 서로

Voca+
谅解 liàngjiě 동 이해하다, 양해하다 [실정을 알게 된 후, 용서하거나 받아들임을 의미함] | 和谐 héxié 형 잘 어울리다, 조화롭다

0002

各自
gèzì

예 他们各自做各自的事。

그들은 각자 자기의 일을 한다.

대 각자, 제각기

Chapter 2. 대사

B2-2 **2-2 지시·의문**

Let's Start Up! 주제에 맞는 단어와 예문을 학습해 보세요.

0001

某
mǒu

예 我在某本书里看到过这段故事。

나는 어떤 책에서 이 이야기를 본 적이 있다.

대 어느, 아무, 어떤 사람

Voca+
并 bìng 접 그리고, 또, 아울러, 게다가 | 放映 fàngyìng 동 방영하다, 상영하다

0002

其余
qíyú

유의 其他 qítā

예 最新鲜的水果拿到市场上去卖，其余的就做成罐头了。

가장 신선한 과일들을 시장에 내다 팔고, 나머지는 통조림으로 만들었다.

대 나머지, 남은 것

Voca+
罐头 guàntou 명 통조림, 캔

0003

如何
rúhé

유의 怎么 zěnme

예 怪不得他的心情这么好，原来他知道如何减轻自己的压力。

어쩐지 그의 기분이 이렇게 좋더라니, 알고 보니 그는 자기의 스트레스를 어떻게 줄여야 하는지를 알고 있었다.

대 어떻게, 어떠하다

Voca+
减轻 jiǎnqīng 동 (정도가) 내려가다, 줄이다, 낮아지다

Chapter 3. 개사

B3-1 **3-1 대상·방향**

Let's Start Up!

주제에 맞는 단어와 예문을 학습해 보세요.

0001

至于
zhìyú

예 至于好看不好看，每个人有每个人的看法。
예쁘고 안 예쁘고에 대해 사람들은 각각의 생각이 있다.

개 ~에 대해서

0002

朝
cháo

예 我的窗户是朝南的。
내 창문은 남쪽으로 나 있다.

개 ~을 향하여, ~쪽으로

Tip 다음자 '朝'

'**朝**'가 '이른 아침'이라는 뜻으로 쓰일 때는 'zhāo'라고 발음합니다.

예 一朝一夕 yìzhāoyìxī 하루의 아침 혹은 하루의 저녁, 아주 짧은 시간

0003

自从
zìcóng

예 自从爆发禽流感以来，已有1000万只鸡和鸭子被屠宰。
조류독감이 발생한 이래로 이미 1,000만 마리의 닭과 오리가 도살되었다.

개 ~에서, ~부터 [시간이나 행위 · 상황의 기점을 표시함]

Voca+
爆发 bàofā 동 발발하다, 돌발하다 | 禽流感 qínliúgǎn 명 조류독감 | 屠宰 túzǎi 동 (가축을) 도살하다

3 개사

Chapter 3. 개사

B3-2 **3-2 근거**

Let's Start Up!

주제에 맞는 단어와 예문을 학습해 보세요.

0001

趁

chèn

유의 乘 chéng

예 趁今天有空儿，咱们去看场电影。

오늘 시간이 있는 틈을 타서 우리 영화보러 가자.

개 (때 · 기회를) 이용해서, 틈타서

0002

凭

píng

예 竞争很激烈，凭我的实力拿冠军不太可能。

경쟁이 너무 치열해서 내 실력으로 우승을 하는 것은 그다지 가능성이 없다.

개 ~에 근거하여

Chapter 4. 조사

Let's Start Up!

주제에 맞는 단어와 예문을 학습해 보세요.

0001

似的

shìde

예 我问他，他没有回答，像没有听见似的。

내가 그에게 물었지만 그는 마치 아무것도 못 들은 것처럼 대답하지 않았다.

조 ~와 같다, ~와 비슷하다

4 조사

1. 알맞은 단어를 고르세요.

보기 A. 其余 B. 如何 C. 某 D. 各自 E. 彼此

① 어떻게, 어떠하다 ________ ② 피차, 서로 ________

③ 나머지, 남은 것 ________ ④ 각자, 제각기 ________

⑤ 어느, 어떤 사람 ________

2. 서로 관계 있는 단어를 연결하 세요.

① ~에 대해서 •	• 似的 •	• píng
② ~을 향하여 •	• 朝 •	• zhìyú
③ ~에 근거하여 •	• 凭 •	• zìcóng
④ ~와 같다 •	• 自从 •	• shìde
⑤ ~에서, ~부터 •	• 至于 •	• cháo

3. 밑줄 친 부분에 적합한 단어를 쓰세요.

보기 A. 如何 B. 彼此 C. 朝 D. 其余 E. 似的 F. 凭

① 如果人与人多一些________间的谅解，这个社会也就会更加和谐。

② 最新鲜的水果拿到市场上去卖，________的就做成罐头了。

③ 怪不得他的心情这么好，原来他知道________减轻自己的压力。

④ 我的窗户是________南的。

⑤ 我问他，他没有回答，像没有听见________。

⑥ 竞争很激烈，________我的实力拿冠军不太可能。

Chapter 5. 부사

B 5-1 **5-1 범위**

Let's Start Up!

주제에 맞는 단어와 예문을 학습해 보세요.

0001

分别①
fēnbié

예 老师让我们分别把中文和拼音抄写一遍。
선생님은 우리에게 중국어와 병음을 각각 한 번씩 베껴쓰라고 하셨다.
부 각기, 따로

Voca+
拼音 pīnyīn 명 중국어의 병음

分别②
fēnbié

예 这几个客户的情况不同，我们要分别对待。
이 몇 손님의 상황이 다르니 우리는 다르게 대우해야 한다.
부 다른 방식으로, 다르게, 별도로

分别③
fēnbié

예 他的眼睛分别不了红色和绿色。
그의 눈은 붉은 색과 초록색을 구분하지 못한다.
동 구별하다, 분별하다, 식별하다

分别④
fēnbié

예 这两种裙子除了颜色不同以外没什么分别。
이 두 종류의 치마는 색깔이 다른 것 이외에 다른 어떤 차이가 없다.
명 차이, 다름, 차별

分别⑤
fēnbié

유의 分离 fēnlí, 离别 líbié
반의 结合 jiéhé

예 这次分别，还不知道下次见面是什么时候呢。
이번에 헤어지면 다음에 언제 만날지 모른다.
동 헤어지다

0002

总共
zǒnggòng

예 各种收入加起来总共是两万块钱。
각종 수입을 합치면 모두 2만 위안이다.
부 모두, 전부, 합쳐서

Chapter 5. 부사

B5-2 **5-2 정도**

Let's Start Up!

주제에 맞는 단어와 예문을 학습해 보세요.

0001

极其
jíqí

예 地球的大气层已经受到了极其严重的污染。
지구의 대기층은 이미 매우 심각하게 오염되었다.

부 아주, 몹시

0002

丝毫
sīháo

예 这丝毫减少不了他们应该担负的责任。
이것은 그들이 부담해야 할 책임을 조금도 줄일 수 없다.

부 조금, 추호, 극히 [주로 부정 형식으로 쓰임]

0003

相当①
xiāngdāng

유의 非常 fēicháng
十分 shífēn

예 人们虽然每天都刷牙，可是有相当多的人不懂刷牙的方法。
비록 매일 양치를 하지만 많은 사람들이 양치하는 방법을 알지 못한다.

부 상당히, 꽤

相当②
xiāngdāng

예 我想买房，可还没遇到相当的价格和地点。
나는 집을 사려고 하는데 아직 적당한 가격과 지역을 찾지 못했다.

형 적합하다, 적당하다

相当③
xiāngdāng

예 她一个月挣的钱相当于我两年的工资。
그녀가 한 달에 버는 돈은 내 2년 치 월급과 비슷하다.

동 상당하다, 엇비슷하다

0004

逐步

zhúbù

예 经济发展以后，城乡差别逐步缩小了。

경제 발전 이후, 도시와 농촌의 차이가 점점 줄어들고 있다.

부 점점, 점차

Voca+

城乡差别 chéngxiāngchābié 명 (문화·생활 수준 등에서의) 도농 격차

0005

逐渐

zhújiàn

유의 逐步 zhúbù

반의 突然 tūrán

예 老型号的机器逐渐退出了市场。

구모델 기계는 시장에서 점점 퇴출되고 있다.

부 점점, 점차

Tip '逐步 zhúbù'와 '逐渐 zhújiàn'의 비교

둘 다 '천천히 변화하다'는 뜻을 나타내지만, '逐步'는 '한걸음씩'이라는 의미로, 뚜렷한 단계성을 가지고 있으며 '逐渐'은 '조금씩'이라는 의미로, 어떤 뚜렷한 단계가 없이 연속성을 지닙니다.

Chapter 5. 부사

B5-3 **5-3 부정**

Let's Start Up!

주제에 맞는 단어와 예문을 학습해 보세요.

0001

不见得

bújiàndé

예 安逸的生活不见得有意义。

편안하고 한가로운 생활이 결코 의미가 있는 것은 아니다.

부 반드시 ~라고는 할 수 없다

Voca+

安逸 ān'yì 형 편안하고 한가하다, 안일하다

0002

未必

wèibì

반의 必然 bìrán
必定 bìdìng

예 我觉得那本书未必有她所说的那么复杂难懂。

나는 그 책이 그녀가 말한 것처럼 그렇게 이해하기 어려운 것은 아니라고 생각한다.

부 반드시 ~한 건 아니다

0003

勿

wù

예 勿忘使用邮政编码。

우편번호 적는 것을 잊지 마세요.

부 ~해서는 안 된다, ~하지 마라

Voca+

邮政编码 yóuzhèngbiānmǎ 명 우편번호

Chapter 5. 부사

B5-4 **5-4** 빈도

Let's Start Up!

주제에 맞는 단어와 예문을 학습해 보세요.

0001

轮流
lúnliú

예 这个星期我们轮流值日。

이번 주에는 우리가 교대로 당직한다.

부 차례로, 돌아가면서

Voca+

值日 zhírì 동 당직을 서다, 당직하다

0002

一再
yízài

예 他对这个错误一再表示歉意。

그는 이 잘못에 대해 거듭해서 사의를 표한다.

부 수차, 거듭, 반복해서

Voca+

歉意 qiànyì 명 미안한 마음

0003

再三
zàisān

예 他犹豫再三后决定报警。

그는 거듭 고민한 후에 경찰에 신고할 것을 결정했다.

부 거듭, 다시, 재차

Voca+

报警 bào jǐng 동 경찰에 신고하다

Chapter 5. 부사

B5-5 **5-5 시간**

Let's Start Up!

주제에 맞는 단어와 예문을 학습해 보세요.

0001

便①
biàn

유의 就 jiù

예 每次一看到这个礼物，我便想起那个充满阳光笑脸的孩子。

매번 이 선물을 보면, 나는 바로 얼굴에 미소가 가득했던 그 아이가 생각난다.

부 곧, 바로

Tip 인과(因果), 조건 등을 표시하는 복문(두 개 이상의 절로 된 문장)에서 '便'은 뒷 절에 쓰여, 앞 절에 이어 결론을 이끌어 내는 역할을 합니다. 주로 '因为', '如果', '只要', '既然' 등의 접속사와 함께 사용됩니다.

便②
biàn

예 他的胳膊折断了，现在行动不便。

그는 팔이 부러져서 행동이 불편하다.

형 편리하다, 편하다

Voca+
折断 zhéduàn 동 꺾다, 끊다, 부러뜨리다

Tip 다음자 '便'
'便'이 '싸다'라는 뜻의 '便宜 piányi'로 쓰일 때는 '便'을 'pián'으로 발음합니다.

0002

曾经
céngjīng

반의 未曾 wèicéng
不曾 bùcéng

예 这里曾经是一片绿油油的、一望无际的草原，可现在成了贫瘠的沙漠。

이곳은 전에는 끝없이 푸른 초원이었는데, 지금은 황량한 사막이 되었다.

부 일찍이, 이전에

Voca+
绿油油 lǜyóuyóu 형 짙푸르다, 푸르고 싱싱하다 | 一望无际 yíwàngwújì 성 일망무제, 아득히 넓어서 끝이 없다 | 草原 cǎoyuán 명 초원, 풀밭 | 贫瘠 pínjí 형 (땅이) 척박하다, 메마르다

0003

迟早
chízǎo

예 你如果那样开车，迟早会出事的。

너는 그렇게 운전하면 머지않아 사고가 날 것이다.

부 조만간, 머지않아

0004

从此
cóngcǐ

예 不管怎样，几年后我去上了中学，从此再也没有见过她。

어쨌든 간에 몇 년 후에 나는 중학교에 들어갔고 그때부터 그녀를 본 적이 없다.

부 지금부터, 이제부터, 여기부터

0005

忽然
hūrán

유의 突然 tūrán

반의 渐渐 jiànjiàn

예 他忽然说出了一句很奇怪的话。

갑자기 그가 이상한 말을 했다.

부 갑자기, 별안간

Tip '忽然 hūrán'과 '突然 tūrán'의 비교

'忽然'은 부사로서 부사어로만 쓰이고, '突然'은 형용사로서 서술어, 보어, 부사어, 한정어로 쓰일 수 있습니다.

0006

尽快
jǐnkuài

예 请尽快完成那份报告，越快越好。

되도록이면 빨리 그 보고서를 완성하세요. 빠르면 빠를수록 좋습니다.

부 되도록 빨리

0007

连忙
liánmáng

유의 急忙 jímáng

예 他在偷看电视的时候妈妈突然回来了，他连忙把电视关掉。

그가 몰래 TV를 보고 있을 때 엄마가 갑자기 돌아오셔서 그는 급하게 TV를 껐다.

부 급히

0008

立即
lìjí

유의 立刻 lìkè

马上 mǎshàng

예 由于时间紧急，董事长立即出发去会场了。

시간이 촉박해서 이사장은 즉시 회의장으로 출발했다.

부 곧, 즉시

0009

立刻

lìkè

유의 马上 mǎshàng
立即 lìjí

예 仙女施展魔法使灰姑娘立刻变成了美丽的公主。

요정이 마법을 부리자 신데렐라가 바로 아름다운 공주로 변했다.

부 즉시

Voca+
施展 shīzhǎn 동 (수완이나 재능을) 발휘하다, 펼치다

0010

始终

shǐzhōng

예 这儿的菜太辣，我始终觉得很不习惯。

여기 음식은 너무 매워서 나는 끝내 습관이 되지 않았다.

부 끝내, 시종일관

0011

随时

suíshí

예 你给他们打电话，他们随时都会来修理。

당신은 그들에게 전화해서 아무 때나 수리하러 와도 괜찮다고 얘기하세요.

부 수시로, 언제든지

0012

依然①

yīrán

유의 仍旧 réngjiù
依旧 yījiù

예 很多年过去了，我依然怀念在奶奶家度过的那段美好时光。

여러 해가 지났지만 나는 여전히 할머니 댁에서 보냈던 그 아름답던 시절을 그리워한다.

부 여전히, 변함없이

Voca+
时光 shíguāng 명 시기, 때, 시절

依然②

yīrán

예 回到老家了，这里的风景依然。

고향에 돌아오니 이곳의 풍경은 예전과 같다.

형 여전하다, 전과 같다, 그대로이다

0013

正①

zhèng

예 这件衬衫大小正合适。

이 셔츠의 크기는 딱 맞다.

부 마침, 딱, 바로 [꼭 알맞음을 나타냄]

正② zhèng

예 他正躺在床上睡着觉呢。

그는 지금 침대에 누워서 자고 있는 중이다.

부 마침, 한창 [동작이 진행 중임을 나타냄]

正③ zhèng

예 这钱的来路肯定不正。

이 돈의 내력은 분명히 옳지 않을 것이다.

형 정당하다

Voca+
来路 láilù 명 (사물의) 내원, 출처, 원천

正④ zhèng

예 这件衣服的颜色是正红的。

이 옷의 색깔은 순홍색이다.

형 (색이나 맛 등이) 순수하다

正⑤ zhèng

반의 歪 wāi, 斜 xié

예 这幅画挂得不正。

이 그림은 똑바로 걸려있지 않다.

형 똑바르다

0014

至今 zhìjīn

예 这个问题至今没有人提出过不同的意见。

이 문제는 지금까지 다른 의견을 낸 사람이 없다.

부 여태껏, 지금까지

Let's Start Up! 주제에 맞는 단어와 예문을 학습해 보세요.

0001

毕竟
bìjìng

예 别责怪她了，毕竟还是小孩子。
그녀를 탓하지 마라. 어쨌든 간에 아직 어린아이이다.

부 결국, 어쨌든

0002

必然①
bìrán

유의 一定 yídìng
반의 未必 wèibì

예 凡是做错了事必然会受到惩罚。
무릇 잘못을 하면 응당 벌을 받아야 한다.

부 틀림없이, 반드시

Voca+
惩罚 chéngfá 명 징벌

必然②
bìrán

반의 偶然 ǒurán

예 他平时就非常刻苦学习，得到好的成绩是必然的。
그는 평상시에 열심히 노력하니 좋은 성적을 받는 것은 당연하다.

형 필연적이다

0003

不断①
búduàn

예 他的不断出现让我们引起了警惕。
그의 끊임없는 출현이 우리로 하여금 경계를 하게 한다.

부 부단히, 끊임없이

Voca+
警惕 jǐngtì 동 경계하다, 경계심을 갖다

不断②
búduàn

반의 断绝 duànjué

예 大错不犯，小错不断。
큰 잘못은 저지르지 않지만, 작은 실수는 끊이질 않는다.

동 끊임없다

0004

单独

dāndú

반의 共同 gòngtóng

예 老师总是把他单独叫去办公室谈话。

선생님은 늘 그를 따로 교무실로 불러 말씀하신다.

부 단독으로, 혼자서

0005

的确

díquè

예 交通阻塞的确是北京的老大难。

교통체증은 확실히 베이징의 골칫거리이다.

부 확실히, 정말

Voca+

交通阻塞 jiāotōngzǔsè 명 교통체증

0006

反而

fǎn'ér

예 我一解释，他反而更有意见了。

내가 설명을 하자 그는 도리어 더 반대했다.

부 오히려, 도리어

0007

反正

fǎnzhèng

예 你愿意养你就养着，反正我不要!

당신이 기르고 싶다면 기르세요. 어쨌든 나는 싫어요!

부 어쨌든, 어차피

0008

仿佛①

fǎngfú

예 读着这些有趣的故事，我仿佛也走进了童话世界。

이런 재미있는 이야기를 읽으니 내가 마치 동화 나라에 들어간 것 같다.

부 마치 ~인 것 같다

仿佛②

fǎngfú

예 我的情况大致与前几年仿佛，没什么变化。

내 상황은 대략 몇 년 전과 비슷하다, 큰 변화가 없다.

동 비슷하다, 유사하다

0009

非

fēi

예 要发展，非改革不可。

발전을 하려면, 반드시 개혁을 해야만 한다.

부 반드시 (~하지 않으면 안 된다)

Tip '非' 뒤에 '不可 bùkě, 不行 bùxíng, 不成 bùchéng' 등이 생략된 것입니다.

0010

纷纷①

fēnfēn

예 春节到了，在外地工作的人纷纷回到老家。

춘절이 되어 타지에서 일하는 사람들이 잇달아 고향으로 돌아왔다.

부 (사람이나 사물이) 잇달아, 연달아

纷纷②

fēnfēn

예 秋天到了，树叶纷纷扬扬地落了下来。

가을이 되어 나뭇잎들이 어지럽게 흩날린다.

형 (눈 · 꽃 · 낙엽 등이) 분분하다, 흩날리다

Voca+

纷纷扬扬 fēnfēnyángyáng 형 (눈 · 꽃 · 낙엽 등이) 어지럽게 날리다, 흩날리다

0011

干脆①

gāncuì

예 你要是有意来，就干脆明说。

당신이 오고 싶다면 분명하게 말하세요.

부 차라리, 분명하게

干脆②

gāncuì

예 这个人做事很干脆。

이 사람은 일하는 것이 시원시원하다.

형 (언행이) 명쾌하다, 시원스럽다

0012

赶紧

gǎnjǐn

예 看到前面有人，司机赶紧刹住了车。

앞쪽에 사람이 있는 것을 보고 기사가 급히 차를 멈추었다.

부 서둘러, 재빨리

Voca+

刹住 shāzhù 동 멈추다

0013

赶快

gǎnkuài

예 空调坏了，赶快找人来修。

에어컨이 고장 났으니 빨리 사람을 불러서 고쳐라.

부 황급히, 재빨리

0014
根本①
gēnběn

예 你这个愿望完全就是梦，根本不可能实现。
너의 이 바람은 완전히 꿈이다. 전혀 실현 가능성이 없다.
부 전혀, 근본적으로

根本②
gēnběn

예 公司找到了根本出路，扩大贸易。
회사는 중요한 활로를 찾았다. 바로 무역을 확대하는 것이다.
형 주요한, 중요한, 기본적인

根本③
gēnběn

예 问题的根本已经解决，不良风气已经改变了。
문제의 근본은 이미 해결되었고, 나쁜 풍조는 이미 바뀌었다.
명 근본, 근원

Voca+
不良风气 bùliángfēngqì 명 불량 풍조, 기풍

0015
格外
géwài

예 今天天气格外好，我的心情也格外好。
오늘 날씨가 특히 좋아서 내 마음도 유난히 좋다.
부 특별히, 매우

0016
怪不得①
guàibude

예 怪不得他说话支支吾吾的，原来他说了谎话。
어쩐지 대충 얼버무리더라니 알고 보니 그가 거짓말을 했다.
부 어쩐지

Voca+
支支吾吾 zhīzhiwúwú 동 얼버무리다, 어물어물하다, 발뺌하다

怪不得②
guàibude

예 考试没考好，怪不得我们，考试太难了。
시험을 잘 못 봤는데, 우리를 나무랄 수 없다. 시험이 너무 어려웠다.
동 책망할 수 없다, 나무랄 수 없다

0017
果然
guǒrán

예 天气预报说今天有雨，到了下午，果然下雨了。
일기예보에서 오늘 비가 온다고 했는데 오후가 되니 과연 비가 내렸다.
부 과연, 생각한대로

0018

何必

hébì

예 学习是一个漫长而艰苦的过程，何必那么心急。

학습은 길고도 험난한 과정인데, 구태여 그렇게 조급해 할 필요가 있나요.

부 구태여, 하필 ~할 필요가 있는가

Voca+
漫长 màncháng 형 (시간·공간이) 길다, 멀다

0019

或许

huòxǔ

유의 也许 yěxǔ

예 或许我们可以调和他们之间的关系。

어쩌면 우리는 그들의 관계를 중재할 수도 있다.

부 아마, 혹시 (~인지 모른다)

Voca+
调和 tiáohé 동 중재하다, 화해시키다

0020

基本①

jīběn

예 在他的帮助下这件事基本算是解决了。

그의 도움으로 이 일은 거의 해결된 셈이다.

부 거의, 대체로

基本②

jīběn

예 加减乘除是最基本的运算法则。

가감승제는 가장 기본이 되는 연산법칙이다.

형 기본적이다

基本③

jīběn

예 教育是国家发展的基本。

교육은 국가 발전의 근본이다.

명 기본, 근본

0021

急忙

jímáng

예 要迟到了，我急忙跑向学校。

늦을까 봐서 나는 급히 학교로 뛰어갔다.

부 급히, 황급히

0022

简直

jiǎnzhí

예 他简直像个木头人，根本不懂得如何表达自己的感情！

그는 그야말로 나무토막 같아서, 자신의 감정을 어떻게 표현하는지 전혀 몰라!

부 그야말로, 너무나, 전혀

0023
尽量
jǐnliàng

예 你有什么困难，我们尽量帮助解决。

당신에게 어려운 일이 생기면, 우리가 최대한 해결하도록 도와드릴게요.

부 가능한 한, 최대한

0024
居然
jūrán

유의 竟然 jìngrán

예 我真不敢相信他居然还要求我赔偿他所造成的损失。

나는 정말이지 그가 뜻밖에도 자기가 저지른 손실을 나에게 배상하라고 요구한 것을 믿을 수 없다.

부 뜻밖에, 의외로

Voca+
赔偿 péicháng 동 배상하다 | 损失 sǔnshī 명 손실

0025
绝对
juéduì

예 类似的错误绝对不能再犯。

비슷한 잘못은 절대로 다시 저질러서는 안 된다.

부 절대로

Voca+
类似 lèisì 형 유사하다, 비슷하다

0026
陆续
lùxù

예 还不到15分钟，服务员陆续端上菜来。

15분도 안 돼서 종업원들이 음식을 연달아 가지고 왔다.

부 연달아, 잇달아

Voca+
端 duān 형 두 손으로 들어 나르다

0027
难怪①
nánguài

예 难怪他的汉语这么流利，原来他以前学过汉语。

어쩐지 그가 중국어를 이렇게 잘 하더라니, 그는 이전에 중국어를 배운 적이 있었군요.

부 어쩐지, 과연

难怪②
nánguài

예 他刚毕业，没经验，也难怪他。

그는 이제 막 졸업해서 경험이 없으니 나무랄 수 없다.

동 나무라기 어렵다, 꾸짖을 수 없다

0028

偶然①

ǒurán

예 我们是在一个聚会中偶然认识的。

우리는 이 모임에서 우연히 알게 되었다.

부 우연히

偶然②

ǒurán

유의 偶尔 ǒu'ěr

반의 必然 bìrán

예 她达到新HSK5级并不偶然。

그녀가 新HSK 5급에 도달한 것은 결코 우연이 아니다.

형 우연이다

0029

悄悄

qiāoqiāo

유의 偷偷 tōutōu

예 爸爸很怕被妈妈批评，便悄悄地走进了房间。

아빠는 엄마한테 혼날까 봐서 몰래 방으로 들어왔다.

부 은밀히, 몰래, 조용히

0030

亲自

qīnzì

예 老师把学生们带到一个大城市，让孩子们亲自感受外面世界的精彩。

선생님은 아이들이 직접 바깥 세상의 정채를 느낄 수 있도록 큰 도시로 데리고 갔다.

부 친히, 직접

0031

说不定

shuōbudìng

예 今天晚上说不定要下雨。

오늘 밤에 아마 비가 올지도 모르겠다.

부 아마 ~일지도 모른다

0032

似乎

sìhū

예 他似乎很羡慕我的好运气。

그는 마치 나의 행운을 매우 부러워하는 것 같다.

부 마치 ~같다

0033

随手

suíshǒu

예 她走进自己的房间随手把门关上。

그녀는 자기의 방으로 들어가는 김에 문을 닫았다.

부 ~하는 김에, 겸해서

0034

幸亏

xìngkuī

유의 幸好 xìnghǎo
幸而 xìng'ér

예 幸亏你帮助我，要不然我做不到这件事。

네가 나를 도와줘서 다행이다. 그렇지 않았다면 이 일을 하지 못했을 것이다.

부 다행히, 운 좋게

0035

一旦

yídàn

예 名牌一旦形成，那么名牌本身就是文化的体现。

일단 유명 브랜드가 만들어지면 유명 브랜드 자체가 문화의 표현이 된다.

부 일단

Voca+
名牌 míngpái 명 (~儿) 유명 상표, 유명 브랜드

0036

则①

zé

예 如果他确因有事，不能来，则当别论。

만약 그가 확실히 일이 있어 못 오면, 바로 따로 취급해야 한다.

부 바로 [주로 문어체 표현에 쓰임]

Voca+
别论 biélùn 동 따로(별도로) 취급하다

则②

zé

예 寒往则署来，署往则寒来。

추위가 가자 더위가 몰려오고, 더위가 지나가니 추위가 몰려온다.

접 ~하자 ~하다 [두 가지 일이 시간적으로 이어짐을 표시]

则③

zé

예 既然对方没有诚意，则我们的努力也没有意义了。

상대방이 성의가 없다면 우리의 노력도 의미가 없게 된다.

접 ~하면 ~하다 [인과관계 또는 조건을 표시]

Voca+
诚意 chéngyì 명 성의

则④

zé

예 过去是商品短缺，现在则是供大于求。

예전에는 상품이 부족했는데, 지금은 오히려 공급이 수요보다 많다.

접 오히려, 그러나

Voca+
供大于求 gōng dà yú qiú 공급이 수요보다 많다

0037

照常①

zhàocháng

예 很多人国庆节要照常上班。

많은 사람들이 국경절에 정상적으로 출근해야 한다.

부 평상시처럼, 변함없이

照常②

zhàocháng

예 暴风雨过后一切照常。

폭풍우가 지나간 후, 모든 것이 평소와 같다.

동 평소대로 하다, 평소와 같다

0038

总算

zǒngsuàn

예 他考试考了很多次，最后总算通过了。

그가 여러 번 시험을 치러서 마지막에 겨우 통과했다.

부 결국, 마침내

1. 알맞은 단어를 고르세요.

보기 A. 轮流 B. 立即 C. 从此 D. 未必 E. 再三 F. 始终

① 지금부터, 이제부터 ________ ② 곧, 즉시 ________

③ 끝내, 시종일관 ________ ④ 차례로, 돌아가면서 ________

⑤ 거듭, 다시, 재차 ________ ⑥ 반드시 ~한 건 아니다 ________

2. 중국어의 뜻과 병음을 서로 연결하세요.

① 다행히 •	• 难怪 •	• sìhū
② ~하는 김에 •	• 似乎 •	• suíshǒu
③ 어쩐지, 과연 •	• 幸亏 •	• nánguài
④ 결국, 마침내 •	• 随手 •	• xìngkuī
⑤ 마치 ~같다 •	• 总算 •	• zǒngsuàn

3. 밑줄 친 부분에 적합한 단어를 쓰세요.

보기 A. 总共 B. 依然 C. 急忙 D. 曾经 E. 逐步 F. 随时

① 各种收入加起来________是两万块钱。

② 这里________是一片绿油油的、一望无际的草坪, 可现在成了贫瘠的沙漠。

③ 很多年过去了我________怀念在奶奶家度过的那段美好的时光。

④ 经济发展以后，城乡差别________缩小了。

⑤ 要迟到了，我________跑向学校。

⑥ 你给他们打电话，他们________都会来修理。

VOCA Review 문제를 풀며 학습 내용을 복습해 보세요~

1. 알맞은 단어를 고르세요.

보기 A. 纷纷 B. 毕竟 C. 正 D. 怪不得 E. 格外 F. 不断

① 잇달아, 연달아 ______ ② 마침, 딱, 바로 ______

③ 결국, 어쨌든 ______ ④ 특별히, 매우 ______

⑤ 어쩐지 ______ ⑥ 부단히, 끊임없이 ______

2. 중국어의 뜻과 병음을 서로 연결하세요.

① 오히려, 도리어 •	• 必然 •	• fǎn'ér
② 확실히, 정말 •	• 反而 •	• díquè
③ 서둘러, 재빨리 •	• 赶紧 •	• gǎnjǐn
④ 마치 ~인 것 같다 •	• 仿佛 •	• fǎngfú
⑤ 틀림없이 •	• 的确 •	• bìrán

3. 밑줄 친 부분에 적합한 단어를 쓰세요.

보기 A. 照常 B. 偶然 C. 说不定 D. 幸亏 E. 尽量 F. 居然

① 我们是在一个聚会中______认识的。

② 很多人国庆节要______上班。

③ 你有什么困难，我们______帮助解决。

④ ______你帮助我，要不然我做不到这件事。

⑤ 我真不敢相信他______还要求我赔偿他所造成的损失。

⑥ 今天晚上______要下雨。

Chapter 6. 접속사

B6-1 **6-1 병렬·전환**

Let's Start Up! 주제에 맞는 단어와 예문을 학습해 보세요.

0001
此外
cǐwài

예 他白天上学，此外晚上还要打工。
그는 낮에는 일하고, 이외에도 밤에는 아르바이트를 한다.

접 이외에

0002
从而
cóng'ér

예 通过同事们的帮助，消除了隔阂，从而达到了新的团结。
동료들의 도움으로 소원함을 없애고 새롭게 단결하게 되었다.

접 따라서, 그리하여

Voca+
消除 xiāochú 동 없애다, 해소하다 | 隔阂 géhé 명 (생각) 틈, 간격

0003
何况
hékuàng

예 你去接他一下，这儿不好找，何况他又是第一次来。
당신이 그를 마중 나가세요. 여기는 찾기도 힘들고, 하물며 그는 또 처음 오는 거예요.

접 하물며, 더군다나

0004
以及
yǐjí

예 百货商店里有洗衣机、微波炉、电脑以及各种家电。
백화점에 세탁기, 전자레인지, 컴퓨터 및 각종 가전제품이 있다.

접 및, 그리고, 아울러

0005

总之①

zǒngzhī

예 有人爱吃甜的，有人爱吃酸的，有人爱吃咸的，总之各有各的口味。

어떤 사람은 단 것을 좋아하고, 어떤 사람은 신 것을 좋아하고, 어떤 사람은 짠 것을 좋아한다. 요컨대 각자의 입맛이 있다.

접 요컨대, 한마디로 말하면

总之②

zǒngzhī

예 总之，我反对这个决定。

어쨌든 간에 나는 이 결정에 반대한다.

접 하여간, 아무튼, 어쨌든

Chapter 6. 접속사

B6-2 **6-2 조건·인과**

Let's Start Up!

주제에 맞는 단어와 예문을 학습해 보세요.

0001

不然①
bùrán

예 我得早点去，不然就赶不上火车了。
나는 일찍 가야만 한다. 그렇지 않으면 기차 시간에 늦을 것이다.

접 그렇지 않으면

Tip '不然'은 '要不然', '不然的话'로 바꾸어 쓸 수 있습니다.

不然②
bùrán

예 原以为工作很轻松，其实不然。
원래는 일이 편한 줄 알았는데, 사실은 그렇지 않다.

형 그렇지 않다

0002

不如
bùrú

예 与其每天发牢骚，不如想办法改变现状。
매일 불평을 늘어놓는 것은 현실을 바꿀 방법을 생각하는 것만 못하다.

접 ~하는 편이 낫다

Voca+
与其 yǔqí 접 ~하기보다는, ~하느니 | 发牢骚 fā láosāo 동 불평하다, 투덜거리다, 원망하다

0003

除非①
chúfēi

예 除非达成协议，否则会议不会结束。
협의를 이끌어내야만 한다. 그렇지 않으면 회의를 끝낼 수 없다.

접 오직 ~해야 한다

除非②
chúfēi

예 爷爷每天都坚持锻炼身体，除非下雨。
할아버지는 비오는 날은 제외하고 매일 신체를 단련하신다.

개 ~을 제외하고는

0004

假如
jiǎrú

예 假如没有汽车，我们就不能按时赶到工地。

만약 차가 없다면 우리는 공사 현장에 제 시간에 도착할 수 없다.

접 만약, 만일

Tip 뒤에 주로 '那么 nàme', '就 jiù', '便 biàn' 등과 같이 씁니다.

0005

可见
kějiàn

예 她苗条了，可见她减肥成功了。

그녀는 날씬해졌다. 다이어트에 성공했음을 알 수 있다.

접 ~라고 하는 것을 알 수 있다

0006

万一①
wànyī

예 你仔细看地图吧！万一迷了路可糟糕了。

당신 지도를 자세히 보세요! 만약 길을 잃으면 정말 낭패입니다.

접 만일, 만약

Voca+
糟糕 zāo gāo 동 엉망이 되다, 망치다

万一②
wànyī

예 做事要考虑周全，以防万一。

만일을 대비해 일을 할 때는 빈틈없이 고려해야 한다.

명 만일, 뜻밖의 일, 만일의 경우

Voca+
周全 zhōuquán 형 주도면밀하다, 빈틈없다, 완전하다

0007

因而
yīn'ér

유의 故而 gù'ér
故此 gùcǐ

예 他从小就努力学习，因而后来成了一个有名的诗人。

그는 어릴 때부터 열심히 공부해서, 후에 유명한 시인이 되었다.

접 그래서

Chapter 6. 접속사

B6-3 **6-3 선택·목적**

Let's Start Up!

주제에 맞는 단어와 예문을 학습해 보세요.

0001

哪怕
nǎpà

예 哪天能拥有一辆属于自己的轿车就好了，哪怕只有一天。

언젠가 내 차가 있다면 정말 좋겠다. 설령 단 하루일지라도.

접 설령 ~일지라도

Voca+
轿车 jiàochē 명 승용차

Tip '即使', '就算', '就是'와 비슷하며 주로 '也 yě, 都 dōu, 还 hái'와 같이 쓰여, 가정이나 양보를 나타냅니다.

0002

宁可
nìngkě

유의 宁愿 nìngyuàn

예 宁可早点儿出发，也不要迟到。

일찌감치 출발할지언정 늦으면 안 된다.

접 차라리 ~할지언정, 설령 ~할지라도

Tip 이해득실을 비교한 후에 한 가지를 선택함을 표시하며, '宁可' 뒤에 나오는 내용이 화자가 선택한 것입니다. 주로 '决不 juébù', '也不 yěbù'와 같이 쓰입니다.

0003

要不①
yàobù

예 多亏你及时给我出谋划策，要不我真不知道该怎么办。

네가 제때 대책을 말해 주지 않았더라면 나는 정말이지 어찌해야 좋을지 몰랐을 뻔했다.

접 그렇지 않으면

Voca+
出谋划策 chūmóuhuàcè 성 일을 꾸미다, 꾀를 생각해 내다

要不②
yàobù

예 晚饭后，我要不去游泳，要不去打网球。

저녁밥을 먹은 후에, 그는 수영하든지 아니면 테니스를 한다.

접 ~하거나, ~하든지, 혹은 ~하든지

0004

与其

yǔqí

예 天气太热了，与其去爬山，不如去游泳。

날씨가 너무 더워서 등산하러 가느니 수영하러 가는 것이 낫겠다.

접 ~하느니 차라리

Tip 두 가지 상황을 비교한 뒤에 결정함을 나타내는데 '**与其**' 뒤에는 포기하는 내용이 나오고, 선택하는 내용은 주로 '**不如** bùrú', '**宁可** nìngkě' 등을 사용하여 표현합니다.

1. 알맞은 단어를 고르세요.

보기 A. 假如 B. 从而 C. 此外 D. 何况 E. 以及 F. 不然

① 만약, 만일 ________ ② 하물며, 더군다나 ________

③ 따라서, 그리하여 ________ ④ 그렇지 않으면 ________

⑤ 그리고, 아울러 ________ ⑥ 이 외에 ________

2. 중국어의 뜻과 병음을 서로 연결하세요.

① 차라리 ~할지언정 •	• 总之 •	• yàobù
② 그래서 •	• 宁可 •	• níngkě
③ 만일, 만약 •	• 要不 •	• wànyī
④ 그렇지 않으면 •	• 因而 •	• yīn'ér
⑤ 한마디로 말하면 •	• 万一 •	• zǒngzhī

3. 밑줄 친 부분에 적합한 단어를 쓰세요.

보기 A. 与其 B. 要不 C. 不然 D. 何况 E. 假如 F. 不如

① 我得早点去，________就赶不上火车了。

② ________没有汽车，我们就不能按时赶到工地。

③ 多亏你及时给我出谋划策，________我真不知道该怎么办。

④ 天气太热了，________去爬山，不如去游泳。

⑤ 你去接他一下,这儿不好找，________他又是第一次来。

⑥ 与其每天发牢骚，________想办法改变现状。

VOCA Review 정답

新HSK 5급 주제별 어휘

Chapter 1 28p

개인생활 ❶

1. ① F. 家乡　② C. 个性　③ D. 精力
   ④ B. 传染　⑤ A. 精神　⑥ E. 年纪

2. ① 가슴, 흉부 – 胸 – xiōng
   ② 어깨 – 肩膀 – jiānbǎng
   ③ 등 – 背 – bèi
   ④ 뼈 – 骨头 – gǔtou
   ⑤ 목 – 脖子 – bózi

3. ① C. 命运　② A. 个人　③ F. 打喷嚏
   ④ D. 运气　⑤ E. 恢复　⑥ B. 呼吸

개인생활 ❷

1. ① A. 脑袋　② F. 吐　③ C. 痒
   ④ D. 失眠　⑤ B. 手术　⑥ E. 受伤

2. ① 눈썹 – 眉毛 – méimáo
   ② 위 – 胃 – wèi
   ③ 허리 – 腰 – yāo
   ④ 등 – 后背 – hòubèi
   ⑤ 손가락 – 手指 – shǒuzhǐ

3. ① C. 晕　② F. 诊断　③ A. 受伤
   ④ D. 治疗　⑤ E. 消化　⑥ B. 着凉

개인생활 ❸

1. ① D. 太太　② E. 志愿者　③ C. 姥姥
   ④ F. 外公　⑤ A. 员工　⑥ B. 舅舅

2. ① 편집자 – 编辑 – biānjí
   ② 엔지니어 – 工程师 – gōngchéngshī
   ③ 스타 – 明星 – míngxīng
   ④ 비서 – 秘书 – mìshū
   ⑤ 모델 – 模特 – mótè

3. ① E. 离婚　② B. 婚礼　③ A. 娶
   ④ F. 婚姻　⑤ C. 嫁　⑥ D. 打工

Chapter 2 58p

일상생활 ❶

1. ① A. 醋　② C. 土豆　③ E. 蔬菜
   ④ B. 豆腐　⑤ F. 零食　⑥ D. 酱油

2. ① 기름에 튀기다 – 油炸 – yóuzhá
   ② 기름으로 볶다 – 炒 – chǎo
   ③ 포크 – 叉子 – chāzi
   ④ 삶다, 익히다 – 煮 – zhǔ
   ⑤ 귤 – 桔子 – júzi

3. ① D. 小麦　② B. 食物　③ A. 口味
   ④ F. 清淡　⑤ E. 营养　⑥ C. 辣椒

일상생활 ❷

1. ① A. 隔壁　② D. 台阶　③ E. 墙
   ④ C. 家务　⑤ B. 公寓　⑥ F. 卧室

2. ① 청바지 – 牛仔裤 – niúzǎikù
   ② 귀고리 – 耳环 – ěrhuán
   ③ 목걸이 – 项链 – xiàngliàn
   ④ 반지 – 戒指 – jièzhǐ
   ⑤ 목도리 – 围巾 – wéijīn

3. ① B. 服装　② E. 时尚　③ C. 玻璃
   ④ A. 车库　⑤ F. 抽屉　⑥ D. 窗帘

일상생활 ❸

1. ① A. 被子　② C. 地毯　③ E. 电池
   ④ B. 管子　⑤ D. 锅　⑥ F. 壶

2. ① 노끈, 밧줄 – 绳子 – shéngzi
   ② 방울, 벨 – 铃 – líng
   ③ 부채 – 扇子 – shànzi
   ④ 풀 – 胶水 – jiāoshuǐ
   ⑤ 일상용품 – 日用品 – rìyòngpǐn

3. ① F. 玩具 ② C. 梳子 ③ A. 火柴
④ B. 肥皂 ⑤ E. 工具 ⑥ D. 锁

❙ 일상생활 ❹

1. ① A. 摄影 ② E. 球迷 ③ B. 决赛
④ C. 冠军 ⑤ F. 射击 ⑥ D. 作品

2. ① 수공, 핸드메이드 – 手工 – **shǒugōng**
② CD – 光盘 – **guāngpán**
③ 채널 – 频道 – **píndào**
④ 라디오 방송국 – 电台 – **diàntái**
⑤ 악기 – 乐器 – **yuèqì**

3. ① A. 鞭炮 ② D. 拍 ③ B. 纪录
④ F. 角色 ⑤ C. 名胜古迹 ⑥ E. 开幕式

❙ 일상생활 ❺

1. ① A. 娱乐 ② E. 预订 ③ C. 歇
④ D. 俱乐部 ⑤ B. 象棋 ⑥ F. 休闲

2. ① 바이러스 – 病毒 – **bìngdú**
② 계통, 시스템 – 系统 – **xìtǒng**
③ 하드웨어 – 硬件 – **yìngjiàn**
④ 기계 – 机器 – **jīqì**
⑤ 디지털 – 数码 – **shùmǎ**

3. ① C. 软件 ② A. 游览 ③ E. 业余
④ B. 字幕 ⑤ F. 麦克风 ⑥ D. 下载

Chapter 3 72p

❙ 사회생활 ❶

1. ① E. 理论 ② F. 试卷 ③ C. 美术
④ D. 教材 ⑤ A. 词汇 ⑥ B. 标点

2. ① 코치 – 教练 – **jiàoliàn**
② 시험, 테스트 – 测验 – **cèyàn**
③ 훈계하다 – 教训 – **jiàoxùn**
④ 과정, 수업 – 课程 – **kèchéng**
⑤ 논리 – 逻辑 – **luójí**

3. ① E. 论文 ② A. 及格 ③ C. 辅导
④ B. 把握 ⑤ F. 尺子 ⑥ D. 操场

❙ 사회생활 ❷

1. ① B. 文学 ② C. 哲学 ③ F. 作文
④ E. 系 ⑤ A. 演讲 ⑥ D. 物理

2. ① 학력 – 学历 – **xuélì**
② 학술 – 学术 – **xuéshù**
③ 의문, 의혹 – 疑问 – **yíwèn**
④ 학식, 학문 – 学问 – **xuéwen**
⑤ 알아보다 – 询问 – **xúnwèn**

3. ① E. 题目 ② D. 主题 ③ F. 咨询
④ A. 用功 ⑤ C. 执照 ⑥ B. 幼儿园

❙ 사회생활 ❸

1. ① A. 业务 ② F. 名片 ③ D. 实习
④ B. 单位 ⑤ C. 地位 ⑥ E. 行业

2. ① 자료 – 资料 – **zīliào**
② 일정 – 日程 – **rìchéng**
③ 기업 – 企业 – **qǐyè**
④ 서류, 문건 – 文件 – **wénjiàn**
⑤ 목록, 목차 – 目录 – **mùlù**

3. ① D. 合同 ② E. 退休 ③ B. 辞职
④ F. 待遇 ⑤ A. 失业 ⑥ C. 简历

❙ 사회생활 ❹

1. ① D. 股票 ② F. 合法 ③ B. 产品
④ A. 利润 ⑤ C. 利益 ⑥ E. 汇率

2. ① 파산하다 – 破产 – **pòchǎn**
② 수출하다 – 出口 – **chūkǒu**
③ 경영하다 – 经营 – **jīngyíng**
④ 빚지다 – 欠 – **qiàn**
⑤ 결제하다 – 结账 – **jiézhàng**

3. ① C. 海关 ② E. 权利 ③ A. 贷款

④ F. 关闭　⑤ B. 发票　⑥ D. 利息

사회생활 ❺

1. ① F. 账户　② A. 收据　③ C. 效率
   ④ B. 支票　⑤ D. 营业　⑥ E. 优惠

2. ① 의무 – 义务 – yìwù
   ② 정부 – 政府 – zhèngfǔ
   ③ 총통, 대통령 – 总统 – zǒngtǒng
   ④ 권력, 권한 – 权力 – quánlì
   ⑤ 보증금, 담보금 – 押金 – yājīn

3. ① B. 制定　② C. 销售　③ E. 宣传
   ④ A. 资金　⑤ F. 消费　⑥ D. 政治

사회생활 ❻

1. ① D. 秩序　② E. 手续　③ C. 老百姓
   ④ B. 规矩　⑤ A. 常识　⑥ F. 专家

2. ① 풍속 – 风俗 – fēngsú
   ② 전통 – 传统 – chuántǒng
   ③ 시설, 설비 – 设备 – shèbèi
   ④ 스타일, 태도 – 风格 – fēnggé
   ⑤ 이치, 규칙 – 道理 – dàoli

3. ① F. 规律　② C. 规则　③ A. 证据
   ④ E. 制度　⑤ D. 数据　⑥ B. 道德

사회생활 ❼

1. ① C. 迎接　② D. 对方　③ A. 劳驾
   ④ E. 伙伴　⑤ F. 接待　⑥ B. 对手

2. ① 말다툼하다 – 吵架 – chǎojià
   ② 허튼소리하다 – 胡说 – húshuō
   ③ 변명, 핑계 – 借口 – jièkǒu
   ④ 소통하다 – 沟通 – gōutōng
   ⑤ 작별 인사하다 – 告别 – gào bié

3. ① B. 交际　② A. 招待　③ E. 相处
   ④ F. 嘉宾　⑤ C. 问候　⑥ D. 争论

Chapter 4 123p

시간과 장소 ❶

1. ① D. 公元　② F. 一辈子　③ B. 除夕
   ④ E. 中旬　⑤ C. 平常　⑥ A. 傍晚

2. ① 시대 – 时代 – shídài
   ② 시기 – 时期 – shíqī
   ③ 이전, 종전 – 从前 – cóngqián
   ④ 사전, 미리 – 事先 – shìxiān
   ⑤ 미래 – 未来 – wèilái

3. ① C. 期间　② E. 日期　③ F. 时刻
   ④ B. 以来　⑤ A. 目前　⑥ D. 临时

시간과 장소 ❷

1. ① F. 摩托车　② A. 列车　③ B. 车厢
   ④ E. 信号　⑤ C. 行人　⑥ D. 卡车

2. ① 계산대, 카운터 – 柜台 – guìtái
   ② 골목 – 胡同 – hútòng
   ③ 기숙사 – 宿舍 – sùshè
   ④ 빌딩, (고층) 건물 – 大厦 – dàshà
   ⑤ 위치 – 位置 – wèizhi

3. ① A. 驾驶　② B. 情景　③ E. 中心
   ④ C. 当地　⑤ D. 位于　⑥ F. 往返

Chapter 5 136p

자연 ❶

1. ① A. 雷　② C. 地震　③ E. 灾害
   ④ F. 天空　⑤ D. 沙漠　⑥ B. 影子

2. ① 강철 – 钢铁 – gāngtiě
   ② 휘발유 – 汽油 – qìyóu
   ③ 물질 – 物质 – wùzhì
   ④ 원료 – 原料 – yuánliào
   ⑤ 에너지 – 能源 – néngyuán

3. ① B. 彩虹　② C. 振动　③ A. 灰尘
   ④ E. 闪电　⑤ D. 资源　⑥ F. 预报

자연 ❷

1. ① E. 老鼠　② B. 猴子　③ F. 龙
④ D. 昆虫　⑤ A. 蜜蜂　⑥ C. 蝴蝶

2. ① 꼬리 – 尾巴 – wěiba
② 대나무 – 竹子 – zhúzi
③ 사자 – 狮子 – shīzi
④ 나무, 목재 – 木头 – mùtou
⑤ 뿌리, 근본 – 根 – gēn

3. ① C. 蛇　② F.竹子　③ D. 尾巴
④ A. 翅膀　⑤ B. 大象　⑥ E. 老鼠

Chapter 6 158p

감정과 태도 ❶

1. ① D. 流泪　② C. 不安　③ B. 可怕
④ E. 热爱　⑤ F. 恨　⑥ A. 宝贵

2. ① 의기소침하다 – 灰心 – huīxīn
② 부끄럽다 – 惭愧 – cánkuì
③ 골치 아파하다 – 发愁 – fāchóu
④ 만족하다 – 满足 – mǎnzú
⑤ 외롭다 – 寂寞 – jìmò

3. ① D. 感激　② A. 诚恳　③ E. 爱惜
④ C. 忽视　⑤ F. 操心　⑥ B. 抱怨

감정과 태도 ❷

1. ① B. 期待　② E. 吓　③ C. 委屈
④ D. 疼爱　⑤ F. 忍不住　⑥ A. 念

2. ① 의외의, 뜻밖의 – 意外 – yìwài
② 신임하다 – 信任 – xìnrèn
③ 희망, 소망 – 愿望 – yuànwàng
④ 통쾌하다, 기분 좋다 – 痛快 – tòngkuai
⑤ 유감스럽다 – 遗憾 – yíhàn

3. ① E. 自豪　② F. 尊敬　③ D. 盼望
④ A. 想念　⑤ C. 欣赏　⑥ B. 佩服

감정과 태도 ❸

1. ① C. 否定　② F. 启发　③ B. 参考
④ A. 讲究　⑤ E. 假设　⑥ D. 合理

2. ① 의의 – 意义 – yìyì
② 상상하다 – 想象 – xiǎngxiàng
③ 기억하다 – 记忆 – jìyì
④ 개의치 않다 – 无所谓 – wúsuǒwèi
⑤ 부정하다 – 否认 – fǒurèn

3. ① F. 评价　② D. 角度　③ C. 倒霉
④ E. 决心　⑤ B. 公平　⑥ A. 思考

Chapter 7 168p

성질과 상태 ❶

1. ① B. 英俊　② A. 圆　③ D. 巨大
④ F. 整齐　⑤ E. 结实　⑥ C. 优美

2. ① 기울다, 비스듬하다 – 斜 – xié
② 넓다 – 宽 – kuān
③ 광범위하다 – 广泛 – guǎngfàn
④ 자세, 모양 – 姿势 – zīshì
⑤ 형태, 모양 – 形状 – xíngzhuàng

3. ① F. 光滑　② A. 薄　③ D. 广大
④ E. 苗条　⑤ C. 豪华　⑥ B. 表情

성질과 상태 ❷

1. ① E. 初级　② F. 次要　③ C. 必要
④ D. 长途　⑤ B. 保险　⑥ A. 不足

2. ① 존재하다 – 存在 – cúnzài
② 매우 심하다 – 不得了 – bùdeliǎo
③ (수량이) ~와 같다 – 等于 – děngyú
④ 특색 있다 – 出色 – chūsè
⑤ (냄새가) 지독하다 – 臭 – chòu

3. ① C. 成分　② E. 充分　③ F. 匆忙
④ D. 不要紧　⑤ A. 淡　⑥ B. 单调

성질과 상태 ❸

1. ① F. 多余　② A. 良好　③ E. 抽象

④ B. 繁荣　⑤ D. 干燥　⑥ C. 高级

2. ① 발달하다 – 发达 – fādá
② 고전적인 – 古典 – gǔdiǎn
③ 지나치다 – 过分 – guòfèn
④ 어렵고 고달프다 – 艰苦 – jiānkǔ
⑤ 개개의, 개별적인 – 个别 – gèbié

3. ① D. 紧急　② F. 高档　③ C. 固定
④ A. 可靠　⑤ E. 粗糙　⑥ B. 经典

성질과 상태 ❹

1. ① B. 地道　② C. 疯狂　③ F. 好奇
④ E. 狡猾　⑤ D. 慌张　⑥ A. 坚决

2. ① 낙관적이다 – 乐观 – lèguān
② 비관적이다 – 悲观 – bēiguān
③ 독특하다 – 独特 – dútè
④ 단순하다 – 单纯 – dānchún
⑤ 굳고 강하다 – 坚强 – jiānqiáng

3. ① E. 灵活　② F. 成熟　③ A. 逗
④ C. 糊涂　⑤ B. 胆小鬼　⑥ D. 过敏

Chapter 8 215p

행위와 동작 ❶

1. ① C. 保存　② F. 补充　③ E. 参与
④ D. 表明　⑤ A. 爱护　⑥ B. 采访

2. ① ~라고 부르다 – 称 – chēng
② 베끼다, 표절하다 – 抄 – chāo
③ 표현하다 – 表达 – biǎodá
④ 보존하다, 보류하다 – 保留– bǎoliú
⑤ 성립하다, 설립하다 – 成立 – chénglì

3. ① F. 安慰　② D. 包含　③ C. 辩论
④ A. 避免　⑤ E. 承担　⑥ B. 采取

행위와 동작 ❷

1. ① C. 达到　② E. 从事　③ F. 代表
④ B. 重复　⑤ D. 出版　⑥ A. 承认

2. ① 반영하다 – 反映 – fǎnyìng
② 조심하다, 주의하다 – 当心 – dāngxīn
③ 발표하다, 선포하다 – 发表 – fābiǎo
④ 벌금을 물리다, 벌금 – 罚款 – fákuǎn
⑤ 상대하다, 대응하다 – 对待 – duìdài

3. ① A. 称赞　② F. 吃亏　③ B. 传播
④ E. 处理　⑤ D. 促进　⑥ C. 呆

행위와 동작 ❸

1. ① A. 公布　② B. 挂号　③ F. 讽刺
④ D. 分配　⑤ E. 分手　⑥ C. 概括

2. ① 결합하다 – 结合 – jiéhé
② 기한을 넘기다 – 过期 – guòqī
③ 다가서다 – 接近 – jiējìn
④ 활약하다 – 活跃 – huóyuè
⑤ 기념하다 – 纪念 – jìniàn

3. ① E. 反应　② B. 贡献　③ A. 分布
④ C. 干活儿　⑤ D. 复制　⑥ F. 妨碍

행위와 동작 ❹

1. ① B. 录音　② A. 扩大　③ F. 据说
④ D. 捐　⑤ E. 具备　⑥ C. 录取

2. ① 배상하다 – 赔偿 – péicháng
② 훈련하다 – 培训 – péixùn
③ 권고하다 – 劝 – quàn
④ 속아 넘어가다 – 上当 – shàng dàng
⑤ 강조하다 – 强调 – qiángdiào

3. ① F. 夸　② A. 命令　③ B. 漏
④ E. 连续　⑤ D. 冒险　⑥ C. 开放

행위와 동작 ❺

1. ① C. 体现　② A. 谈判　③ B. 调皮
④ E. 实践　⑤ D. 提倡　⑥ F. 逃

2. ① 추구하다 – 追求 – zhuīqiú
② 쟁취하다 – 争取 – zhēngqǔ

③ 지휘하다 – 指挥 – zhǐhuī
④ 조합하다 – 组合 – zǔhé
⑤ 주최하다 – 主持 – zhǔchí

3. ① C. 运输 ② A. 形容 ③ B. 运用
④ D. 寻找 ⑤ F. 行为 ⑥ E. 宣布

행위와 동작 ❻

1. ① D. 闯 ② A. 出席 ③ C. 断
④ E. 拆 ⑤ F. 翻 ⑥ B. 蹲

2. ① 흔들다 – 摇 – yáo
② 퇴보하다 – 退步 – tuìbù
③ 포옹하다 – 拥抱 – yōngbào
④ 따다, 꺾다 – 摘 – zhāi
⑤ 이동하다 – 移动 – yídòng

3. ① B. 兑换 ② F. 盖 ③ E. 插
④ D. 滑 ⑤ C. 捡 ⑥ A. 扶

행위와 동작 ❼

1. ① B. 朗读 ② A. 描写 ③ D. 靠
④ C. 拦 ⑤ E. 甩 ⑥ F. 飘

2. ① 타다, 연소하다 – 燃烧 – ránshāo
② 쓰다듬다 – 摸 – mō
③ 보다, 구경하다 – 瞧 – qiáo
④ (신체 일부를) 내밀다 – 伸 – shēn
⑤ 찢다, 떼어내다 – 撕 – sī

3. ① A. 制造 ② B. 睁 ③ C. 装
④ F. 吸收 ⑤ D. 闻 ⑥ E. 退

행위와 동작 ❽

1. ① A. 创造 ② B. 改进 ③ D. 显得
④ C. 升 ⑤ F. 形成 ⑥ E. 涨

2. ① 전해지다 – 流传 – liúchuán
② 직면하다 – 面临 – miànlín
③ 바뀌다 – 转变 – zhuǎnbiàn
④ 유지하다 – 保持 – bǎochí
⑤ 생기다, 발생하다 – 产生 – chǎnshēng

3. ① B. 显示 ② D. 导致 ③ F. 开发
④ A. 改善 ⑤ C. 落后 ⑥ E. 消失

Chapter 9 292p

기타 ❶

1. ① C. 类型 ② F. 厘米 ③ E. 平方
④ A. 本领 ⑤ B. 步骤 ⑥ D. 成果

2. ① 상징 – 象征 – xiàngzhēng
② 형세 – 形势 – xíngshì
③ 원인, 요인 – 因素 – yīnsù
④ 평등 – 平等 – píngděng
⑤ 평균 – 平均 – píngjūn

3. ① A. 风险 ② E. 标志 ③ B. 措施
④ D. 成就 ⑤ F. 功能 ⑥ C. 后果

기타 ❷

1. ① C. 概念 ② A. 核心 ③ B. 秘密
④ D. 价值 ⑤ F. 克服 ⑥ E. 力量

2. ① 단계 – 阶段 – jiēduàn
② 규모 – 规模 – guīmó
③ 환상 – 幻想 – huànxiǎng
④ 영역 – 领域 – lǐngyù
⑤ 화제 – 话题 – huàtí

3. ① F. 资格 ② E. 观点 ③ C. 趋势
④ D. 状况 ⑤ B. 现象 ⑥ A. 用途

新HSK 5급 기능별 어휘

Chapter 1 302p

수사와 양사

1. ① C. 盆 ② E. 届 ③ B. 幅
④ F. 朵 ⑤ A. 吨 ⑥ D. 所

2. ① 서적 등을 세는 단위 – 册 – cè

② 알맹이를 세는 단위 – 颗 kē
③ 세트, 벌 – 套 – tào
④ 한차례 [짧은 시간] – 阵 – zhèn
⑤ 방울 – 滴 – dī

3. ① B. 批 ② E. 片 ③ F. 匹
④ A. 幅 ⑤ D. 支 ⑥ C. 顿

Chapter 2~4 308p

대사 • 개사 • 조사

1. ① B. 如何 ② E. 彼此 ③ A. 其余
④ D. 各自 ⑤ C. 某

2. ① ~에 대해서 – 至于 – zhìyú
② ~을 향하여 – 朝 – cháo
③ ~에 근거하여 – 凭 – píng
④ ~와 같다 – 似的 – shìde
⑤ ~에서, ~부터 – 自从 – zìcóng

3. ① B. 彼此 ② D. 其余 ③ A. 如何
④ C. 朝 ⑤ E. 似的 ⑥ F. 凭

Chapter 5 327p

부사 ❶

1. ① C. 从此 ② B. 立即 ③ F. 始终
④ A. 轮流 ⑤ E. 再三 ⑥ D. 未必

2. ① 다행히 – 幸亏 – xìngkuī
② ~하는 김에 – 随手 – suíshǒu
③ 어쩐지, 과연 – 难怪 – nánguài
④ 결국, 마침내 – 总算 – zǒngsuàn
⑤ 마치 ~같다 – 似乎 – sìhū

3. ① A. 总共 ② D. 曾经 ③ B. 依然
④ E. 逐步 ⑤ C. 急忙 ⑥ F. 随时

부사 ❷

1. ① A. 纷纷 ② C. 正 ③ B. 毕竟
④ E. 格外 ⑤ D. 怪不得 ⑥ F. 不断

2. ① 오히려, 도리어 – 反而 – fǎn'ér
② 확실히, 정말 – 的确 – díquè
③ 서둘러, 재빨리 – 赶紧 – gǎnjǐn
④ 마치 ~인 것 같다 – 仿佛 – fǎngfú
⑤ 틀림없이 – 必然 – bìrán

3. ① B. 偶然 ② A. 照常 ③ E. 尽量
④ D. 幸亏 ⑤ F. 居然 ⑥ C. 说不定

Chapter 6 335p

접속사

1. ① A. 假如 ② D. 何况 ③ B. 从而
④ F. 不然 ⑤ E. 以及 ⑥ C. 此外

2. ① 차라리 ~할지언정 – 宁可 – nìngkě
② 그래서 – 因而 – yīn'ér
③ 만일, 만약 – 万一 – wànyī
④ 그렇지 않으면 – 要不 – yàobù
⑤ 한마디로 말하면 – 总之 – zǒngzhī

3. ① C. 不然 ② E. 假如 ③ B. 要不
④ A. 与其 ⑤ D. 何况 ⑥ F. 不如

D

E

F

G

H

J

T

W

Y

Z

Memo